관 광 상 품 론

신도길 · 박성규 · 노윤구 공저

남두도서

남두(南斗) : 남두육성(南斗六星)

은하의 중심인 사수자리에 있는 국자모양의 여섯 개의 별로서, 인간의 탄생을 결정하는 별로 알려져 있다.

머리말

관광상품은 개별적인 유형재의 성격보다는 무형재이면서도 복합재로서의 성격을 가지고 있을 뿐만 아니라 유통과정과 관련된 환경적 변수들의 영향을 일반상품에 비해 더 강하게 받고 있다.

따라서 관광학에 입문하여 관광의 현실을 이해하고 그에 대한 전문지식을 획득하여 사회적으로 유용성을 갖기 위해서는 최소한도로 관광상품의 특성과 관광마케팅 현상에 대한 기본개념과 원리들을 이해해야 한다고 생각한다.

이 책 제1장에서는 관광의 개념과 관광의 구조체계에 대하여 조명하였고, 제2장에서는 관광상품의 정의 및 관광상품의 구성에 대하여 정리하였다. 제3장에서는 유형 · 무형의 복합적으로 이루어진 관광상품의 특성과 위험에 대한 내용을 담았다.

제4장에서는 현대상품과 관광상품의 입장에서 상품분류의 이론과 의의, 그리고 관광상품의 실제 의미를 규명하려는 연구 · 실무 · 행정상 3가지 관점에서 분류하였고, 관광상품의 구성요소에 대해서도 서술하였다.

제5장에서는 관광기업이 선정된 목표시장에 대한 정위화와 마케팅 목표를 개발한 후 마케팅 믹스를 설계하는 과정으로서의 관광마케팅 믹스에 대하여 기술하였고, 제6장에서는 관광상품 믹스의 구성요소 및 사례에 대하여 구체적으로 설명하였다.

제7장에서는 관광상품 믹스를 결정하는 기업 전체의 차원과 개별적인 시설이나 서비스 차원에 대하여 상세하게 기술하였다. 제8장에서는 관광상품 개발에 있어서 신상품의 개발과 상품 수명주기에 대한 특징과 전략, 그리고 신상품 개발의 중요성에 대하여 서술하였으며, 제9장에서는 관광기업에서 관광객이 가장 민감하게 느끼는 부분인 관광상품 가격의 중요성과 가격의 의의에 대하여 다루었다.

제10장부터 제12장까지는 관광상품의 판매촉진 관리에 대한 내용으로서 관광기업에서의 판매촉진을 위한 수단·목표·역할에 대해 설명하였으며, 관광상품의 판매에 영향을 미치는 광고 캠페인의 성공을 위한 조건에 대해서도 설명하였다.

제13장에서는 관광기업에 대한 호의적인 이미지를 개발·유지하고 자기업에 대한 비호의적인 소문 등을 고객의 기억 속에서 희석시키려는 노력인 PR의 내용에 대하여 다루었다.

제14장과 제15장에서는 무형상품으로서의 관광상품은 가시적인 유통은 없고 정보와 경험, 그리고 만족의 흐름이 주로 유통되므로 관광상품의 유통경로에 대한 필요성·특성·역할에 대해 설명하였으며, 가시적인 유통의 부재로 인한 유통경로 전략의 중요성을 강조하였다.

제16장과 제17장에서는 관광상품은 단일체가 아니라 복합체로서 상품의 항목들이 서로 묶여져 하나의 상품으로 구성됨으로써 그 구성들의 내용들이 잘 짜여져 상품화될 수 있도록 개발·관리되는 패키징과 프로그래밍에 대하여 서술하였다.

제18장과 제19장에서는 관광기업에서 공동목적을 가지고 부분적으로 사업영역과 특정자원을 공유하고 있는 자율적인 관광기업에 의하여 이루어지는 유연한 결합인 파트너십에 대해 서술하였으며, 관광기업 간의 제휴가 관광기업의 성장과 성장방향을 결정짓는 경영현상일 뿐만 아니라 관광기업의 진로설정 또는 수정을 가능하게 해주는 수단인 전략적 제휴의 유형과 성공요건에 대해 설명하였다.

끝으로 제20장과 제21장에서는 관광기업에서 가장 중요한 관광종사원의 위치와 중요성 및 관광기업 내에서의 내부마케팅에 대해 설명하였다.

이상과 같은 내용을 중심으로 구성된 이 책은 관광과 관광상품에 대한 일반적인 사항들을 알기 쉽게 비교·설명하였으며, 관광상품의 효율적인 판매를 가져오기 위한 8가지 관광마케팅 믹스를 중심으로 기술하였다.

공저자 씀

차 례

제 1 장 관 광

제 2 장 관광상품의 이해

제 7 장 관광상품 믹스의 결정

제 8 장 신상품의 개발과 상품의 수명주기

제 9 장 관광상품의 가격관리

chapter 1

관 광

- 1. 관광의 어원과 개념
- 2. 관광과 유사개념
- 3. 관광의 분류
- 4. 관광의 구조체계

1 관광의 어원과 개념

(1) 관광의 어원

인류가 지구상에 존재한 이래로 인간의 이동은 계속되고 있다. 인간의 이동에는 두 가지 이동형태가 있다. 거주지를 떠나 다시 돌아오지 않고 타지역에서 정착하는 이주(migrant)와 거주지를 떠나 타지역을 돌아보고 다시 돌아오는 회귀이동(回歸移動)인 여행(tour)이 그것이다. 관광의 근원이 되는 'tour'의 어원은 그리스어의 'tornus(a turn)'의 대격인 'tornum'에서 기인한 것으로 목수가 원을 그리는 컴퍼스와 같은 도구·도르래·원 등을 뜻하는 '돌다', '순회하다'는 의미를 내포하고 있다(Walter & Skeat, 1983). 이러한 의미는 'turn'이 'tour'로 바뀌면서 '회귀를 전제로 한 이동'을 나타내는 말로 사용되기 시작하였다([그림 1-6] 참조).

반면에 'travel'이라는 단어는 유럽에서 여행이 위험하고 힘들었던 암흑기(A.D. 500년) 이후 파행되어(Walter & Skeat, 1983) "고통과 위험에 가득 찬 여행에서 무사히 돌아오다"라는 의미로 사용되었다.

'tourism'은 『New English Dictionary』에 의하면 짧은 기간의 여행을 의미하는 'tour'의 파생어로서 'tourism(관광)'과 'tourist(관광자)'의 용어가 생겼으며(윤대순, 1992), 1811년 처음으로 영국의 『The Sporting Magazine』에 'tourism'이란 단어가 게재되었다. 당시의 'tourism'의 의미는 '각지를 여행하고 돌아오다'라고 하는 'tour'의 의미로 정의하고 있다.

결국 'tourism'은 'tour+ism'의 합성어로서 'tourism' 중에는 '각지를 여행하고 돌아오다(溝尾良隆, 1993)'라는 의미가 함축되어 있는 것이다. 이후 1975년부터는 모든 국제기구에서 관광의 영어적 표현을 'tourism'으로 통일하였다.

독일어에서 관광을 뜻하는 용어로는 'Fremden(외국의, 외국인)'과

'Verkehr(왕래, 교통)'라는 뜻의 합성어인 'Fremdenverkehr'를 사용하고 있는데, 이는 '외국관광자의 왕래'를 의미하고 있다.

한편 동양에서는 관광(觀光)의 어원에 대한 논란이 있으나, 일반적으로 정설은 중국의 주시대에 편찬된 『주역』의 내용인 "관국지광 이용빈우왕(觀國之光 利用賓于王 : 타국의 삶의 빛[문물 · 제도 · 풍속 등]을 살펴보는 것은 임금의 손님 노릇하기에 이로우니라)"(노태준, 1978)이라는 구절의 '관국지광(觀國之光)'에서 '관광(觀光)'의 어원이 유래되었다고 한다(류려영, 1986).

이러한 어원을 통하여 볼 때 관광은 '빛을 본다' 곧, 한 나라(한 지역)의 자연경관 · 문물 · 제도 · 풍습 등을 구경하는 데 있어 보이는 것도 보고 보이지 않는 것도 보는 여행을 하는 것이 진정한 관광의 의미임을 뜻한다고 하겠다.

관광이라는 어휘가 우리나라에서 최초로 사용한 공식기록으로는 고려 예종 11년(1115) 국역 『고려사절요』 제8권에 기록되어 있는데, 송나라 방문 사진의 조서부문에 "관광상국 진손숙습(觀光上國, 盡損宿習 : 상국을 관광하여 숙박하면서 배우는 것이다)"라는 말이 보인다.

또한, 성현(成俔)이 1473년, 1475년, 1485년 세 차례에 걸쳐 중국을 다녀와서 지은 『관광록(觀光錄)』은 1차 북경을 다녀올 때 도중에 지은 기행시집으로 오늘날과 같은 의미의 관광이란 용어가 사용된 최초의 문헌이다.

『조선왕조실록』 태조 9권과 세종 권 148편에는 조선건국시 한성의 북부에 10개의 방을 정하면서 그 중의 하나를 '관광방(觀光坊)'이라 칭하였고, 정조 4년(1780) 연암 박지원이 지은 『열하일기(熱河日記)』의 수록된 내용에는 "위관광지상국래(爲觀光地上國來 : 상국의 문물 · 제도를 관광하러 왔다)"라는 말이 있으며, 1910년 유길준은 『관광약기(觀光略記)』를 집필하여 관광이야기를 전하고 있다(박호표, 1998).

(2) 관광의 개념

관광의 정의는 역사적인 변천과정을 통하여 많은 국내외 학자들에게 매우 다양하게 정의되면서 발전하여왔다. 관광학의 학문적 체계를 굳건히 하기 위한 연구과정으로서 관광의 개념규정과 같은 기초이론의 체계화는 관광학 연구에 있어 매우 중요한 연구과제이다.

지금까지의 국내·외 학자들의 관광의 정의를 종합적으로 분석하면 다음 5가지 요건으로 정리할 수 있다.

- 관광이란 관광자들의 관광욕구를 충족시키기 위한 행위이다.
- 관광은 관광자들이 일상생활 영역(심리적 영역)을 떠나는 공간적 이동행위가 필요하다.
- 관광은 일정한 일시적 이동의 시간적 범위와 활동이 수반되는 공간적 범위가 필요하다
- 경제적 소비를 수반하여야 한다.
- 관광은 자유시간 내의 행위일 뿐만 아니라 자유재량껏 즐길 수 있는 여행이어야 한다.

(3) 관광자의 개념

관광자와 관광객은 동의어이지만 보는 관점과 견해에 따라 서로 다르게 해석할 수 있다. 곧, 관광객은 경영학적인 측면에서 경제적 대상으로서 관광경영학적 관점에서 바라보는 견해이고, 관광자는 관광을 하는 주체로서 인간의 행위를 연구과제로 하는 관광사회심리학적 관점에서 보는 견해일 것이다.

〈표 1-1〉 국내외 학자의 관광 정의

학 자	정 의
볼 만 (Bormann)	자기 거주지를 일시적으로 떠나 여행하면서 관광과 즐거움을 얻는 것이라고 정의하고 보양·유람·상용·직업 등의 목적을 포함
군 (Gunn)	① 자택·직장관계가 없는 지역에서 일시적 이동 ② 그 목적지에서의 활동 ③ 목적지에서 여행자의 욕구를 충족시키는 시설·사업체
코 헨 (Cohen)	새로운 것, 기분전환, 변화를 추구하기 위한 즐거움을 목적으로 비교적 멀리 주유형 여행을 하는 것
레이퍼 (Leiper)	여행중 수입을 목적으로 한 경제활동은 제외하고 인간이 일상거주지를 떠나 자유로이 여행하며 1박 이상 동안 일시적으로 체류하는 것을 내용으로 구성되어 있는 체계
매킨토쉬 (McIntosh)	관광자와 다른 방문자들을 유치·접대하는 과정에서 관광자, 관광사업자, 정부, 지역사회간의 상호작용으로 야기되는 현상과 관계의 총체
일본 관광정책 심의회	자유시간 중에서 감상·지식·체험·활동·휴양·참가·정신의 고무 등 생활의 변화를 추구하는 인간의 기본적인 욕구를 충족시키기 위한 행위를 일상생활권을 떠나 다른 자연·문화 등의 환경 속에서 행하는 일련의 행동
쓰다 노보루 (津田昇)	일상생활권을 떠나 귀환예정으로 타국, 타지역의 문물·제도 등을 시찰하거나 풍광을 관상·유람할 목적으로 여행하는 것
김진섭	자기의 자유시간 가운데서 생활의 변화를 추구하는 인간의 기본적 욕구를 충족하기 위한 행위 중 일상생활로부터 떠나 다른 자연·문화 등의 환경 아래서 행하려고 하는 일련의 행동
이장춘	가계소득 중 잉여가 발생하고 여가시간이 주어질 때 또는 정책적·제도적 지원 혜택으로 여가비와 여가시간이 주어질 때 재노동 의욕 고취와 궁극적인 국민복지 증대를 위해 국민 스스로가 주거지의 위락과 관광활동에 자발적 또는 계도적으로 참여해가는 대중문화 속의 사회현상의 복합현상
박희석	자유의사대로 자유재량시간을 활용하는 여가의 한 가지로서 돌아올 예정으로 일상생활 영역을 벗어나서 견문을 넓히고, 에너지를 보충하며, 완전성을 추구하고, 즐거움을 누리는 일련의 행동과 이러한 행동으로 인해 발생되는 경제·사회·문화적 현상의 총체

또한 여행자(traveler)와 관광자(tourist)도 일반적으로 동의어로 사용하고 있으나, 여행자(traveler)는 순수 관광목적뿐만 아니라 스포츠관광, 회의관광, 사업관광 등의 겸목적 관광의 의미를 포함하는 여행을 말하며, 관광자(tourist)는 여가시간에 즐거움을 추구하기 위한 관광목적으로만 여행하는 순수여행자로 규정할 수 있다.

여기서 관광의 개념 규정을 준용하여 관광자의 정의를 규정하면 "관광자란 일상생활 영역(심리적 영역)을 떠나 다시 돌아올 예정으로 이동 및 체재를 하면서 정신적 · 육체적 즐거움을 추구하는 관광소비자"라고 정의할 수 있다.

그러나 관광자에 대한 정의는 국내 · 외 관광관련기구 및 단체에서 통계를 수립하기 위한 과정으로 관광자의 범위를 규정하기 시작하였는데, 그 정의는 국제기구의 실무적 성격, 정책차원과 국가 또는 지역단위에 따라 다소간의 차이를 나타내고 있어 종합적인 관광자 통계처리를 위한 통일적인 관광자의 정의의 필요성이 강조되고 있다.

관광자에 관한 최초의 정의는 국제연맹의 국제노동기구(ILO : International Labour Organization)가 1937년 국제연맹 통계전문가회의에 제출한 보고서에서 내린 정의로 "관광자는 24시간이나 또는 그 이상의 기간동안 거주지가 아닌 다른 나라를 방문하는 사람"으로 규정한 국제관광자가 있다.

이 정의의 특징은 통계상의 오류를 범하지 않기 위하여 관광자와 관광자가 아닌 자를 구체적으로 언급하고 있다.

먼저 관광자로 볼 수 있는 자를 살펴보면 ① 즐거움 · 가족 · 건강 등을 위해 여행하는 사람, ② 회의 · 과학 · 행정 · 외교 · 종교 · 운동 등의 대표자격으로 여행하는 사람, ③ 사업상의 이유로 여행하는 사람, ④ 24시간 미만을 체재하는 사람이라도 해양선박으로 여행중에 도착한 사람으로 규정하고 있다.

두번째로 관광자의 범주에 포함되지 않은 사람은 ① 직업을 얻기 위해 또는 그 나라에서 어떤 사업활동에 종사하기 위하여 일의 계약 및 계약

없이 도착한 사람, ② 그 나라에서 거주지를 마련하기 위하여 도착한 사람, ③ 기숙사 또는 학교에서 생활하는 유학생과 청소년, ④ 국경지역 또는 인접지역에 거주하면서 국경을 넘어 통근하는 자, ⑤ 여행이 24시간 이상을 소요하게 되더라도 체재하지 않고 통과하는 자로 규정하고 있다.

경제협력개발기구(OECD : Organization for Economic Cooperation and Development)는 방문자(visitor)를 관광자(tourist)와 당일여행자(excursionist)로 구분하여 정의하고 있다(OECD, 1978).

- 관광자(tourist)는 방문국에서 적어도 24시간을 체재하는 일시 방문자로 여가(레크리에이션, 휴가, 건강, 종교, 운동)·사업·가족·업무·회의를 목적으로 여행하는 자
- 당일여행자(excursionist)는 방문국에서 24시간 미만 동안 체재하는 일시적인 방문자(선박여행자 포함)

세계관광기구(WTO : World Tourism Organization)가 규정하고 있는 관광자의 정의는 많은 국가에서 관광자 통계자료의 기준으로 사용하고 있으며, 각국의 통계자료는 취합되어 전세계 관광자 통계자료로 이용되고 있는데 그 기준을 제시하면 [그림 1-1]과 같다

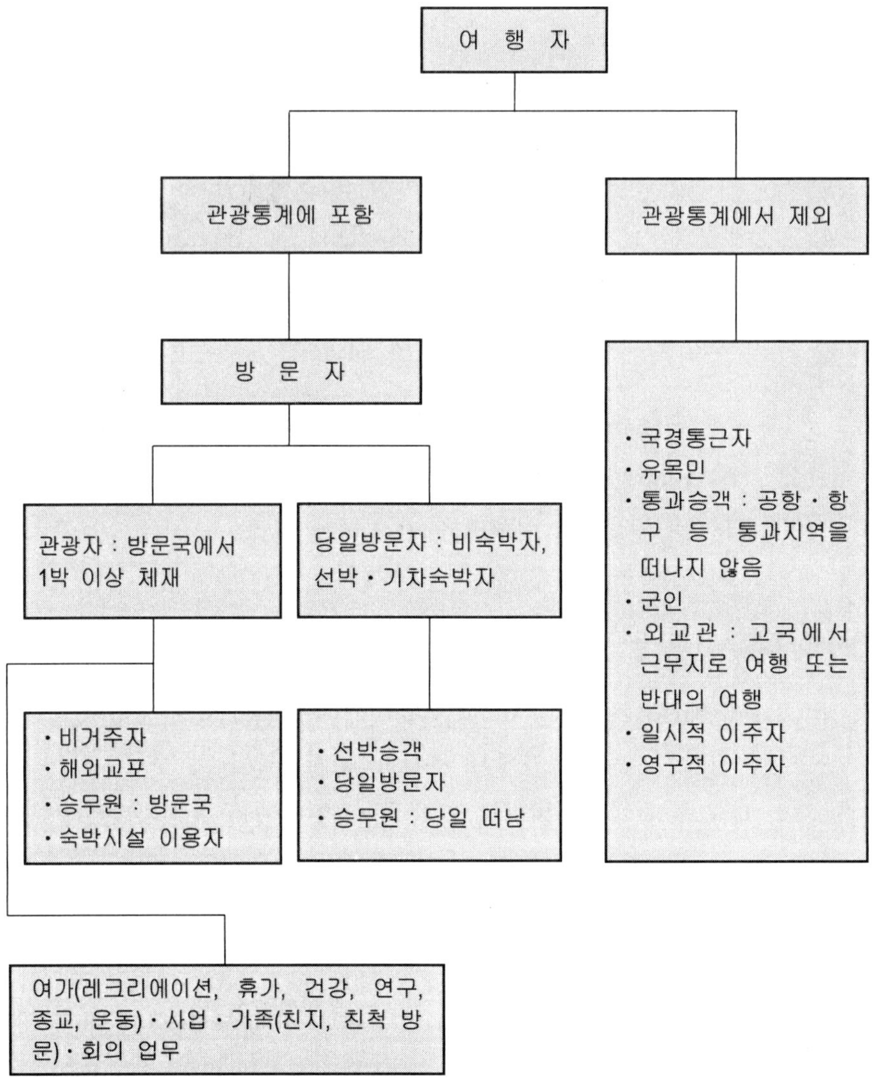

＊자료 : WTO, Guidelines for the Collection and Presentation of International Tourism Statistics

〔그림 1-1〕 관광자의 범주

2 관광과 유사개념

(1) 사전적 의미의 유사개념

관광의 유사개념을 고찰하기 위하여 사전적 의미의 유사개념을 한국과 외국으로 구분하여 살펴보면 〈표 1-2〉, 〈표 1-3〉과 같다.

〈표 1-2〉에서 살펴본 관광과 관련된 대표적인 유사용어를 ① 의미상, ② 출발지와 도착지, ③ 기간상, ④ 장소상, ⑤ 경비상으로 구분하여 체계적으로 분석하면 다음과 같다.

① 의미상의 비교

- 현지를 떠나 다른 국가・지방을 돌아보는 것 : 관광・여행・유람・기행
- 스트레스나 기분전환을 위해 멀지 않은 곳에 가는 것 : 나들이・소풍
- 특정인들이 자신의 목적을 위하여 직접 조사하는 것 : 답사・탐방
- 어떤 환경과 일에서 벗어나 즐기는 것 : 피서・피한・레크리에이션・여가・천렵
- 단순히 어떤 것에 대해 흥미를 느낌 : 구경・유람

② 출발지와 도착지의 비교

- 출발지에서 멀리 떨어진 곳 : 관광・여행・탐방・답사・유람・기행・피서・순례
- 출발지에서 가까운 곳 : 나들이・소풍・구경・천렵・레크리에이션・여가

〈표 1-2〉 동양의 사전적 관광유사 용어

용 어	정 의	특 징
관광(觀光)	· 다른 나라의 문물제도를 시찰함 · 다른 지방이나 나라의 풍광·풍속을 유람함	
여행(旅行)	· 볼일이나 유람의 목적으로 다른 고장이나 외국에 가는 일 · 자기 집을 떠나 객지에 가는 일	
여가(餘暇)	· 겨를이나 틈 · 일하는 중에 해방하여 갖는 스포츠 활동	
소풍(消風)	· 답답한 마음을 풀기 위하여 바람을 쐬는 일 · 풍경이나 자연의 관찰을 겸하여 야외 등의 먼 길을 걷는 일 · 학교에서 자연관찰이나 역사유적 등의 견학을 겸하여 야외로 먼 길을 갔다오는 일	
유람(遊覽)	· 놀면서 봄 · 두루 돌아다니며 구경함	
유랑(流浪)	· 정처 없이 떠돌아다님 · 일정한 목적 없이 떠돌아다님	
유락(流樂)	· 놀며 즐기는 것을 일컬음	
유관(遊觀)	· 놀고 다니며 구경함	
방랑(放浪)	· 정처 없이 떠돌아다님 · 정처 없이 이곳저곳으로 돌아다님	
기행(紀行)	· 여행하는 동안에 보고 듣고 느낀 것을 적은 문장이나 책 · 여행하며 보고 느낀 것의 기록	문학용어로 많이 사용
나 들 이	· 곧 돌아올 생각을 하고 가까운 곳에 잠시 나가는 일	부녀자들이 사용
순람(巡覽)	· 여러 곳으로 돌아다니며 봄	
순유(巡遊)	· 각처로 돌아다니며 놀음	
피서(避暑)	· 시원한 곳으로 옮겨 더위를 피함	더위를 피함
피한(避寒)	· 추위를 피해 따뜻한 곳으로 옮김	추위를 피함
천렵(川獵)	· 냇물에서 놀이로 하는 고기잡이	고기잡이 놀이
탁족(濯足)	· 발을 씻음	
레크리에이션(慰樂)	· 위안과 안락 · 위안과 즐거움	
행락(行樂)	· 레크리에이션으로 관광지의 등에 가서 놀며 즐김	

휴양(休養)	· 편안하게 쉬면서 마음과 몸을 건강하게 함	
만유(漫遊)	· 한가로이 이곳저곳을 두루 다니며 여행함	
원유(遠遊)	· 멀리 가서 놀음	
야영(野營)	· 야외에 진영을 마련하여 숙박하거나 생활함	
원정(遠征)	· 먼 곳으로 경기나 조사, 답사, 탐험 따위를 하러감	
회유(回遊)	· 두루 돌아다니며 유람함	
완상(玩賞)	· 좋아서 구경함 · 취미로 구경함	
소요(逍遙)	· 천천히 거닐어 돌아다님 · 마음을 속세간 밖에 유람하게 함	
답사(踏査)	· 그곳에 실지로 가서 보고 조사함	조사할 목적(공무 · 사업)
탐방(探訪)	· 탐문하여 찾아봄 · 기자들이 어떤 기사거리를 얻기 위하여 사람을 찾아가는 일	
탐험(探險)	· 위험을 무릅쓰고 미지의 세계를 찾아다니며 살핌	
탐상(探賞)	· 경치 좋은 곳을 찾아서 즐기며 구경함	
탐승(探勝)	· 좋은 경치를 찾아다님	
탐춘(探春)	· 봄의 경치를 찾아다니며 구경함	
상춘(賞春)	· 봄을 맞아 기림	
구　　경	· 어떤 대상을 흥미있게 보는 일 · 경치 · 경기 · 흥행물 따위를 흥미 있게 봄	
순례(巡禮)	· 성지(聖地), 영장(靈場)을 숭배함. 종교의 발생지, 본사의 소재지. 성인의 묘와 거주지 등 종교적으로 의미있는 장소를 차례차례 방문하여 참배하는 일	종교에서 많이 사용

③ **기간상의 비교**

- 당일 : 나들이 · 소풍 · 구경 · 천렵 · 레크리에이션 · 여가
- 1박 2일 이상 : 관광 · 여행 · 탐방 · 답사 · 유람 · 기행 · 피서 · 피한 · 순례
- 기간이 정해지지 않음 : 방랑 · 유랑

④ **장소상의 비교**

- 한 곳에서 머무는 것 : 나들이 · 소풍 · 탐방 · 피서 · 구경 · 천렵 · 레크리에이션 · 여가
- 두 곳 이상을 옮겨다니는 것 : 관광 · 여행 · 유람 · 기행 · 방랑 · 유랑 · 순례

⑤ **경비상의 비교**

- 많은 경비 : 관광 · 여행 · 답사 · 탐방 · 유람 · 기행 · 피서 · 순례
- 적은 경비 : 나들이 · 소풍 · 구경 · 천렵 · 레크리에이션 · 여가
- 경비 예측 불가능 : 유랑 · 방랑

한편, 〈표 1-3〉에서 살펴본 관광과 관련된 유사용어를 ① 의미상, ② 출발지와 도착지, ③ 기간상, ④ 장소상, ⑤ 경비상으로 구분하여 체계적으로 분석하면 다음과 같다.

① **의미상의 비교**

- 여행 의미 : tour, travel, tourism, journey, trip, jaunt, junket, voyage, cruise
- 소풍 의미 : picnic, excursion
- 여가 의미 : recreation, leisure
- 구경 의미 : sightseeing

② **출발지와 도착지 비교**

- 출발지에서 멀리 떨어진 곳 : tour, travel, tourism, trip, journey, voyage, cruise, junket
- 출발지에서 가까운 곳 : sightseeing, picnic, hiking, recreation, leisure, excursion

③ 기간상의 비교

- 당일 : sightseeing, picnic, hiking, recreation, leisure, excursion
- 1박 2일 이상 : tour, travel, tourism, trip, cruise, jaunt, junket
- 기간이 정해지지 않음 : journey, voyage

④ 장소상의 비교

- 한 곳에 머무는 것 : sightseeing, picnic, recreation, leisure, excursion
- 두 곳 이상을 옮겨다니는 것 : tour, travel, tourism, trip, journey, voyage, cruise, jaunt, junket

⑤ 경비상의 비교

- 많은 경비 : tour, travel, tourism, trip, journey, voyage, cruise, jaunt, junket
- 적은 경비 : sightseeing, picnic, hiking, recreation, leisure, excursion

〈표 1-3〉 서양의 사전적 관광유사 용어

용 어	정 의	특 징
Tourism	· 관광여행, 관광사업	· 상업적 목적여행
Tour	· 시찰 따위를 위한 여행	· 계획에 의한 주유여행
Sightseeing	· (명승지) 구경 · 관광 · 관람	
Travel	· (나라 · 지방) 따위를 여행	· 장거리, 미지의 곳 여행
Journey	· 비교적 장기간에 걸친 육로 여행 · 여정	· 목적 · 기간 · 수단 따위와 관계없이 여행을 뜻하는 일반적인 말
Trip	· 일반적으로 짧은 여행	· 관광 · 상용 따위의 비교적 짧은 여행 · 왕복여행
Excursion	· 당일의 짧은 여행	· 단체할인의 주유여행 · 당일여행

Voyage	· 장거리의 선박여행, 항공여행	· 해로 · 공로의 긴 여행
Junket	· 공금으로 하는 호화유람여행	· 관비여행
Jaunt	· 놀기 위한 짧은 여행, 위안여행	· 가정 · 직장을 떠나 즐기는 짧은 여행(자동차 이용)
Picnic	· 야외에서 식사를 함께 하며 즐기는 소풍 · 들놀이	
Hiking	· 장거리 보행여행	· 도보여행(식사지참 없음) · 오락 · 군사훈련 등
Pilgrimage	· 순례 · 성지 여행	· 신앙심 동기의 성지 · 사원 · 명소 · 고적 방문의 긴 여행
Recreation	· 휴양, 기분전환, 오락에 의한 원기회복	· 놀이의 형태
Leisure	· 일이나 의무로부터 해방된 자유로운 시간	
Expedition	· 탐험, 학술연구 등 일정한 목적을 가진 여행	· 조직의 단체여행
Cruise	· 유람선들의 순항 · 순양	· 장기간 순항유람선 여행
Camping	· 야외에서 천막을 치고 지냄	· 특별한 의미 없이 여행
Wandering	· 장거리여행(만유 · 방랑)	
Traverse	· 횡단여행	
Exploration	· 탐사 · 답사 · 탐험여행	
Rove	· 유랑 · 방랑	
Ramble	· 소요 · 산책	
Tramp	· 장거리 도보여행(소풍)	
Vagrancy	· 방랑 · 유람	

(2) 관광 · 여가 · 레크리에이션의 상관성

여기서는 관광과 관련된 유사개념 중 비교적 체계적으로 개념 규정이 명확하게 이루어져 있고, 그 대표성이 인정될 수 있는 여가(leisure), 레크리에이션(recreation)에 대한 상관성을 고찰하고자 한다. 그러나 이들 상호간의 개념적 한계가 공통성과 상이성을 동시에 가지고 있어 특성상 명확한 구분을 하기는 어려움이 있으나 기초이론의 확립을 위해서는 반드시 극복해야 할 연구과제이다.

여가에 대해서는 시대와 환경에 따라 학자들의 견해가 다양하게 정의되고 있다. 일반적으로 시간·활동·상태·제도 등으로 구분하여 〈표 1-4〉와 같이 정의내리고 있으나, 여가의 개념은 네 가지 관점을 포괄적으로 수용하여, "가정생활, 노동과 사회적 의무로부터 자유로운 상태하에서 휴식, 기분전환, 자기계발 및 사회적 성취를 위하여 활동하게 되는 자유재량적 시간"이라고 정의하는 것이 바람직할 것이다.

〈표 1-4〉 여가의 정의

구 분	정 의	비 고
시간적 정의	가용시간 〈24시간〉 - (생리적 시간 + 근로시간 + 근로와 관련시간)	S.R. Parker C.K. Brightbill
활동적 정의	여가활동 : 의무감에서 벗어나 자유롭게 즐길 수 있는 활동	J. Dumazedier A. Wylson
상태적 정의	자유정신(free spirit), 자유의지(free will) : 심리적 해방과 마음의 평화	Aristoteles, J. Pieper G. Dahl - 철학, 종교학, 심리학자
제도적 정의	노동으로부터 해방과 재생산의 수단	M. Kaplan, 사회제도와 가치패턴과 관계하여 설정
포괄적 정의	가정생활, 노동 및 사회적 의무로부터 자유로운 상태하에서 휴식, 기분전환, 자기계발 및 사회적 성취를 위하여 활동하게 되는 자유재량적 시간	N.P. Gist, S.F. Feva → 활동 + 시간 P. Weiss → 시간 + 상태 *제도+상태+활동+시간

레크리에이션은 "여가 내에서 자신의 몸과 마음의 휴식과 수양, 또는 즐거움을 추구하기 위하여 자발적으로 이루어지는 활동이나 경험"으로서 활동의 개념이 강하다고 볼 수 있다(Pigram, 1983). 곧, 레크리에이션은 ① 여가 내의 활동이다, ② 자발적이다, ③ 사회적으로 인정할 수 있어야 한다, ④ 참가자에게 만족을 준다는 특성을 내포하고 있다. 레크리에이션의 종류는 활동이 행해지는 장소에 따라 옥내 레크리에이션(indoor recreation), 옥외 레크리에이션(outdoor recreation)으로 구분할 수 있다. 옥내 레크리에이션이 집안·건물 안에서 할 수 있는 레크리에이션 활동을 총칭한다면, 옥외 레크리에이션은 공간(space)과 자연자원을 필요로 하는 레크리에이션 활동이다.

앞에서 설정한 관광의 개념을 준용하여 여가와 레크리에이션의 상관성을 살펴보면, 관광은 여가 내에서 이루어지는 활동으로서 레크리에이션과는 상이성을 나타내면서도 공통성을 가지고 있는 속성이 있다([그림 1-2] 참조).

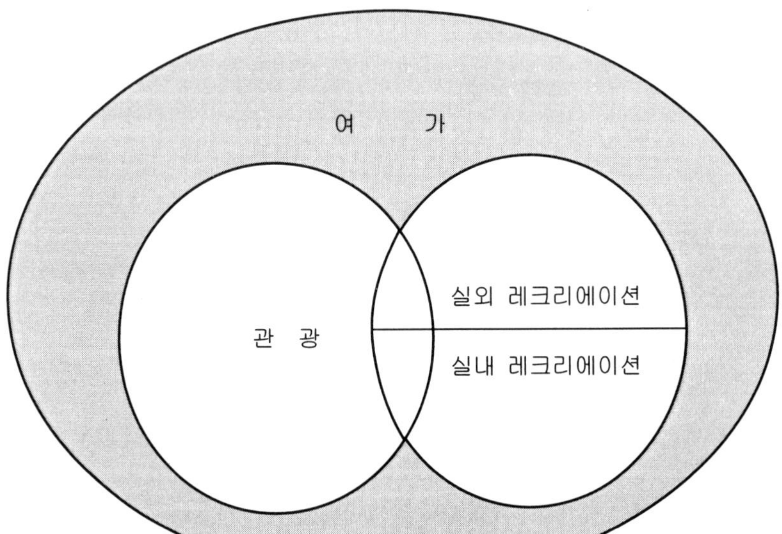

〔그림 1-2〕 관광 · 여가 · 레크리에이션의 상관도

3 관광의 분류

(1) 국적과 국경에 의한 분류

일반적으로 관광의 분류는 크게 국내관광(domestic tourism)과 국제관광(international tourism)으로 나누고 있는데, 이는 국적과 국경을 기준으로 하여 구분한 것이다.

국내관광이 "관광자의 이동공간이 자국의 영토 내에서 이루어지는 관광행위"를 말한다면, 국제관광은 "관광자의 이동공간이 자국 또는 특정국의 국경을 넘어 이루어지는 관광행위"로 규정할 수 있다. 곧, 국내관광(domestic tourism : I 상한)은 "한국인의 자국 내에서의 여행"이고, 국제관광(international tourism)은 "한국인이 외국을 방문하는 행위"인 국외관광(outbound tourism : II 상한)뿐만 아니라, "외국인이 또 다른 외국을 방문하는 관광행위"인 외국인의 해외관광(overseas tourism : III상한), "자국의 영토 내에서 이루어지는 외국인의 관광행위"인 외래관광(inbound tourism : IV상한)을 모두 포함한다.

그러나 한국인 관광(korean tourism)의 범위는 자국민의 관광행위를 통칭한다는 측면에서 "한국인의 자국 내에서의 관광행위"인 국내관광(domestic tourism)과 "한국인이 외국을 방문하는 관광행위"인 국외관광(outbound tourism)을 말하며, 국제관광의 성격을 동시에 가지고 있다고 할 수 있다. 국외관광(outbound tourism)을 국민관광에 포함시키는 것이 바람직한가에 대한 논의는 학자들에 따라 다른 견해를 보이고 있으나, 1989년 국외여행 자유화가 완전히 이루어져 국외관광이 활발하게 이루어지면서 국민관광의 범주에 포함시키는 것이 일반적인 정설이다.

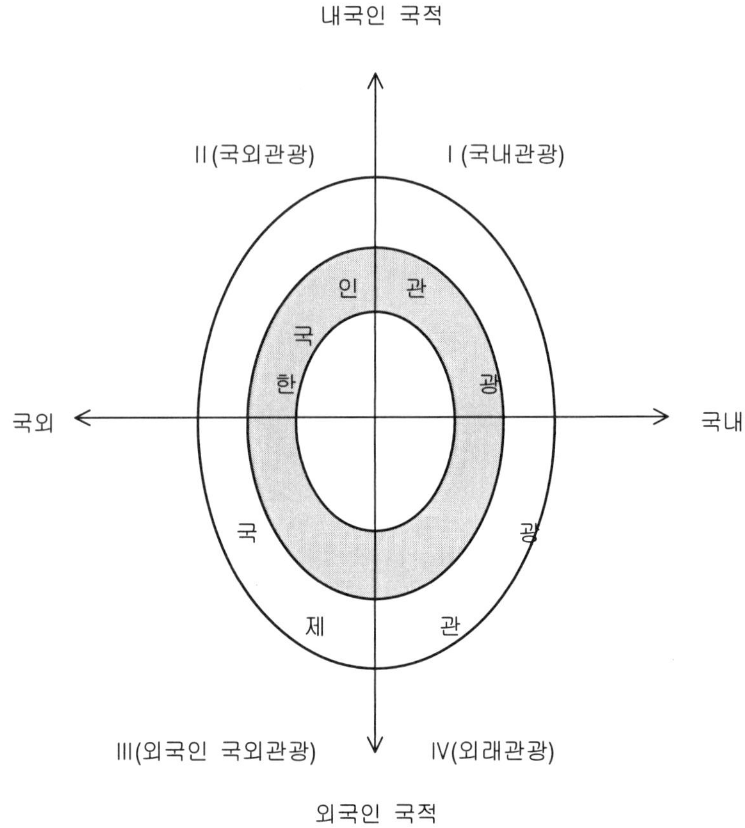

* 자료 : 김사헌, 『관광경제학신론』, 일신사, 1997

〔그림 1-3〕 관광의 분류도

(2) 관광목적에 의한 분류

관광행위는 순수한 관광을 목적으로 여행하는 경우와 두 가지 이상의 목적을 가지고 여행을 하는 경우가 있다. 순목적 관광은 자유로운 관광으로서 개인의 오락·휴양·레크리에이션·견문확대 등의 관광목적 행위로 여행을 하는 것을 말한다. 겸목적 관광은 두 가지 이상의 목적을 가지고 관광활동을 하는 것으로서 '사업과 관광' '회의와 관광' '스포츠와 관광' '종교와 관광' 등과 같이 다양한 목적을 가지고 여행하는 것을 말한다.

(3) 지역구분에 의한 분류

지역구분에 의한 관광의 분류는 일정한 지역 내에서 이루어지는 역내관광(intra-regional tourism) 행위와 지역간을 이동하여 관광을 하는 역외관광(inter-regional tourism)으로 구분할 수 있다. 관광지역에 대한 이러한 일정한 공간적 범위는 가변적으로 변할 수 있다.

세계관광기구(WTO)는 지역구분에 따라 관광을 구분하고 있는데, 대륙을 지역기준으로 하여 분석해보면, 역내관광은 "특정지역에 속해 있는 관광자가 그 지역 내의 다른 국가로 이동하는 여행형태"라고 정의하였다. 즉, 한국 관광자가 아시아 지역의 일본이나 중국을 여행하는 행위나, 독일 관광자가 유럽지역의 프랑스나 오스트리아를 여행하는 행위를 말하며, 국내의 지역을 기준으로 한다면 전라도지역 주민이 전라도 내를 여행하는 형태를 말한다.

역외관광은 "특정지역 내에 속해 있는 국가의 관광자가 다른 지역 내 다른 국가로 이동하는 여행형태"를 말한다. 즉, 아시아지역의 한국 관광자가 유럽지역의 국가나 미주지역의 국가를 여행하는 행위, 또는 유럽지역의 독일 관광자가 미주지역의 국가나 아프리카 지역의 국가를 여행하는 행위를 말하며, 국내를 기준으로 한다면 전라도 관광자가 경상도나 충청도의 관광지를 여행하는 형태를 말한다.

(4) 관광활동 유형에 의한 분류

관광자가 활동하는 관광유형에 따라 유동형관광, 목적형관광, 체재형관광으로 구분할 수 있다. 유동형관광은 자연탐방, 드라이브 등과 같이 자연관광지나 역사·문화자원을 대상으로 하는 관광활동이고, 목적형관광은 해수욕·피크닉·골프·등산 등 구체적인 목적을 가지고 관광하는 활동유형이며, 체재형관광은 휴양·보양·수련캠프 등 숙박시설이 완비된 종합휴양지를 대상으로 하는 숙박관광 형태의 관광활동을 말한다.

〈표 1-5〉 유형별 관광의 특성

<table>
<tr><th>유 형</th><th>자원성의 내용</th><th colspan="2">관광 · 레크리에이션활동</th><th>행동권</th><th>체재 기간</th></tr>
<tr><td>유동형 관광</td><td>훌륭한 경치를 보는 자원성(자연풍경지, 역사자원, 관광대상 시설)</td><td>풍경탐방(전망, 유람, 견물)
견학, 음식, 매물</td><td rowspan="2">자연탐방
드라이브
사이클링
주 유
야외캠프</td><td>소역적/
광역적</td><td>0.25/
2.00
시간</td></tr>
<tr><td>목적형 관광</td><td>훌륭한 곳을 즐기는 자원성, 쾌적한 곳을 즐기는 자원성</td><td>해수욕, 피크닉, 낚시, 요트, 수상스키, 스킨다이빙, 골프, 스키, 등산, 하이킹, 수렵 등</td><td>소역적/
중역적</td><td>반일</td></tr>
<tr><td>체재형 관광</td><td>다양한 경치를 즐기는 자원성 쾌적한 휴양 · 숙박 자원성</td><td colspan="2">캠프, 보양, 휴양 등</td><td>중역적/
광역적</td><td>1일
이상</td></tr>
</table>

* 주) 체재기관은 1개소당 관광에 필요한 시간을 제시

* 자료 : 일본교통공사(日本交通公社)(1971), 「관광지의 평가수법」

(5) 여행기간에 의한 분류

여행기간에 따라서는 하루관광과 숙박관광으로 구분된다. 하루관광은 "관광목적지에서 1박 이상을 체류하지 않고 출발 당일 거주지로 되돌아오는 행태의 여행"으로 가장 단순한 관광코스를 선택한다.

숙박관광은 관광지에서 최소한 1박 이상을 체류하는 형태로 단기숙박관광과 장기숙박관광으로도 분류할 수 있다. 일반적으로 장기숙박관광은 1주일 이상의 숙박관광을 말하는 것으로, 여행기간이 길어짐에 따라 다양한 관광코스를 선택하며, 많은 경비가 필요하다.

4 관광의 구조체계

(1) 관광구조의 발달

관광구조의 발달은 관광현상에 대한 체계론적 접근을 통하여 설명하려는 노력에 기인하고 있다. 관광현상에 대한 구조체계를 이해하기 위한 초기에는 관광을 관광주체인 관광자와 관광객인 관광자원의 상호작용으로 이루어지는 현상으로 이해하는 관광구조의 2체계론으로 시작하였다.

이후 관광현상의 발전과 더불어 관광매체인 관광기업의 영역이 확대되고 관광매체의 역할이 강조되면서 관광현상의 독립된 체계를 구축하여 관광주체 — 관광매체 — 관광객체로 이어지는 관광구조 3체계론이 등장하여 관광구조의 기본체계를 형성하게 되었다.

그러나 관광의 중요성이 강조되고, 관광이 미치는 영향이 정치·경제·사회·문화·환경 등 모든 분야에 걸쳐 이루어지면서 정부의 관광분야에 대한 적극적인 개입이 시작되었다. 이는 관광분야에 대한 관광행정체계에 적극적인 개입을 의미하며, 관광구조 체계에 있어서도 중요한 하나의 구성요소로 자리매김하기 시작한 것이다.

관광은 속성상 회귀이동을 전제로 하기 때문에, 최근의 교통사업은 관광과는 불가분의 관계를 형성하면서 발전해왔고, 여행시대의 도래에 따라 관광교통이 관광사업 분야의 중심적 위치를 확보하기 시작하였다(김창수, 1997). 이는 관광구조 체계에 있어 관광매체의 또 하나의 독립된 구성요소로 관광교통이 하위체계를 형성하게 된 이유가 되었다.

위와 같은 관광현상에 대한 체계론적 접근에도 불구하고 아직도 관광현상에 대한 정확한 구조체계 개념의 정립이 이루어져 있지 못하고, 제학자들의 학문적 관심영역에 따라 관광구성요소를 서로 다르게 정립하고 있다. 이러한 다양한 구조체계의 정립에도 불구하고 많은 관광학자들이 보편적으로 인식하고 있는 관광구조 체계는 베르네커가 주장한 관광구조 3체계론인 '관광주체－관광매체－관광객체'간의 상호작용을 인정하는 견해이다.

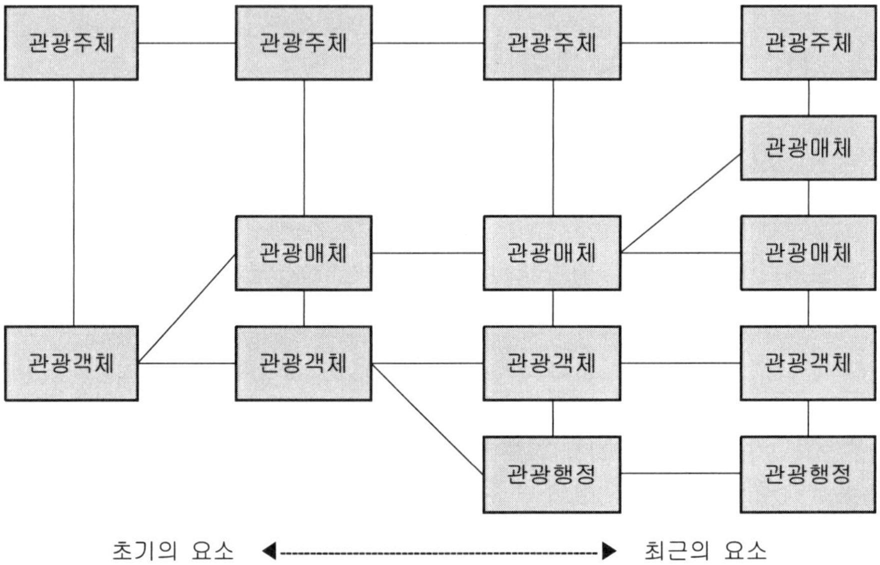

〔그림 1-4〕 관광구조 체계의 발달과정

(2) 관광구조의 3체계론

관광의 구조를 3체계론인 '관광주체 — 관광매체 — 관광객체'의 상호작용으로 해석하려는 관점은 관광주체인 관광자와 관광객체인 관광매력물(관광자원)의 상호작용 속에서 매체역할을 수행하는 관광사업자의 필요와 그 역할이 강조됨에 따라 관광객체 부문에서 관광매체를 독립시켜 관광구조 체계를 명확히 한 것이다.

1) 관광주체

관광주체는 관광수요시장을 형성하는 관광자이다. 관광자는 관광에 있어서 중심적 위치에 있으면서 관광객체와 관광매체가 제공하는 환경적 배경과 관광자의 심리에 영향을 주는 내적 요인인 욕구·동기·학습·지각·성격, 그리고 외적 요인인 가족·문화·준거집단·생활양식 등에 따라 관광행동을 유발하는 관광소비자인 동시에 관광수요자이다.

2) 관광객체

관광객체인 관광자에게 매력이 되는 관광대상으로서 관광자의 욕구나 기호에 부합하면서 관광자에 만족을 제공해주는 관광자원 및 관광시설을 포함하며, 관광공급시장을 형성하는 중요한 요소이다.

3) 관광매체

관광매체는 관광주체와 관광객체를 연결시켜주면서 관광주체인 관광자가 요구하는 관광서비스를 제공하고, 관광객체인 관광매력물에게는 관광개발과 진흥을 촉진시키는 역할을 수행하는 사적 기관 및 공적 기관을 말한다. 시간적 매체인 숙박시설, 관광객이용시설, 관광편의시설, 공간적 매체인 관광교통기관, 기능적 매체인 여행업, 통역안내업, 관광정보와 선전물 등이 있다.

(3) 관광구조의 구성요소

관광구조 체계는 관광현상의 복잡성으로 인하여 관광구조의 3체계론에서 더욱 세분화시키면서 관광현상을 이해하려는 노력의 일환으로 학문적 접근방법에 따라 학자들의 견해는 다양하게 제시되고 있다.

와합(Wahab)은 관광현상을 구성하는 요소를 인적 요소로서 관광자, 물리적 요소로서 공간, 시간적 요소로서 일시성 등으로 설명하고 있다(Wahab, 1975).

관광산업 영역에 중점을 둔 견해를 가지고 있는 레이퍼(Leiper)는 [그림 1-5]와 같이 관광현상을 관광자, 관광발생지, 교통루트, 관광목적지, 관광산업 등 5가지 요소로 구성되어 있다고 인식하고 있다(Leiper, 1979). 이들 구성요소들은 공간·기능적으로 상호작용을 하고 있으며, 관광을 정치·경제·사회·문화·물리·공학적 광역환경과도 상호작용을 하는 개방체계로 이해하고 있다.

관광개발계획에 중점을 둔 견해의 대표적인 학자인 군(Gunn)은 [그림 1-6]과 같이 관광현상을 기능적 체계로 인식하고 구성요소로서 관광자(tourist), 교통기관(transportation), 매력물(attraction), 서비스 및 시설(service-facilities), 정보 및 지도(information-direction) 등 5가지를 제시하고(Gunn, 1979), 관광체계의 구성요소와 그 인자간의 기능이 원활하게 이루어지도록 관광개발계획을 어떻게 수립할 것인가에 초점을 맞추고 있다.

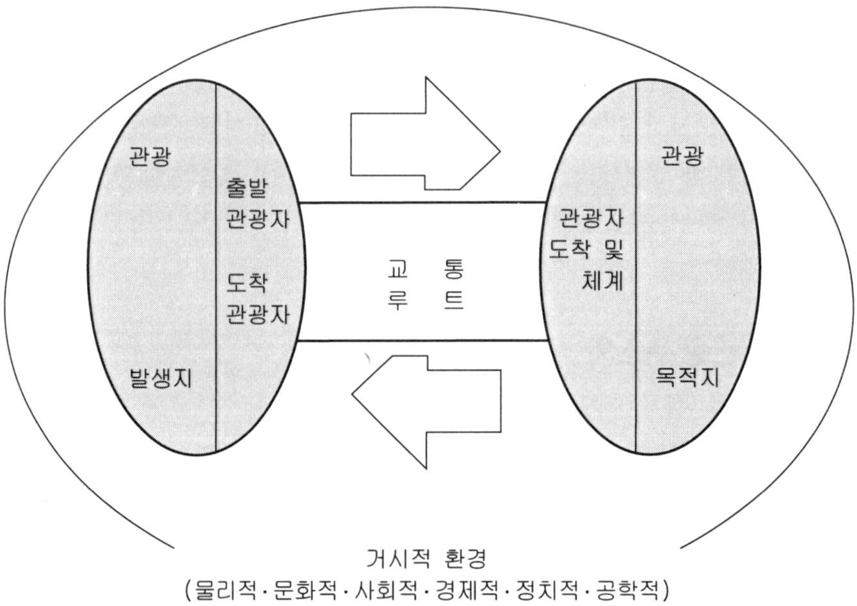

* 자료 : Neil Leiper, "The Framework of Tourism : Towards a Definition of Tourism, Tourist and the Tourist Industry", *Annals of Tourism Research*, Vol.6, No.4, 1979

〔그림 1-5〕 레이퍼(Leiper)의 관광 구성요소

또한 인스킵(Inskeep)은 자연적 · 사회경제적 환경과 관광개발 구성요소들의 상호관련성을 언급하고 그 구성요소로서 관광자원과 활동(tourist attractions and activities), 숙박(accommodation), 관광시설과 서비스(tourist facilities and services), 제도적 요소(institutional elements) 등의 5가지를 제시하면서(Inskeep, 1991 : 38~39) 국제관광자 · 국내관광자뿐만 아니라 지역주민들도 관광자원, 관광관련 시설 및 서비스를 이용할 수 있는 관광개발 구성요소의 틀을 [그림 1-7]과 같이 제시하고 있다.

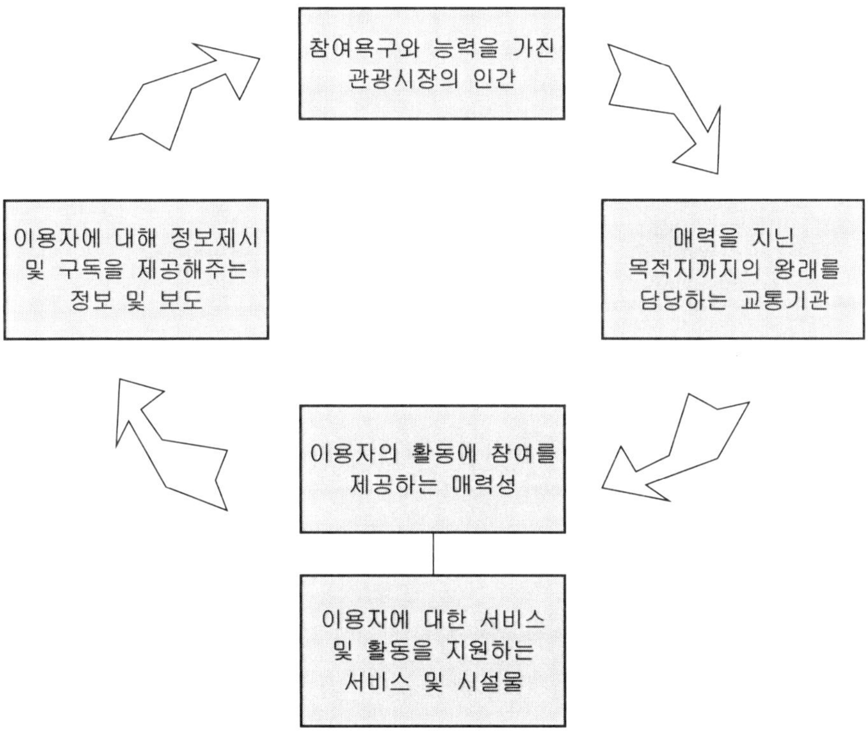

* 자료 : Clare A. Gunn, Vacation scope : Designing Tourist Regions, *University of Texas*, 1972

〔그림 1-6〕 군(Gunn)의 관광 구성요소

(4) 현대적 관광구조 체계와 기능

관광현상이 다양한 사회환경과 어우러지면서 관광활동의 사회적인 증가와 더불어 관광을 여러 가지 관점에서 올바르게 정의하려는 노력들이 관광구조 체계의 발달을 가져왔다.

많은 학자들의 이론 중에서도 관광구조 체계의 기본적인 관광구조 3체계론과 군의 관광구조 체계 이론이 현대사회 구조체계를 반영한 이론으로 인식되고 있다.

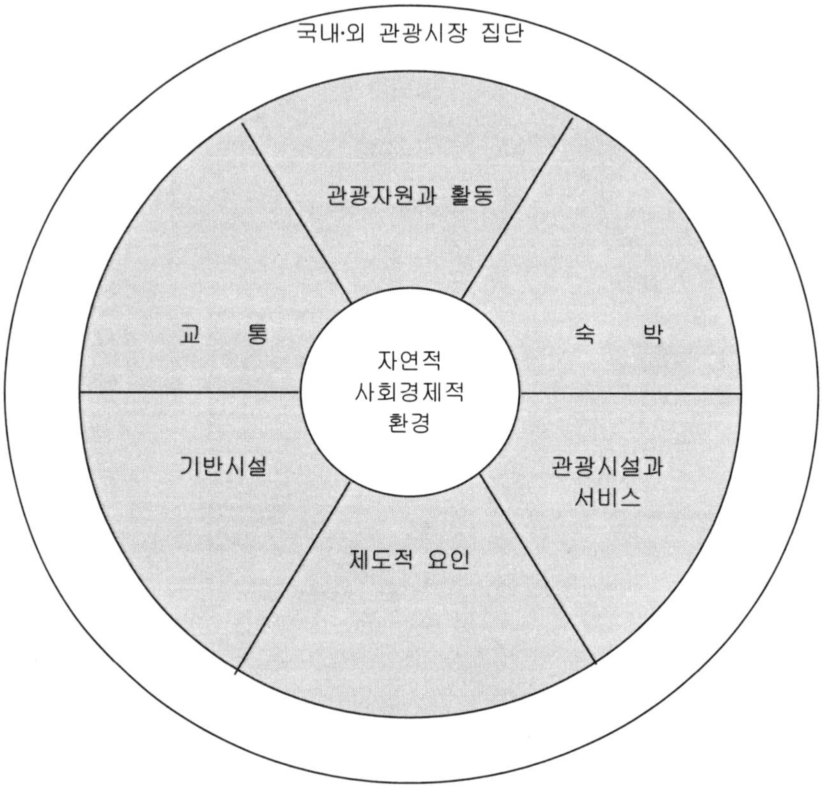

* 자료 : Edward Inskeep, Tourism Planning : An Integrated and Sustainable Development Approach

〔그림 1-7〕 인스킵(Inskeep)의 관광 구성요소

그러므로 베르네커의 3체계론과 군의 관광구성 요소를 토대로 현대적 관광구조 체계의 구성요소를 관광자, 관광매력물, 부대시설, 기반시설, 교통, 정보·촉진 등으로 설정하였는데, 이를 살펴보면 [그림 1-8]과 같다(박호표, 1997).

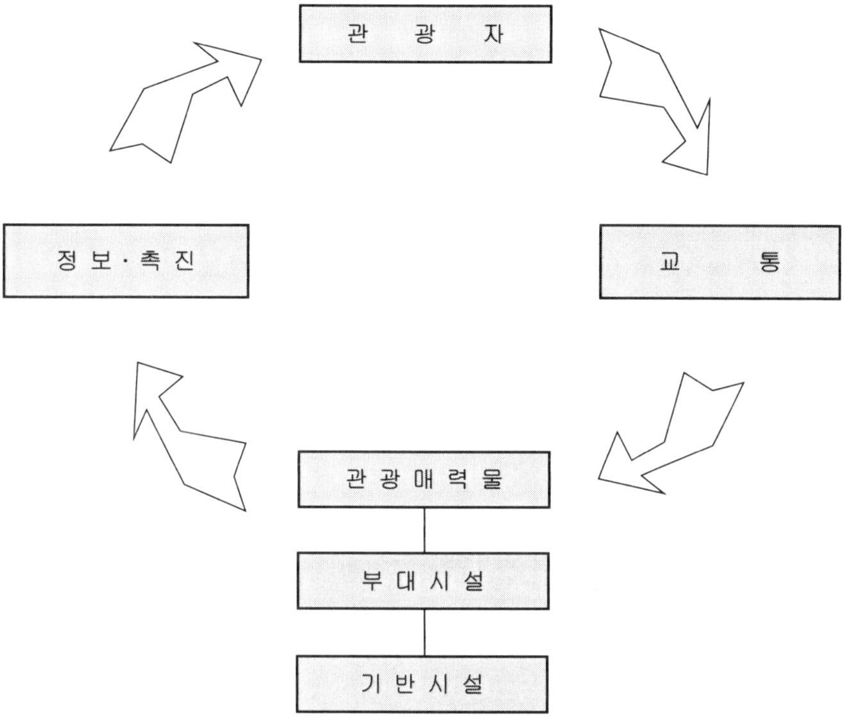

〔그림 1-8〕 현대적 관광구조 체계의 구성요소

1) 관광자

관광자(tourist)란 관광의 주체의 중심적인 구성요소로서 관광자를 둘러싸고 있는 사회·경제적 배경과 심리적 요인에 영향을 받아 관광을 목적으로 여행하고자 하는 사람을 총칭하며 일반 여행자와는 구별된다.

2) 관광매력물

관광매력물(attractions)은 관광자의 관광행동을 유발하고 여행하면서 관광자가 즐기면서 이용할 수 있는 관광대상과 자원을 말한다. 이는 유·무형의 모든 매력대상물을 포함한다.

3) 부대시설

부대시설(service-facilities)은 관광매력물과 관련된 제반시설로서 관광자의 관광욕구를 더욱 효과적으로 충족시키고, 관광활동을 보장할 수 있는 각종 편의시설(super-structure)을 총칭한다.

4) 기반시설

기반시설(infra-structure)은 관광자원의 보존과 개발, 지역주민들의 일상생활 기능을 지원하는 각종 기간시설로 도로·상하수도·통신 등이 이에 해당된다.

5) 교 통

관광교통은 관광의 본질적인 요소의 하나로 관광이 이동을 전제로 시작되는 인간활동이므로, 관광과는 불가분의 관계에 있다. 곧, 관광을 하기 위해서는 출발지에서 관광목적지까지 교통로와 교통수단의 이용을 생각하지 않을 수 없고, 관광교통 수단의 발전은 여행의 범위를 확대시키고 관광산업 발전의 기반을 제공해주고 있다.

6) 정보·촉진

관광정보는 신관광(new tourism) 시대의 도래에 따라 등장한 매우 중요한 관광 구성요소로서 관광자의 관광활동의 전분야에 걸쳐 아주 중요한 역할을 수행하고 있다.

따라서 정확하고 신속한 관광정보와 촉진체계를 구축하고, 관광자의 성공적인 관광활동을 보장하고, 관광지 정보를 이용할 수 있도록 노력해야 한다.

chapter 2

관광상품의 이해

- 1. 관광상품의 정의
- 2. 관광상품의 구성요소
- 3. 관광상품의 생산과정

1 관광상품의 정의

일반적으로 상품(commodity, goods, product)이라고 할 때, "판매를 목적으로 생산된 재화"라고 할 수 있다. 광의로 볼 때 상품이란 인간의 필요와 욕구를 충족시켜줄 수 있는 제공물로서 사람들이 그것에 주의를 기울이거나 획득하거나 사용·소비하게 하기 위해서 시장에 제공하는 모든 것으로서 유형재·서비스·사람·장소·조직 및 아이디어 등을 포함한다.

원래 상품이란 생산물의 개념으로만 인식하여 인간이 자연자원에 대해 어떤 작용을 가하여 그것을 변환·조합·연결시킴으로써 만들어진 모든 것을 의미하였으나, 오늘날에는 욕구 충족력을 가진 유형재뿐만 아니라 무형재인 서비스도 포함하는 개념으로 쓰이고 있다.

따라서 상품은 그 형태 여하, 형태 유무에 관계없이 소비자에게 그 상품을 사용함으로써 만족을 줄 수 있어야 하며, 또 상품 그 자체는 교환가치와 사용가치가 있어야 한다.

코틀러(Kotler)는 상품을 어떤 시장욕구나 요구를 만족시킬 수 있는 주의·획득(구입)·사용 또는 소비를 제공하는 모든 것으로 정의하였다. 여기에는 물리적 대상·서비스·사람·장소·조직 그리고 아이디어들이 포함된다.

따라서 코틀러의 정의는 상품은 단지 물리적 대상일 뿐만 아니라 관광을 구성하는 요소(서비스·사람·장소·조직 그리고 아이디어)들도 포함되고 있어 관광상품의 정의에 매우 적절하다.

WTO는 관광상품을 "관광지·숙박시설·교통수단·서비스와 관광매력물을 결합시킨 것"으로 정의하고 있다(한국관광공사, 1979). 한국관광공사는 "광의의 관광상품은 관광업계가 생산하는 일체의 재화와 서비스이고, 협의의 관광상품은 여행상품과 관광에 유관되는 일체의 서비스 또는 관광사업자가 관광자원을 바탕으로 판매할 것을 전제로 이를 상품화한 것이다. 관광상품을 영어로 표현하면, tourism product, tourist product, travel product 등으로 표시되는 물질적인 것보다 정신적 · 관념적 · 추상적인 내용을 대상으로 하는 것이다"라고 정의하고 있다(한국관광공사, 1997).

그러나 이러한 관광상품은 궁극적으로 소비자(여기서는 관광자)의 욕구를 만족시켜준다는 점에서 일반상품의 그것과 다를 바 없다.

따라서 관광상품은 "관광객의 욕구를 충족시켜주기 위하여 관광업계가 생산하는 일체의 유 · 무형의 재화와 서비스"라고 정의할 수 있다.

2 관광상품의 구성요소

관광상품은 유 · 무형의 특성을 가지고 있으며, 단일제품이라기보다는 여러 제품의 묶음이라는 점에서 그 구조가 매우 복잡하다.

메들릭(Medlik)과 미들턴(Middleton)은 관광상품을 완전한 관광경험을 구성하고 있는 활동 · 서비스 그리고 편익의 묶음으로 개념화하고 있다. 이 묶음은 목적지 매력, 목적지 시설, 접근성, 이미지 그리고 가격의 5개 요소로 구성되어 있다.

미들턴은 '관광상품'이란 용어가 2개의 다른 수준으로 사용된다고 하였다. 관광여행 또는 항공기 좌석처럼 단일사업에 의해 제공되는 불연속적인 상품인 특정수준(specific level)과 집을 떠나서 돌아올 때까지 관광객의 모든 경험을 나타내는 전체수준(total level)이다.

새써(Sasser), 올센(Olsen)과 울코프(Wyckoff)는 서비스상품은 촉진제품(facilitating goods), 완전한 무형제품(explicit intangibles), 암시적 무형제품(implicit intangibles)의 3가지 요소로 구성된다고 주장하였다. 예를 들어, 레스토랑에서 촉진제품은 음식이고, 반면에 완전한 무형제품은 음식물이 제공하는 영양이고, 암시적 무형제품은 서비스 · 교제 · 휴식과 같은 편익들이다.

노만(Normann)은 핵심 서비스와 2차 서비스 또는 주변 서비스로 구성된 단순한 모델을 제시하였다. 항공산업에서 출발지에서 목적지로의 비행은 항공기의 핵심 서비스이다. 반면에 예약, 체크인, 기내 서비스, 수화물 취급, 항공기 청소, 안락 그리고 승무원의 공손한 태도 등은 주변 서비스이다.

루이스(Lewis)와 챔버스(Chambers)는 관광상품이 제품 · 환경 그리고 서비스로 구성된다고 제안하였다. 더 나아가 상품은 3가지 다른 수준에서 볼 수 있다고 주장하였다. 즉, 관광객들이 구매한다고 믿는 형식상품(formal), 관광객들이 실제로 구매하는 핵심상품(core), 그리고 핵심상품에 공급자가 제공하는 다른 부가 특징과 편익을 더한 확장상품(augmented)이다. 레스토랑의 예에서, 형식상품은 멋진 레스토랑에서 친구와 하는 식도락 식사가 될 것이다. 핵심상품은 식사를 구매함으로써 얻어지는 와인 · 에피타이저 · 앙뜨레 · 디저트 그리고 커피이다. 확장상품은 서비스 · 촛불 그리고 바이올린 연주자이다.

이런 3가지 상품수준은 레비트(Levitt)의 핵심상품(core product : 핵심서비스와 편익), 유형상품(tangible product : 판매나 소비를 위해 실제로 제공되는 서비스), 확장상품(augmented product : 유형상품+모든 부가적 특징)의 분류법을 반영한 것이다.

레비트의 분류는 코틀러(1984)에 의해 일반 마케팅 교재에, 미들턴에 의해 관광마케팅에 채택되었다.

(1) 관광상품의 차원

관광상품은 [그림 2-1]과 같이 핵심상품, 실제상품, 확장상품 등 세 가지 차원으로 나누어 생각해볼 수 있다(김성혁, 1999).

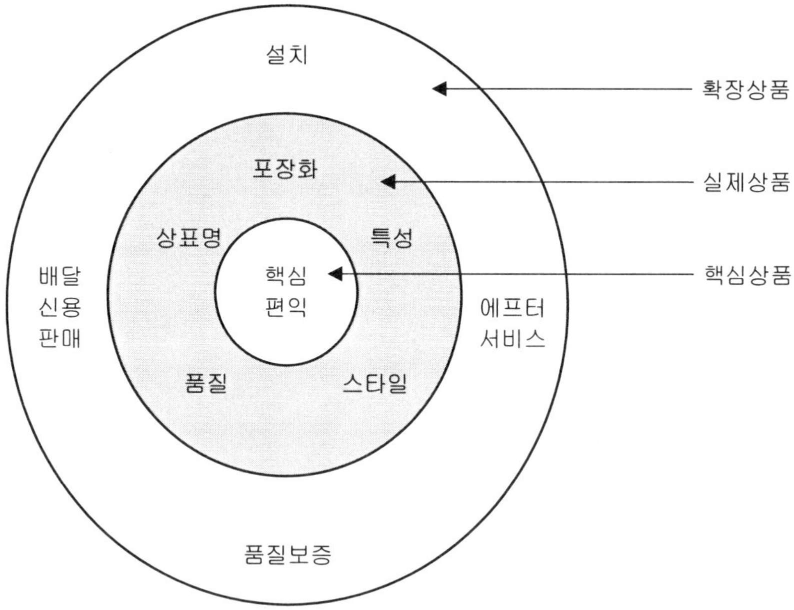

* 자료 : 김성혁, 『관광마케팅의 이해』, 백산출판사, 1999

〔그림 2-1〕 상품의 3가지 차원

① 핵심상품

상품개발시 가장 근본적인 차원은 핵심상품이다. 이는 구매자가 실제로 구입하는 것이 무엇인가에 관한 차원이다. 이 핵심상품은 소비자들이 상품을 구입할 때 그들이 획득하고자 하는 핵심적인 이점이나 문제를 해결해주는 서비스로 구성된다.

② 실제상품

상품개발시에는 위와 같은 핵심상품을 실제상품으로 형상화시켜야 한다. 실제상품은 품질수준 · 특성 · 스타일 · 상표명 및 포장 등 5가지 특징을 포함하고 있다. 이와 같은 속성들은 모두 핵심적인 이점을 소비자에게 전달할 수 있도록 결합되어야 한다.

③ **확장상품**

상품개발시에는 핵심상품과 실제상품을 추가적 서비스와 이점으로 결합하여 확장상품을 만들어야 한다. 휴대용 카메라업체는 관광객들이 사진을 찍는 데 일어나는 문제들을 완벽하게 해결할 수 있는 방법을 제시하여야 하므로 단순히 물건으로서 카메라 이상의 어떤 것을 제공하여야 한다. 예컨대 소니의 핸드 카메라를 구입하는 경우, 관광객들은 카메라 그 자체 이상을 획득하고자 한다. 즉 소니와 그 판매원들은 관광객에게 부품에 대해 보증을 해줄 뿐만 아니라 무료로 카메라의 사용법을 알려주고, 필요할 때 신속하게 수리 서비스를 제공하며, 문제가 발생하였을 때 무료로 전화를 걸 수 있도록 전화번호를 알려주어야 한다. 이러한 모든 확장제품들은 관광객에게 있어서 전체 상품의 중요한 부분이 되기 때문이다.

이와 같이 상품은 가시적 속성들의 단순한 조합을 넘어서는 것이다. 사실상 관광상품과 같이 거의 유형적인 특성을 보이지 않는 상품은 더욱더 상품이 주는 이점 및 혜택을 가시화(可視化)하여야 할 것이다.

(2) 관광상품의 구성요소

관광상품은 [그림 2-2]와 같이 연속된 동심원의 중심으로부터 물적 설비, 서비스, 환대, 선택의 자유, 참여의 5개의 요소로 구성되어 있다.

① **물적 설비**

관광상품의 핵심은 폭포·야생생물·리조트와 같은 장소, 자연적 자원 또는 편의시설과 같은 물적 설비이다. 이것은 호텔과 같이 고정된 자산이거나 유람선과 같은 움직이는 기구일 수 있다. 물적 설비는 기후·수질·혼잡 그리고 관광기반 시설의 상태와 같은 물리적 환경의 상태를 의미하기도 한다.

토지·물·건물·기구 그리고 기반시설은 존재하고 있는 관광의 어떤 형태에 자연적·문화적 자원들을 제공하며, 물리적 설계는 소비자의 경험에 중요한 영향을 미친다. 물적 설비의 질은 설계가 사용자의 경험을 강화시키는가, 환경을 보호하는가, 그리고 상품이 물리적 능력 또는 한계들의 넓은 범위를 가지고 관광객에게 접근할 수 있도록 하는가에 의해서 평가될 수 있다.

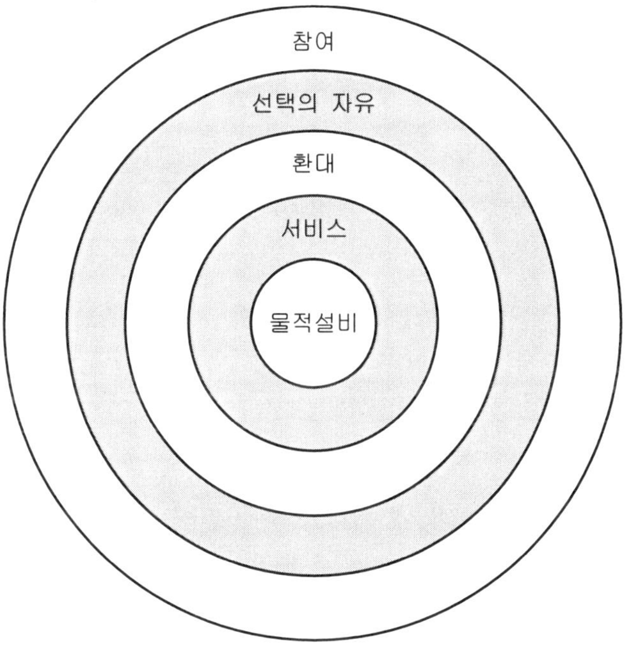

자료 : Stephen L.J. Smith, *Tourism Product, Annals of Tourism Research.* Vol.21, No.3, 1994.

〔그림 2-2〕 관광상품의 5가지 구성요소

② 서비스

물적 설비의 설계와 공급은 단지 시작일 뿐이다. 물적 설비는 관광객에게 유익하도록 만드는 서비스의 투입을 요구한다. 호텔이 호텔로서의 기능을 하기 위해서는 경영, 프런트데스크 운영, 하우스키핑 관리, 그리고 음식과 음료의 제공 등을 필요로 한다. 항공기는 수송을 제공하기 위해서 비행승무원, 비행안내원, 공항 서비스 그리고 항공교통 통제가 필요하다.

③ 환 대

서비스만으로 충분하지 않다. 클레머(Clemmer)의 주장에 따르면, 모든 분야에서 소비자들은 '강화된 서비스' 또는 '특별한 것'을 기대한다. 특별한 것에 대한 이런 기대가 환대이다. 서비스가 기술적으로 충분한 과업의 수행인 반면 환대는 과업을 수행하는 태도와 형태이다.

④ 선택의 자유

선택의 자유는 여행자가 만족스런 경험을 위해 일정한 선택의 범위를 가지는 것을 의미한다. 선택의 자유의 정도는 여행이 위락 · 사업 · 가족문제, 또는 복합적인 것인지에 따라 매우 다양하다. 뿐만 아니라 여행자의 예산, 이전 경험, 지식 그리고 여행사나 패키지 여행에 대한 신뢰에 따라 다양하다. 이런 다양성에도 불구하고, 만족한 관광상품은 약간의 선택의 요소를 포함해야 한다.

선택의 자유의 역할은 오락이나 위락적 여행에서 분명히 나타난다. 사실, 이 개념은 레저학 분야에서 레저 경험의 중요한 부분으로 잘 정립되어 있다. 놀기를 허락받아야 하거나 자신의 활동을 선택할 수 없다면 완전한 휴식이나 레크리에이션 활동에 진심으로 참여하기가 어렵다. 가장 포괄적이고 꽉 짜여진 패키지 여행에서도 선택은 제공된다. 물론 가장 기본적인 선택은 구매의 자유이다.

⑤ 참 여

많은 서비스 상품들의 특징은 서비스의 배달에서 소비자가 참여한다는 것이다. 이것은 관광상품에 대해서도 마찬가지이다. 관광상품 생산에서 소비자의 성공적인 관여를 위한 기초는 적절한 물리적 시설, 제품서비스, 환대 그리고 선택의 자유의 조화이다. 이런 요소들은 여행서비스에서 물리적 · 정신적, 그리고 감정적 참여를 위한 무대를 제공한다. 관광에서 참여는 단순히 물리적 참가가 아니라 약속 · 활동에 초점을 둔 의미이다.

선택의 자유, 따뜻한 환대, 충분한 서비스, 훌륭한 물적 설비(접근성,

적절한 환경적 질, 좋은 기후, 그리고 적절한 수의 다른 사람들)와 결합된 참여는 관광상품의 품질과 만족을 보장한다.

3 관광상품의 생산과정

관광상품은 <표 2-1>과 같이 복잡한 생산과정을 거친다.

관광상품의 생산과정은 자원 · 원료 · 연료, 그리고 관광산업에서 필요로 하는 시설과 장비를 만드는 다른 요소들의 최초투입에서 시작한다. 이것들은 추가적인 과정, 제조 또는 건축을 통해서 중간투입이나 관광시설로 변환된다. 중간투입은 호텔, 레스토랑, 기념품점, 자동차대여회사와 같은 관광지원 그리고 시설뿐만 아니라 국립공원, 박물관, 미술관 사적지 그리고 컨벤션센터와 같은 매력물을 포함한다. 중간투입은 경영전문지식, 기술적 서비스, 스케줄링, 패키징의 중간산출로 전환되면서 더욱 개선된다.

중간산출은 일반적으로 상업적 숙박시설, 관광서비스, 음식서비스 그리고 축제와 같이 관광사업과 관련이 있는 서비스들이다. 그러나 이 단계에서 관광상품은 아직까지 잠재적인 물품일 뿐이다. 객실은 호텔에 의해 제공되지만, 고객이 객실에 머물 때까지는 상품(관광객의 경험)의 한 부분이 아니다. 레스토랑은 음식이 주문되고, 요리되고 소비될 때까지는 식사가 되지 못한다. 관광산업의 서비스가 최종산출(개인적 경험)을 형성하기 위해서는 소비자에 의해 개선되어야 한다. 최종단계에서, 관광객은 레크리에이션, 비즈니스 그리고 사회적 접촉과 같이 무형이나 높은 가치의 경험인 최종산출을 생산하기 위해서 중간산출(서비스)을 이용한다.

〈표 2-1〉 관광상품의 생산과정

최초투입(자원) →	중간투입(시설들) →	중간산출(서비스) →	최종산출(경험)
토지	공원	공원연출	레크리에이션
노동	리조트	안내원 서비스	사회적 접촉
물	교통수단	문화적 공연	교육
농산물	박물관	기념품	휴식
연료	선물가게	회의	추억
건물	회의장	공연	사업적 접촉
자본	호텔	숙박시설	
	레스토랑	식사와 음료	
	자동차대여점	축제와 행사	

* 자료 : Stephen L.J. Smith, *Tourism Product, Annals of Tourism Research*, Vol.21, No.3, 1994.

생산과정은 두 개의 관광상품 특징을 명백하게 한다.

첫째, 각 생산과정의 단계에서 가치가 부가된다. 부가가치는 각 주어진 단계의 생산비용과 소비자가 지불하려고 하는 것 사이에 차이가 있다.

둘째, 소비자는 생산과정의 필요부분이다. 대부분의 비관광상품의 생산은 소비자와 독립적으로 발생한다.

예를 들어, 자동차 생산라인에서 운전자의 참여활동 없이 생산된다. 자동차보험은 보험계약자의 참여 없이 생산된다. 외과 환자들도 절개나 봉합을 도와주지 않는다. 그러나 관광상품은 소비자가 생산으로서 여행을 하고, 능동적으로 최종단계에 참여하기 전에는 존재하지 않는다.

chapter 3

관광상품의 특성과 위험

- 1. 관광상품의 특성
- 2. 관광상품의 위험성

1 관광상품의 특성

관광상품은 소비자에게 만족을 준다는 측면에서는 근본적으로 일반상품과 동일하나 몇 가지 다른 특성을 가지고 있다. 일반적인 관광상품의 공통된 특성을 살펴보면 다음과 같다.

(1) 유형성과 무형성의 병존

관광산업의 여러 분야, 예를 들면 쇼핑상품, 관광지의 특산물, 여행지의 음식물, 관광지의 수족관·식물원·박물관 등은 유형의 형태를 갖춘 관광상품이다. 하지만 상당수의 관광상품 및 서비스는 무형성을 가지고 있어서 구매하기 전에 점검해볼 수도 없고, 시행해볼 수도 없는 특성이 있다. 즉, 제주도 3박4일 관광상품은 추상적인 개념이며, 서울-뉴욕간 항공기 탑승티켓 구입도 사전에 시험해볼 수 없는 성질의 것이다.

따라서 무형의 관광상품은 영화, 비디오, 슬라이드, 사진, 팸플릿, 안내 브로슈어 등의 보조수단을 통해 소비자에게 구체화시켜야 한다.

(2) 복합성

패키지 투어와 같이 관광상품은 복합적인 재화로 구성되어 있다. 교통수단, 숙박시설, 관광목적지의 관광자원, 위락자원 등이 합쳐져 관광이라는 상품을 만들어내는 것이다.

그러나 여기서 유의할 점은 주된 관광상품은 바로 관광 또는 위락자원이며, 교통·숙박시설 등은 이를 지원 서비스하는 부차적 상품이라는 점이다. 관광의 주된 목적은 목적지의 자원을 보고 즐기는 것이지 호텔·

버스 등의 지원수단의 이용에 있지 않기 때문이다.

(3) 생산과 소비의 동시성

일반 제조상품은 사전에 별도의 장소에서 생산되어 나중에 판매되고, 소비자가 구매하면 비교적 장기간 사용·보관할 수 있는 데 반해 대부분의 관광상품은 먼저 판매가 되고 그 다음에 생산과 소비가 동시에 발생한다. 예를 들어 패키지 여행의 경우 먼저 패키지 상품을 구매하고, 정해진 날짜에 여행을 출발하게 된다. 이때 고객이 여행을 하는 동안 생산이 이루어지게 되며, 동시에 소비도 이루어지는 것이다.

다시 말해서 고객이 생산에 참여한다고 말할 수 있다. 레스토랑의 경우도 주방에서 요리된 스테이크가 완성된 상품이 아니라 고객의 테이블에 놓여졌을 때 비로소 상품이 완성되는 것이며, 동시에 소비하게 되는 것이다.

또 고객이 있어야만 생산이 이루어지기 때문에 관광상품의 경우 생산의 불연속성이 발생하게 된다. 즉 레스토랑에서 고객이 올 때까지 종업원들이 준비하고 대기하는 시간은 생산이 이루어지는 시기가 아니라 생산을 준비하는 단계이며, 고객이 식사를 주문할 때 비로소 생산이 이루어지는 것이라고 할 수 있다.

(4) 비저장성

관광상품은 생산되는 즉시 판매·소비되는데, 만약 판매되지 않은 경우에는 재고로 저장할 수 없는 비저장성이 있다.

예를 들어 항공기 좌석이나 호텔 객실은 당일 관광상품으로 생산하여 판매되고, 이 중 일부 판매되지 않은 항공기 좌석이나 호텔 객실의 경우에는 그대로 소멸된다.

따라서 이러한 소멸성은 공급이 경직되는 비저장성인 재고 불가능성을 의미한다.

(5) 유사성과 모방성

관광상품 및 서비스는 어느 업체가 개발·판매하면 바로 타업체에서 쉽게 모방할 수 있는 단점이 있다. 그리고 대체로 유사한 점이 많은 특성이 있다. 교통상품에서의 항공기의 기내식사, 비행기 기종, 관광버스, 유람선 등 거의 모든 나라가 유사하게 운영하고 있으며, 후발업체도 쉽게 기존업체의 상품을 모방할 수 있는 것이다. 그리고 신규업체측에서 볼 때에는 기존업체가 보유하고 있는 기존상품과 서비스를 개발하기에는 많은 시간과 투자가 수반되므로 투자위험을 두려워하여 기존상품을 모방하는 경우가 많다.

따라서 선발업체는 신상품과 서비스의 개발에 지속적으로 많은 투자를 하여야 하며, 타업체가 모방하기 어려운 서비스·전문성·신뢰성으로 상품을 차별화하여야 한다.

(6) 인적 서비스의 중요성

관광산업은 다른 어느 산업보다 인적 서비스의 중요성이 강조되고 있는 분야이다. 왜냐하면, 공급(판매)과 구매(소비)가 거의 동일현장에서 이루어지기 때문에 상품을 취급하는 종사인력들의 판매방법·기술·매너·상담술·안내기술 등에 따라 매출액의 증대와 감소에 영향을 미치며, 나아가서 재판매에도 결정적인 영향을 끼칠 때가 많다.

또한 인적 의존성이 크기 때문에 기계화에 한계가 있으며, 일정한 상품의 질을 유지하기 어렵다. 그래서 관광업체에서는 매뉴얼을 통해서 일정한 상품의 질을 유지하기 위해 노력하고 있다.

(7) 계절성

관광은 주로 외부에서 이루어지는 활동으로 기후나 계절과 같은 자연환경에 많은 영향을 받는다. 관광지의 자연환경에 따라 성수기와 비수기가 확연하게 구분되므로 관광상품은 계절성을 지니고 있다.

계절성은 관광상품이 기상조건에 의해 영향을 받는 것을 말하지만 그 주의 요일 또는 그날의 시간대로부터 발생되는 수요의 변동에까지 적용되기도 한다.

따라서 이러한 계절성을 극복하기 위한 방법으로는 비수기 동안 가격을 인하하는 방법이 있다. 또다른 방법은 계절적인 악조건을 유리한 방향으로 유도하여 거기에 맞는 상품을 개발하는 것이다. 즉, 얼음조각전·얼음낚시대회·눈축제·스키·사냥(수렵)·온천욕과 같은 것을 적극 상품화하여 관광객을 유치하는 방안과 같은 것이다.

(8) 가격체계의 불안정성

관광상품의 계절성과 소멸성으로 인해 관광상품은 가격체계가 불안정하다. 관광상품은 성수기와 비수기가 뚜렷하게 구별되며, 소멸성으로 인해 호텔이나 관광지의 주말요금·단체요금·특별판촉요금 등 가격체계가 상호 균형을 이룰 수 없다.

또한 관광객에 따라서 동일상품이나 서비스에 대해서 각기 느끼는 가치판단이 다르기 때문에 높은 가격에도 저항을 받지 않는 경우가 생기는 것이다.

(9) 비이동성

관광상품은 형태를 갖춘 구체적인 상품이 거의 없고 서비스 형태의 상품이 현지(생산지)에서 판매되므로 다른 곳으로 옮겨 수송·판매할 수 없다.

특히 지역성이 큰 상품일수록 그러하다. 예컨대 서울에 위치한 호텔 객실을 부산으로 옮겨서 판매할 수 없고, 오직 서울에서만 판매가 가능하다. 또한 설악산의 경치를 다른 곳으로 옮길 수 없고, 제주도의 해산물 요리를 생산지인 제주도를 떠나 육지의 다른 곳에서 만들어 판매할 수 없다. 어디까지나 관광상품은 장소와 불가분의 관계를 갖고 있다.

따라서 공간적 마찰이 커지게 되어, 수요하고 싶어도 거리가 멀면 멀수록 그만큼 더 수요가 억제된다. 뿐만 아니라, 공간이동이 어려우므로 소비자가 직접 찾아가서 소비해야 한다. 하와이 민속춤을 구경하기 위해서는 대개 그곳으로 직접 찾아가는 도리밖에는 없다.

(10) 수용의 탄력성

관광상품은 다른 상품과 비교할 때 우등재에 속한다. 그래서 관광수요의 소득탄력성은 대개 1보다 크다. 즉 관광상품의 수요증가율은 소득수준의 증가율보다 빠르게 증가한다. 잘살게 될수록 관광수요는 더욱더 증가한다는 것이다. 물론 최저생계 수준에 있는 사람들의 경우에는 소득이 점점 증가한다고 해서 그들의 관광위락 욕구가 급증한다고 볼 수는 없다. 단지 어느 수준의 소득임계치가 넘어 의식주 등의 기초욕구가 충족되고 난 후부터 관광위락과 같은 자기실현 욕구가 급증하기 시작하게 된다. 이것은 보석류 등과 같은 사치품의 경우와 마찬가지로서, 이런 점에서 관광을 '사치품(luxuries)'으로 분류하기도 한다.

세계은행 자료에 따르면 경제가 약 5% 정도 성장하게 되면 관광산업은 약 10% 정도 성장한다고 한다.

(11) 공급의 비탄력성

관광상품은 쌀·냉장고 등과 달리 수요변화에 따라 공급량을 신축적으로 조절할 수 없는 성격을 지녔다.

특히, 위락자원보다 인문자원이나 자연자원의 경우가 더 그렇다. 자연공원이나 경관·폭포·산·해안 등은 어느 것도 그 공급량을 원하는 대로 늘릴 수가 없으며, 유물·유적·산업시설 등도 공급을 마음대로 조절할 수가 없다. 단지 능력의 제고 등을 통해 수용력을 어느 정도 확정하는 정도가 가능할 따름이다.

뿐만 아니라 위락상품의 경우도 비저장성·소멸성으로 인해 재고가 불가능한 상품으로 자연성 관광상품의 경우와 마찬가지로 수요에 비해 공급의 비탄력성을 가지게 된다.

2 관광상품의 위험성

관광상품은 위에서 살펴본 것과 같은 특징 때문에 소비자들의 구매의사 결정과정은 매우 복잡하다. 관광상품의

구매는 무형성, 가격체계의 불안정성, 품질의 불안정성 등으로 인해 상품 구매시 매우 높은 위험성을 내포하고 있기 때문이다. 그리고 이러한 위험은 연령·수입, 그리고 경험에 따라 다르게 인식되고 있다(Chris Cooper 등, 1998).

(1) 경제적 위험

모든 소비자들은 관광상품을 구매할 때 상품이 원하는 편익을 제공할

지에 대한 경제적·재정적 위험에 직면하게 된다. 관광은 소비 전에 견본을 쉽게 볼 수 없는 값비싼 상품이다. 이런 위험은 관광상품의 구매가 중요한 지출이 될 수 있는 낮은 가처분소득을 가지는 사람들에게는 더욱 높아진다.

(2) 물리적 위험

어떤 관광지는 질병이나 범죄 때문에 위험스러운 곳으로 인식될 수 있다. 그리고 어떤 페리나 항공사와 같은 운송회사들은 다른 회사들보다 안전한 것으로 생각되기도 한다. 어떤 사람들은 어떤 항공사를 이용하더라도 비행에 대해 공포를 가지는 반면에, 어떤 사람들은 안전하다고 느끼는 항공사를 선택함으로써 물리적 위험에 대한 지각을 줄이고 있다.

(3) 실행위험

잘 알려지지 않은 관광지나 호텔의 품질은 미리 평가될 수 없다. 이런 종류의 위험은 상품이 원하는 편익을 제공하지 못할 것이라는 생각과 관련이 있다. 좋지 못한 휴가를 보냈던 사람들이 그해에 다시 휴가를 가서 지난 휴가를 만회하려는 것은 거의 불가능하다. 대부분의 소비자들은 새로운 휴가를 위한 추가적인 돈이나 시간적 여유가 없기 때문이다. 따라서 이런 상황들이 실행위험에 대한 인식을 강화한다. 영국 여행객들에게 가장 중요한 실행위험은 기후이다. 따라서 영국의 좋지 못한 기후 때문에 많은 영국인들이 외국으로 여행하고 있다.

(4) 심리적 위험

관광객들은 이미지가 나쁜 나라를 방문하거나 평판이 좋지 않은 여행사를 통해 여행함으로써 자신의 위신을 잃어버릴 수 있다. 이런 위험은 잠재 소비자가 관광상품의 구매가 자신이 나타내고자 하는 자아 이미지를 반영하지 못한다고 느낄 때 나타난다.

마케팅의 관점에서, 이런 위험들은 상품과 촉진전략에 의해 최소화할 수 있다. 즉 브로슈어와 리플렛을 통해 정보를 제공하여 회사의 신뢰성을 잠재 여행객들에게 심어줌으로써 이런 위험에 대한 인식을 감소시킬 수 있는 것이다. 정보를 획득함으로써 소비자들은 과거 여행이나 관광지에서의 경험을 통해서 긍정적인 기대를 갖도록 하는 생각이나 태도를 가질 수 있기 때문이다.

chapter 4

관광상품의 분류

1 관광상품 분류의 의의와 필요성

오늘날 기술혁신의 진전, 경제수준의 향상과 생활양식의 변화 등에 따라 부단히 신상품이 개발되고 기존상품이 개선·개량되어 끊임없이 시장변화에 대처하고 있다. 이러한 상품들의 종류가 급속하게 늘어가고 같은 종류에서도 서로 분화되어 그것이 마치 새로운 종류처럼 보이기 때문에 상품의 취급이나 연구상 혼란이 가중되고 있다. 더구나 갈수록 소비자 욕구에 부응하는 상품들은 다양화·차별화의 양상을 띠게 됨에 따라 상품종류는 더욱 다양화되어가고 있다.

따라서 상품종류는 체계적이고 과학적으로 분류하여 유형화하지 않고는 점차 파악하기가 곤란한 지경에 이르고 있다. 다시 말해 상품에 대한 과학적 연구가 제대로 이루어지려면 이에 대한 합리적인 분류가 이루어지는 상품분류 체계가 형성되어야 한다는 것이다. 왜냐하면 각 상품의 특질 내지 성격을 명확히 파악하여 이와 다른 상품과의 유사성과 차이점을 이해할 수 있으려면 먼저 이에 대한 체계적인 분류가 이루어져야 하기 때문이다.

이러한 점에서 상품분류의 본질적 의의는 상품학 연구상 필요에서뿐만 아니라 실용상이나 행정상 내지 제도상 필요에서도 추구되어야 하는 점에 바로 상품분류의 본질이 있게 된다.

그러므로 현대상품이나 관광상품의 입장에서는 상품분류의 이론상 의의만이 아니라 실제상 의의도 구체적으로 규명되어야 한다. 이에 따른 상품분류의 의의는 다음과 같이 연구상·실무상·행정상 3가지 관점에서 찾아볼 수 있다(김시종, 1995 : 131～132).

(1) 연구상 분류

연구상 분류란 학문 연구상의 상품분류에서 특정한 합리적인 분류원리에 따라서 공통의 상품특성을 지닌 동계 또는 동종상품마다 동일범주 내에서 분류시키는 상품분류법을 말한다. 따라서 대상상품과 그 범위를 밝힐 수 있게 되며, 대상의 동질성을 기반으로 하는 체계화가 행해짐으로써 연구의 합리화가 이루어질 수 있다. 다시 말하면 다종다양의 상품군을 일정기준하에 체계적으로 정리함으로써 개개의 상품 본체를 객관적으로 인식할 수 있게 된다는 것이다.

그러므로 상품연구란 그 분류에서 시작된다고 할 만큼 타상품과의 유사점과 상이점을 올바르게 파악하는 일부터 시작함이 원칙이다. 연구상 필요에 의하여 행해지는 이러한 상품분류는 흔히 본질적 분류 또는 개념적 분류라고 일컫는다.

(2) 실무상 분류

실무상 분류란 연구상 분류가 실무면에서 적용될 수 있도록 분류함을 의미한다. 따라서 연구상의 합리적 분류체계화가 이루어진다는 것은 그 결과가 그대로 응용될 수 있음을 의미한다.

그러므로 연구상의 합리화는 바로 응용상의 적정화를 뜻한다. 그뿐만 아니라 사실 기업의 마케팅을 위한 상품전략을 수립함에 도움을 주게 되는 것이 바로 실무상의 상품분류법이다. 상품의 종류가 증가할수록 이를 효율적으로 정리하기 위한 적절한 분류가 불가결하다. 이를테면 판매점에서 상품분류가 행해짐이 없이 잡다하게 판매될 경우 혼란과 불편만이 앞서게 될 것이다. 또한 상품 차별화나 다양화는 적절한 상품분류가 그 기반이 되고 있음은 물론이다. 따라서 실무상의 필요에 의해 행해지는 이러한 상품분류법을 흔히 실용적 분류라고도 한다.

(3) 행정상 분류

행정상 분류란 일국의 경제분석을 위한 통계조사에서 적절한 상품분류 기준이 그 전체가 되며, 이러한 기준하에 분류한 상품분류법을 뜻한다. 따라서 운임이나 보관료와 같은 행정적 요율이나 세율의 결정 등에 이러한 행정상의 분류법이 널리 활용된다.

또한 국내뿐만 아니라 국제적인 견지에서도 국제간의 무역거래 통계나 관세율의 조정 또는 국제간의 경제분석 비교 등을 위해서도 행정상의 상품분류법은 필수적이다. 이러한 행정상 내지 제도상 필요에서 행해지는 상품분류는 흔히 제도적 분류 또는 응용적 분류라고도 한다. 그러나 이러한 행정상의 상품분류가 어떠한 필요성에서 행해지던 실제로 상품분류를 합리적·체계적으로 행하기란 그리 쉬운 작업대상도 아니다.

그것은 상품분류의 기준이 다양하기 때문이다. 왜냐하면 행정상의 분류법이란 보통 어떤 상품특성이라는 기준에 따라 행해지게 마련이지만, 어떤 상품특성에 의해 유형별로 분류된 그러한 특정상품 내지 대표상품이 사실 통일적인 상품특성의 기준에 의해서 생성된 것은 아니기 때문이다.

2 관광상품 분류체계

(1) 상품분류

분류(classification)란 사물을 크게 유(類)와 종(種)으로 구분하는 것을 의미하고, 분류체계(classification system)는 특정종류 내에서는 일치점과 다른 종류에 속하는 여러 사물과 이들 사물과의 차이점에 따라 사물을 종류별로 구분하는 배열의 체계를 말한다. 따라서 상품분류(product classification)란 한 상품과 서로 비슷한 상품과의 구별을 명확화하여 일정한 명칭을 부여함으로써 모든 상품을 체계적으로 분류하는 것으로서 그 것을 상품의 명칭과 내용을 정확히 일치시키는 것이다. 그런데 상품분류를 할 때는 다음의 조건에 부합되어야 한다(김원수, 1994 : 172~173).

- 단일기초에 따라 분류하여야 한다.
- 분류의 바탕이 되는 분류지 내포, 종(分類肢 內包, 種)은 상호배타적이어야 한다.
- 모든 분류지 내포, 종, 곧 종의 합계는 그 종 전체와 일치해야 한다.
- 분류중에 비약해서는 안 된다.

관광상품을 분류하려면 분류기준을 설정해야 하는데, 이에 대하여 학자들의 상품분류를 살펴보면 다음과 같다.

1) V. Poschl

Poschl에 따른 상품분류는 상학적 상품학의 역사와 상품학의 본질을 기초로 하여 목적론적 상품분류를 하고 있다. 상품의 분류방법과 상품군의 구성방법에서 다음 7개 종목을 제시하여 상품체계론의 다양한 가능성을 제시하였다.

- 알파벳 배열(die Alphabetische anordnung)
- 기하학 · 형태학분류법(die Geemet-rischen und Morphologischen Einteilung sweiser)
- 박물관 · 형태학구분(die Naturgeschichtlichen und Morphologischen Scheidung)
- 상품의 물질구분(die Stoffliche Scheidung der Waren)
- 상품의 진화론구분(die Entwickluneshichtliche Scheidung der Waren)

- 상품의 용도구분(die Verwendungsma Blige Scheidung der Waren)
- 경제에 있어서 상품구분(die Scheidung der Waren inder Wirtschaft)

Poschl의 상품분류 방법에서 상품의 그룹을 구성하도록 유도한 것은 상품의 물질구분에 최대의 의의가 있다. 왜냐하면 그것이 물질의 가공과 이용을 위해서 기초가 되기 때문이다. 그뿐 아니라 용도에 따른 분류도 강조하고 있다. 그것은 일체의 상품이 특정용도에 필요하도록 분류하는데 목적이 있기 때문에 중요하다. Poschl은 원래 상품분류를 초기에는 물질적 시점에서 강조하였고, 후기에는 목적론적 시점을 강조하여 그의 이론체계의 방향전환을 하였다. 그러므로 그의 업적은 상품학에서 중요시되고 있다.

2) M.T. Copeland

상품의 분류법은 여러 가지가 있는데, 그 중에는 일반적으로 사용되고 있는 것이 Copeland의 분류법이다. Copeland의 분류는 상품을 소비재와 생산재로 크게 2가지로 나누고 소비재를 다시 편의재 · 쇼핑재 · 전문재의 3가지로 구분하였다.

그리고 생산재는 주요설비품, 보조설비품, 소모품, 조리품, 가공재료, 원료로 여섯 가지 구분하였다. 여기서 우선 소비재와 생산재를 각각 세분하여 보다 구체적으로 설명하면 [그림 4-1]과 같다.

3) 김시종

① 상품품질에 따른 분류

상품품질에 따른 분류는 상품의 품질을 형성하고 있는 원료를 기준으로 산출원료, 화학성분, 상태질로 구분된다. 산출원료를 기준으로 상품을 분류하는 것은 식물성상품, 동물성상품, 광물성상품과 같이 상품의 산출근거를 기준으로 구분하였다.

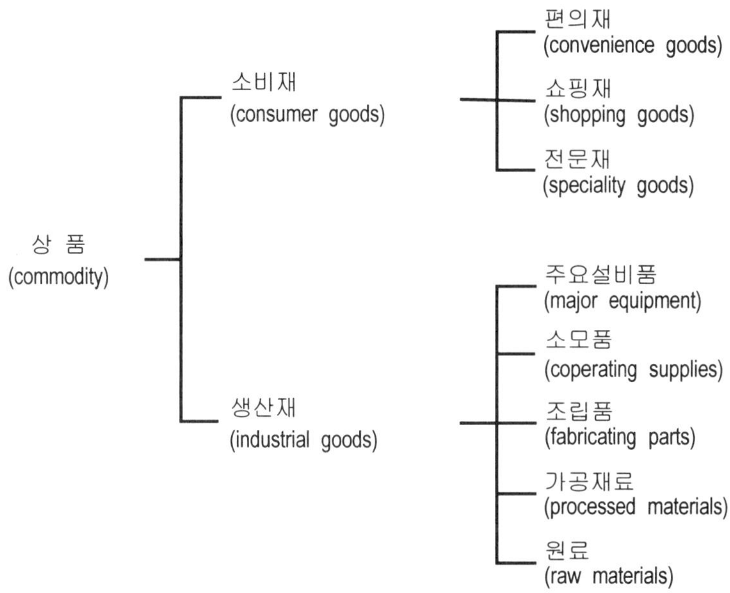

〔그림 4-1〕 소비재와 생산재

다음 화학성분을 기준으로 하여 상품을 분류한 것은 유기질상품, 무기질상품 등과 같이 상품의 구성분자의 화학적 성질을 기준으로 구분하였다. 그리고 상태질을 기준으로 하여 상품을 분류한 것은 고체상품, 액체상품, 기체상품, 점질상품 등과 같이 상품의 상태에 따라 성질을 기준으로 구분한 것이다.

② 생산원에 따른 분류

생산원에 따른 분류는 농산물(쌀 · 맥류 · 과실 등), 임산상품(목재 · 대나무 · 펄프 등), 양잠상품(고치 · 생사 등), 축산상품(육류 · 유제품 등), 수산상품(어류 · 패류 등), 기호상품(주류 · 커피 · 코코아 등), 광산상품(귀금석 · 철강 등의 유용상품, 라듐 · 우라늄 · 경금속 · 비금속 · 보석 · 연마제 · 광물섬유 등), 섬유원료(면황 · 마류 · 견 등), 원사상품(면사 · 모사 · 생사 등), 섬유상품(각종 직물), 공산상품(기계나 자동차류), 화학상품(유지제품 · 피혁 · 화학비료 등), 합성화학상품(합성비료 · 합성주 · 합성수지 제품 등), 발효상품(주류 · 간장 · 된장 등), 잡상품(문구 · 완구 등)의 15가지로 구분된다.

③ 사용목적에 따른 분류

사용목적에 따른 분류는 의류상품 · 식료상품 · 주거상품으로 크게 3대별되는 상품구분이 앞세워왔으며, 현대상품학에 있어서도 물론 예외가 아니다. 이처럼 상품학 각론에서 예나 지금이나 사용목적에 따른 상품분류가 이루어진 이유는 인류생활에 의 · 식 · 주가 주요상품이 되고 있기 때문이다.

따라서 사용목적에 따른 분류법은 상품학 각론에 있어서의 가장 중요한 분류방법이 된다. 그러므로 Poschl은 기술과 경제에 있어서 자연적 배열의 원리에서 상품 구분의 체계화는 무엇보다도 상품군이 원재료적 구분과 용도적 구분으로 대별되어야 한다고 전제하고, 그 가운데에서도 후자의 경우가 보다 중요하다고 강조하고 있다. 왜냐하면 상품의 용도적 구분은 본성적으로 일체의 상품이 원래가 어떤 특정한 용도에 쓰여지도록 되어 있기 때문이다. 따라서 목적론적 상품구분이 개별 상품학의 연구를 위해서 가장 합목적적이라는 것이다.

이러한 견지에서 Poschl은 그의 상품분류론을 일부러 목적론적 체계라 호칭하고 상품군의 기본적 욕망을 충족시키는 상품으로 크게 구분하여 다시 의류상품 · 식료상품 · 주거상품으로 대별하였다.

식료상품은 식료품(주식품 · 부식품 · 보조식품 등), 기호품(음료품 · 과자류 · 담배류 등), 의약품(마취제 · 진정제 · 치료제 · 예방제 등)으로 구분된다. 한편 의류상품은 섬유품(동식물 상품과 사류 · 직물류 등)과 재료품과 가공품으로 구분되고, 주거상품은 재료상품(농산재료 · 임산재료 · 광산재료 · 공산재료 등)과 연료상품(임산연료 · 광산연료 등)으로 구분된다.

4) 김원수

상품분류 기준에는 여러 가지가 있음을 알 수 있는데, 이 중 물리적 속성에 따른 분류기준은 종래 상품학상 널리 적용되어온 물적 요소에 따른 분류기준이다.

① 물적 속성

산출원 또는 원질, 화학성분, 형태, 성질, 가치의 집약성, 단위행태의 대소, 부패성

② 생산상의 특질

산업, 가동도, 자원집약성, 제조목적, 생산규모, 생산지, 생산지명, 지리적 집중도, 생산양식, 표준화 여부, 재산성, 유표화 여부

③ 유통상의 특성

시장범위, 거래방법, 기술(description) 유무, 유통기업의 업종, 상품관리상

④ 수 요

용도, 최종사용자, 수요성질, 수요지속성, 수요탄력성, 소비지역의 집중성, 구매관습, 구매단위 금액, 소비자심리

⑤ 기 타

법적 제약의 유무, 경쟁 유무, 국제경쟁상의 지위, 요율적용기준

5) 한의영

상품분류는 미시적 관점에서의 수평적 분류를 바탕으로 해서 거시적 관점에서의 수직적 분류가 형성될 때 비로소 의의가 부각된다고 할 수 있다. 다시 말해 상품분류는 거시적 분류인 수직적 분류 속에서 미시적

분류인 수평적 분류가 형성되어야 한다.

한편 수직적 분류는 본질적 분류 또는 제도적 분류로 구분되고, 수평적 분류는 가공 정도, 사용목적, 구매목적, 상품형태에 따라 분류한다.

① **수평적 분류**

- 가공 정도에 따른 분류 : 원료, 재료, 중간품, 부분품, 완성품, 고품, 폐품 등
- 사용목적에 따른 분류 : 식료품, 의료품, 주거품 등
- 구매목적에 따른 분류 : 생산재상품, 소비재상품 등
- 상품형태에 따른 분류 : 진정품, 대용품, 모조품, 위조품, 합성품 등

② **수직적 분류**

- 본질적 분류 : 제품류별(product mix), 제품 계열(product line)
- 제도적 분류 : 국내 표준상품 분류(한국 표준상품 분류 KSCC), 국제 표준상품 분류(SITC)

상품분류 기준이나 방법을 고찰해본 결과 학자들마다 나름대로의 기준이나 방법을 달리하고 있지만, 이들 대부분은 물적 재화를 토대로 하였음을 알 수 있다. 그러나 관광상품은 경제적 가치가 있는 물적 재화 외에도 서비스 상품이 존재하므로 앞서의 상품분류 기준이나 방법을 토대로 보다 한 단계 나아가는 차원에서, 특히 최근 서비스의 경제적 가치나 상품으로서의 인식이 팽배해진 오늘날 관광상품의 분류에는 재화 외에 서비스도 포함되어 분류되어야 한다.

(2) 관광상품의 구성요소

관광상품은 경우에 따라 단일상품으로 생산 · 판매되기도 하지만, 대부

분의 경우 다양하고 이질적인 여러 요소를 종합하여 생산되는 조립된 상품이다. 그러므로 관광상품 관련 유관업체와의 원활하고 긴밀한 협조체제를 이룩함으로써 관광객의 욕구에 부응하는 상품을 공급하도록 한다.

관광상품을 이루는 구성요소(곧 원료나 부품에 해당)를 업체(부품공급자)별로 크게 나누어 열거하면 다음과 같다(한국관광공사, 1979 : 19~20).

- 운송기관(항공기, 선박, 버스, 열차 등)
- 숙박업체(호텔, 여관, 모텔 등의 객실과 연회장)
- 음식점(레스토랑, 홀, 요리점 등에서의 식음료와 서비스)
- 관광편의품(관광활동에 필요한 각종 편의품 등)
- 관광지(문화, 역사, 풍속, 기후, 산업, 예술, 스포츠, 박물관, 사적, 동식물, 해안, 각종 여가시설 등)
- 관광정보(안내서, 지도, 카탈로그, 영화, TV, 방송 등)
- 기념품과 특산품
- 출입국수속 서비스(여권, 비자, 각종 여행보험, 환전 등)

다른 한편으로 제시된 관광상품의 기본적 구성요소는 다음과 같다(심인보, 1995 : 14)

- 관광객의 마음속에 이미지화(image-making)된 관광자원의 매력성
- 관광활동과 관련한 모든 이용시설로서, 곧 숙박시설·식음료시설·오락시설·교통시설 등
- 관광활동에 관련한 각종 서비스이다. 곧 관광지로의 접근성, 인적 서비스, 정보제공 서비스 등

(3) 관광상품의 분류

관광상품이란 관광기업이 관광자의 욕구를 유발시키고 충족시켜줄 관광대상을 바탕으로 각종 서비스를 제공하여 생산한 유·무형의 상품을

말한다. 다시 말해 관광기업을 제공하는 재화 · 서비스 · 정보를 관광객(고객 · 소비자)에게 판매하는 것을 말한다. 따라서 관광상품을 필요로 하는 관광객은 시간적 · 경제적 · 환경적 비용을 지불하여야 한다.

먼저 윤대순은 관광상품을 여행상품(여행사의 상품), 관광호텔상품(숙박 · 식사 시설과 각종 호텔 서비스 상품), 관광음식상품(각종 식당과 음식), 관광교통상품(항공 · 기차 · 자동차 · 선박 등), 관광구매상품, 기타 관광상품으로 분류하였다(윤대순, 1996 : 380~389.

관광상품은 크게 5가지로 분류하고 있다(이장춘, 1980). 곧 관광객을 유인하는 관광객체로서의 자원상품, 관광 하부구조에 속하는 관광시설상품, 관광객의 관광욕구 충족을 극대화시키는 서비스 상품, 관광사업체가 영리를 목적으로 생산한 특수상품, 그리고 관광객의 관광활동에 영향을 미치는 사회 · 문화 또는 물리적 환경 등에 대한 환경상품으로 구분하였다(심인보, 1995 : 15).

한편 이를 토대로 분류한 관광상품은 관광객에게 재화와 서비스를 제공하여 하나의 관광상품으로 제공 · 판매하는 관광관련 시설이나 사업체 그리고 자원을 기준으로 관광상품 유형을 분류하였다.

- 숙박시설 이용형
- 식음료시설 이용형
- 교통시설 이용형
- 스포츠 · 오락형
- 요양 · 휴식형
- 역사교육형
- 문화 · 이벤트형
- 쇼핑형
- 자연자원
- 기타

〈표 4-1〉 관광상품의 분류 (1)

1. 여행상품
   - ① 국내여행상품(domestic tours)
   - ② 국제여행상품(inbound tours)
   - ③ 국외여행상품(outbound tours)
     - ⓐ 기획상품(planning maded tours)
     - ⓑ 주문상품(order made tours)
     - ⓒ Retailer로서의 상품
2. 관광호텔 상품
   - ① Room Only(객실만)
   - ② Room + Breakfast(객실과 아침)
   - ③ Room + Full Meals(객실과 모든 식사)
   - ④ Room + Breakfast +Dinner(객실과 석식, 조식)
   - ⑤ Room + Special Show(객실과 쇼)
   - ⑥ Room + Tours
   - ⑦ Room + Others(sauna, swimming pool)
   - ⑧ 2개 이상의 호텔연계의 상품
3. 관광교통 상품
   - ① Airlines : 국내선(domestic airlines) · 국제선(international airlines)
   - ② Train(기차)
   - ③ Bus : Charter Bus, Regular Bus
   - ④ Rent a Car
   - ⑤ 선박 : Full Pension(유람선) One Way, Round Way
4. 관광음식 상품
   - ① 동양식
   - ② 서양식
   - ③ 보양식
   - ④ 기호식품
   - ⑤ 식사 +기타(쇼·음악 등)
   - ⑥ 바(bar)
   - ⑦ 나이트클럽
   - ⑧ 각종 식당
5. 관광구매 상품
   - ① 기념물
   - ② 토산품
   - ③ 특산물
   - ④ 저렴한 가격제품
   - ⑤ 질좋은 상품

6. 기타 관광 상품
- ① 사진
- ② 박물관
- ③ 극장 및 오페라 입장권
- ④ 관광지 입장료
- ⑤ 민속, 문화, 제도, 사회, 환경
- ⑥ 각종 레크리에이션 시설 및 스포츠 시설 등

* 자료 : 윤대순, 『관광경영학원론』, 백산출판사, 1996, p.381

〈표 4-2〉 관광상품의 분류(2)

구 분	관광상품내용
관광자원	자연경관상품, 문화유물 및 유적상품, 휴식·보양 상품, 관광농업관련상품(농원·과수원·화원 등), 위락상품, 스포츠상품, 자원답사형 학술상품, 토산품상품, 민속상품, 고유식음료상품, 쇼핑상품, 생활상품 등의 고유 인문자원상품
관광시설	숙박시설, 기반시설, 이용시설 보호시설, 산업시설, 방재시설, 방역시설, 안전시설, 전세(charter)
관광활동 관련서비스	인적 서비스, 물리적 서비스, 법·제도적 서비스, 접근성 서비스, 정보 서비스, 탄력적인 가격 서비스, 식음료의 미적 서비스
특정목적형	컨벤션, 인센티브 투어, 패키지 투어, 허니문 투어, 전세관광(charter tour), 메리트 투어(merit tour), 연금생활자촌, 요양촌, 여행사·항공사·카드사의 브랜드상품, 박람회·전시회·캠핑 상품, 인접국과의 협력상품, 국기(國技)상품, 노인·수학여행 상품
환 경	친절성, 민족성, 배후·경유 관광지, 교통의 연계성, 정치·사회·문화·경제적 환경, 날씨, 이미지 등

* 자료 : 이장춘, "한국형 특화관광상품개발과 선전방향에 관한 연구", 『경기대논문집』, 제10집, 1980, pp. 451~455 : 이장춘, "제주지역 관광개발의 방향", 『경기대논문집』, 제13집, 1983, pp. 490~491 : 고승익, 「제주지역관광상품개발에 관한 실증적 고찰」, 경기대학교 대학원, 석사학위논문, 1987, pp. 11~13 : 심인보, "여행업의 신상품개발에 관한 연구", 『여행학연구』, 창간호, 1995, p. 15.

〈표 4-3〉 관광상품의 분류(3)

구 분	관광상품내용
숙박시설 이용형	• 호텔 : 관광, 국민, 가족, 전통형 • 중저가숙박 : 모텔, 여관, 여인숙 • 콘도미니엄 • 유스호스텔 : 청소년, 일반 • 야영장 : 일반관광객, 청소년, 자동차전문 등 • 기타 : 방가로, 팬션, 민박 등
식음료 시설 이용형	• 숙박시설 내 식음료시설 : 전문식당가, 커피숍, 부페, 바 등 • 음식점 : 관광전문식당가(동서양식), 전통고유음식점, 일반전문식당가(동서양식) 등 • 간이음식점 : 스낵 · 패스트푸드점 등 • 주류시설 : 전통주점, 바 등
교통시설	• 항공관련 교통 : 항공기, 카터(charter)등 • 해상관광 교통 : 선박, 관광순항유람선 등 • 육상관광 교통 : 관광버스, 자동차, 전세버스, 렌터카 • 철도관광 교통 : 일반, 관광열차 등
스포츠 · 오락형	• 스포츠형 : 관람형(각종 스포츠경기류), 참여형(골프, 스키, 수영, 수상스키, 제트스키, 패러글라이딩, 볼링, 각종 구기 등)
요양 · 휴식형	• 휴양지, 온천장, 삼림욕장, 약수터 등
역사 · 교육형	• 역사유적기념관 : 독립기념관 등 • 각종 전시관 : 미술, 도예, 궁중의상, 조각 등 • 전문박물관 : 농업, 김치, 철도, 도자기 등 • 도서관
문화 · 이벤트형	• 역사유적지 : 고궁, 성, 능, 전적지 등 • 전통공연 : 공중 · 서민들의 무용, 음악, 전통연극 등 상설공연관람 · 참여 • 전통생활문화체험 : 한복입기, 다도실기, 도자기굽기, 김치담그기, 예절강습 등 • 민속문화제 : 지역별 문화제 · 예술제 등 • 전통의식행사 : 수문장 교대식, 종묘제례악, 왕위등극의식, 혼례식, 장례의식 등 • 민속문화축제 : 강릉단오제, 진도영등제, 금산인삼제, 이천도자기축제
쇼핑형	• 기념품 · 토산품 : 한복, 전통인형, 도자기, 죽제품 등 • 의류 : 피혁, 실크 · 면류 등 • 식료품 : 김치, 주류, 인삼과 인삼 가공식품 등 • 기타 : 신발류, 보석류
자연자원	• 산, 바다, 해안, 호수, 강, 나무, 꽃 등
기 타	• 기후, 이미지, 친절성, 민족성, 신기성, 모험성 등

* 자료 : 각종 관광도서를 참고로 하였음.

이러한 관광상품 유형들은 표면적으로는 거래에 의한 실체적인 관광상품이 되나, 내면적으로는 부가적인 인적 서비스와 물리적 서비스에 대한 비용도 지불하도록 산정되어 있다.

그러므로 관광상품을 구매해본 관광객들이 평가하는 최종 만족도는 자신들이 구매한 실체적인 관광상품과 비실체적인 무형에 대한 총체적 구매에 따른 평가라 할 수 있다.

chapter 5

관광마케팅 믹스의 설정

- 1. 관광마케팅 믹스의 개념
- 2. 관광마케팅 믹스 개발의 가이드라인
- 3. 학자들의 관광마케팅 믹스 제안
- 4. 관광마케팅 믹스의 구성요소

관광기업이 선정된 목표시장에 대한 정위화와 마케팅 목표를 개발한 뒤에는 마케팅믹스를 설계하는 과정에 당면한다. 전통적 마케팅 연구에서는 마케팅믹스를 상품 · 가격 · 촉진, 그리고 유통경로의 네 요소를 제시하여 4P's라 하였다.

그렇지만 관광마케팅은 제품 마케팅과 다르므로 독특한 접근방식이 요구된다. 즉 마케팅 프로그램과 활동 그리고 마케팅믹스도 달리 선택되어야 한다.

마케팅은 여러 단계를 거치면서 변화 · 발전되어왔다. 그런데 오늘날의 마케팅 시대, 즉 사회지향적 마케팅은 전적으로 경제적 관점만을 고려하지 않으므로 관광마케팅도 당연히 이러한 지향성에 동참해야 한다.

관광마케팅은 마케팅의 계획과정인 일련의 시스템적인 과정을 거쳐야 하며, 시장세분화에 각별한 주의를 기울일 필요가 있다. 또한 마케팅 프로그램을 입안할 때에는 조정 가능한 기업 내부적인 요소뿐만 아니라 통제 불가능한 외부적 요소도 고려해야 한다.

관광기업에 있어 통제가 가능한 요소는 서비스 상품, 가격, 촉진, 입지, 패키징 및 프로그래밍, 종사자, 그리고 제휴 마케팅이다. 그러므로 관광기업은 이들 믹스를 조화롭게 결합시키는 혼합물(amalgam)의 설정에 각별한 노력을 기울여야 한다.

1 관광마케팅 믹스의 개념

마케팅믹스(marketing mix)란 용어를 처음 사용한 학자는 보덴(N. Borden)[1]이며, 그것이 일반화된 것은 1960년대 초 맥카시(E. McCarthy)에 의해서이다.[2]

1) Neil H. Borden, "The Concept of Marketing Mix", *Journal of Advertising Research*(4. June 1964), pp.2～7.

관광마케팅 믹스란 마케팅 제수단의 결합을 의미하며 그 최적결합(最適結合)을 구하여 총합적으로 관리·운영하여 일어나는 상승작용에 의해 보다 효과적으로 관광시장을 개척함과 동시에 관광객의 욕구충족을 통한 관광기업의 장기적인 기대이윤을 최대한 확보하려는 것이다.

즉, 관광마케팅 믹스는 관광서비스를 가장 바람직한 조건으로 관광시장에 제공하기 위해 마케팅 계획 속에서 사용되는 일련의 노력을 창조적으로 조합하여 관광기업의 목표를 달성하려는 것이다.[3]

이 경우 마케팅믹스는 관광기업이 통제하는 모든 마케팅 변수를 신중하고 논리적인 방법으로 통합·조정하는 기본적인 구조로서 작용하게 되, 이때 그것들은 마케팅의 목표를 달성하기 위해 끊임없이 조정되어야 한다.[4]

마케팅믹스를 선정함에 있어 명심해야 할 점은 당면한 이윤추구에 급급한 나머지 장기간 발생하게 될 관광기업의 이윤 또는 수익의 원천을 희생시키거나 고갈시켜서는 안 된다는 점이다.

2 관광마케팅 믹스 개발의 가이드라인

전술한 바와 같이 관광마케팅 믹스는 관광마케팅 전략을 구성하는 일부분이며, 목표시장에 대한 마케팅 제수단과 방법의 결합이다.

관광기업이 마케팅 전략을 개발하려면 목표시장의 선택, 관광객의 욕구 확인, 그리고 목표시장에 도달하기 위한 마케팅믹스의 개발이 요구된

---

2) E. McCarthy, *Basic Marking : A Managerial Approach*(Ⅲ : Richard D. Irwin, Inc, 1963), p.49.

3) 마케팅믹스들이 이처럼 상호보완성을 갖게 되면 시너지효과를 유발시켜 더욱 효과적인 마케팅 전략개발이 가능하며 상충되는 믹스로 인해 관광객이 느끼게 될 혼란과 불만을 줄이는 효과도 나타난다. S.F. Witt and L. Moutinho, eds., *Tourism Marketing and Management Handbook*(N.Y. : Prentice-Hall, Inc., 1998), p.517

4) J.F. Burke, *Marketing & Sell the Travel Product*(Ohio : South-Western Publishing Co., 1997), p.66.

다. 그런데 관광기업이 마케팅믹스를 개발하려면 마케팅을 소구하고자 하는 특정 목표시장의 반응과 마케팅믹스 변수에 투여된 비용의 효과성을 점검해야 한다.

그것들에 관한 정보는 시장에 따라 다르게 나타나고, 또 동일한 관광시장이라 하더라도 확인 시점에 따라 변하므로 입수하기가 여간 어렵지 않다. 그렇기 때문에 그러한 어려움과 변화를 감안하면서 관광기업이 마케팅믹스를 개발하는 데 유용한 가이드라인을 제시하면 다음과 같다.[5]

- **목표시장의 욕구를 결정한다.**
  이것은 마케팅믹스의 성격을 결정하는 데 기여한다. 마케팅믹스 개발의 초기단계에는 잠재관광객의 동질적 세트(homogeneous set)를 파악하는 일이 중요하며, 관광기업의 궁극적인 시장에서의 성공은 바로 이 잠재관광객들에게 관광기업의 자원과 마케팅 활동을 적응시키는 능력에 달려 있다.

- **마케팅믹스의 구성요소를 형성한다.**
  각 믹스들은 상호의존적이므로 한 믹스의 결정은 다른 믹스에 영향을 미친다. 이에 따라 조정문제가 중시되므로 마케터는 각 시스템의 관계를 정확히 파악해야 한다.

- **여러 믹스를 마케팅믹스에 배합한다.**
  즉, 각 믹스는 전체 마케팅믹스로 조정되어야 한다. 이러한 조정은 최적성과를 달성하기 위해 필요하며, 이때의 마케터의 과제가 곧 성공할 수 있는 결합을 발견하는 일이다.

- **관광기업의 시장제공물을 감시하고 통제한다.**
  관광기업 마케팅 관리자는 시장에다 관광서비스 상품을 제공하는 것만으로 불충분하고, 그러한 결정은 변화하는 시장여건에 따라 수정되거나 조정되어야 한다.

---

5) William Lazer, James D. Culley and Staudt, "The Concept of Marketing Mix", *Managerial Marketing Policies, Strategies and Decisions*(Homewood, Ⅲ : Richard D. Irwin., 1973), p.28.

3 학자들의 관광마케팅 믹스 제안

마케팅 근시안(marketing myopia)에 젖은 학자들은 관광기업의 경영특성과 서비스의 생산물을 잘못 이해한 나머지 관광기업의 마케팅믹스도 기존의 4P's 체계 내에서 설명할 수 있다고 주장하지만 그것은 잘못이다. 관광서비스의 특성을 고려하여 관광마케팅 믹스는 새롭게 인식되고, 또 설명되어야 한다.

그래서 레나겐(L.M. Renaghan)은[6] 관광마케팅의 믹스로 서비스, 표상(presentation), 커뮤니케이션을 그리고 메킨토시(R.W. McIntosh)[7]는 적시성(timing), 상표명, 패키지(package), 가격, 유통구조, 상품, 이미지, 광고, 판매, PR을 제시하였다.

또한 파워스(P. Power)는 서비스, 표상(表象), 가격, 촉진을 주장하고 있으며, 모리슨(A.M. Morrison)교수[8]는 기존의 4P's에다 종사원, 패키징(packaging), 프로그램 및 제휴(partnership)가 추가된 8P's를 관광마케팅 믹스로 확대 제시하였다.

관광의 구성요소가 어떤 것이 되든 믹스는 선정된 목표시장의 특성과 해당시장의 독특한 요구에 잘 부합되도록 세심히 선택되어야 하는데 이 책에서는 모리슨(A.M. Morrison) 교수의 8P's를 중심으로 설명한다.

6) L.M. Renaghan, "A New Marketing Mix for the Hospitality Industry", *Cornell Hotel and Restaurant Administration Quarterly*, April 1997, pp.31~35.

7) R.W. McIntosh and C.R Geoldner, *Tourism : Principles Practices, Philosophies*, 6th edition(N.Y. : John Wiley and Sons, Inc., 1998), pp.391~393.

8) A.M. Morrison, *Hospitality and Travel Marketing*(Albany, N.Y. : Delmar Publishers, Inc., 1998), pp.18~19.

4 관광마케팅 믹스의 구성요소

(1) 관광서비스 상품

여기에서 관광서비스 상품이란 관광기업이 생산하여 고객에게 제시하는 서비스와 재화가 결합된 상품을 의미한다.

예를 들면 관광여행은 운송·관광·숙식·안내·쇼핑 등 다양한 서비스와 재화로 이루어지는데 이러한 서비스와 재화는 여러 관광기업에 의해 제공된다. 이들 각 여행소재 공급업체(principals)들은 관광객들의 휴가경험이 만족스럽도록 상호 연계성을 가지면서 운영되고 있다.

관광마케팅은 관광객의 욕구에 서비스와 재화가 적합되도록 세심하게 고안되어야 할 것임을 강조하고 있지만 시장세분화의 개념은 관광기업이 모든 관광객을 만족시킬 재화와 서비스의 생산은 불가능하다고 가정하고 있다. 그러므로 제한된 자원을 가지고 있는 관광기업은 자사의 능력과 마케팅 목표에 부합되는 목표시장을 선정하고 그 목표시장을 구성하는 관광객의 욕구를 만족시킬 관광서비스 상품을 생산 제공할 수밖에 없다.

그렇지 않고 만약 관광기업이 다양한 세분시장에도 소구되도록 관광상품의 다양화를 도모해나간다면 딜레마에 처하게 될 것이다. 이와 같은 한정된 관광기업의 공급문제에 더해 관광수요의 계절적 불균형 문제가 추가됨으로써 관광기업을 어렵게 만들고 있다. 이러한 상황에서 관광기업이 상품을 제공할 때 고려해야 할 사안에 대한 다음과 같은 크리시(W.E. Crissy)의 제안은 의의가 크다.

요약하면, 이 믹스는 이용객에게 최대한 만족을 줄 수 있고 관광기업 및 관광시장의 상황에도 적합한 관광서비스 상품을 개발·제시하는 문제와 관련된다.

- 첫째, 최소한 중요한 한 세분시장이 요구하는 관광서비스의 수요가 상대적으로 많아야 하고, 타세분시장으로부터도 추가적인 비즈니스 발생 가능성이 있어야 한다. 그래야만 주시장(主市場)에서 발생한 비즈니스는 손익분기점을 커버하고 나머지 시장의 것은 수익원(收益源)을 형성하기 때문이다.
- 둘째, 관광기업이 새로운 관광서비스 상품을 제시할 때에는 자사의 정위화 및 이미지에 부합되고 기존의 서비스를 보완할 수 있는 것이어야 한다. 예컨대, 특정 관광지의 일부는 젊은 부부와 독신자들에게만 선호될 수 있고, 여타지역은 중년(中年)의 도시인들에게 인기가 높을 수도 있는 경우이다. 이에 따라 관광지는 한 가지 이상의 목표시장에 잘 소구될 서비스와 정위화 전략을 개발해야만 인기를 누릴 수 있다.
- 셋째, 새로운 관광서비스 상품은 이용가능한 인력, 자본, 경영기술, 자연자원의 규모, 그리고 사회문화적 및 환경에 적합해야 한다. 왜냐하면 새로운 서비스를 제시하면 경쟁관계에서 우위 확보가 가능해질 것이라는 확신은 서겠지만 재정과 인적 자원이 수반되지 않으면 서비스의 제시 그 자체가 불가능하기 때문이다.
- 마지막으로, 새로운 서비스는 관광지나 관광기업의 성장에 공헌해야 한다. 이 기준은 신규 서비스를 제시하여 그것으로부터 기대할 만한 이윤을 창출시키지는 못해도 여타 시설의 이용을 증가시키는 경우에 적용된다. 이를테면, 호텔이 수영장을 개설하여 운영하면 운영비가 많이 소요되어 그것으로부터 이윤을 기대하기 어렵지만 대신 수영장이 있음으로써 객실판매가 증대되는 경우이다.

(2) 가 격

여기에서 가격은 관광기업의 상품을 이용객이 구매한 대가로 지불하는 화폐액으로서 마케팅믹스 중 유일하게 수익을 창출하는 원천이다. 따라서 관광기업이 가격을 어떻게 결정 운용하느냐 하는 문제는 관광기업의 수익창출의 범위에 영향을 미치므로 체계적인 가격결정, 수요 창출적인 가격결정, 그리고 경쟁력 있는 가격결정은 관광기업에 있어 중요한 과제가 아닐 수 없다.

관광기업은 상품가격 결정에는 다양한 요소가 영향을 미친다. 일정한 상황하에서 가격은 그 상황의 특성과 앞으로 검토하게 될 여러 믹스들과 결합되어 형성된다.

여기에서 제시하는 몇 가지 가이드라인은 관광기업의 가격의사결정에 유용할 것이다.

1) 관광서비스의 공급과 수용에 따른 가격

시장가격은 수요와 공급의 결과이므로 공급이 수요를 초과하면 가격은 하락하고 그 반대상황에서는 가격이 상승한다. 여기서 중요한 것은 가격 변화에 따른 수용의 변화인 수요탄력성이다.

1년 중 특정기간에만 개장(開場)되는 관광지나 관광시설의 입장료와 이용가격은, 공급이 한정적이므로 연중 내내 개장되는 곳보다 높게 책정된다. 관광수요가 갖는 이러한 수요의 불안정성으로 인해 성수기에는 고가격을, 그리고 비수기에는 저가격을 책정하는 것이 일반적이다.

2) 상품 수명주기와 시장 점유율에 따른 가격

또한 예상되는 상품 수명주기의 길이(length of the PLC)와 관광지 및 관광기업의 입지도 가격에 영향을 미친다. 이에 따라 상품 수명주기가 짧을 것으로 예상되는 관광서비스 상품은 단기간에 투자액을 회수해야 하므로 높은 가격이 설정되어야 하겠지만 수명주기가 길 것으로 추정되는 관광상품은 상대적으로 낮은 가격이 설정된다.

그리고 일단 책정된 가격이라 할지라도 그것은 경쟁에 의해 영향을 받는다. 만약 특정한 관광지의 시설과 서비스가 경쟁 관광지의 그것들과 유사하다면 자연히 그 가격은 동일한 수준에서 조정되어야 한다.

경쟁관계에서 영향력을 행사할 수 있는 정도를 시장점유율(market share)이라 하는데, 만약 관광기업이 시장점유율을 높이기로 계획하였다면 여러 세분시장의 고객을 흡수할 수 있도록 가격을 인하해야 효과를 거둘 수 있을 것이다.

3) 목표 관광시장의 요구에 따른 가격

가격정책은 또한 선정된 목표시장의 요구에 의해 영향을 받는다. 만약 관광기업들이 시장의 요구에 적합한 것을 제공하고, 또 그러한 요구가 세분시장의 구성원은 모두에게 중요한 것으로 인식되면 그때 구성원들은 높은 가격을 기꺼이 지불하려 할 것이기 때문이다.

이처럼 이 믹스에서는 다양한 상황에서 가격을 결정해야 하는 문제와 관련해서 연구되어야 한다.

(3) 촉 진

세번째의 마케팅믹스의 촉진에 관한 설명은 제10장에서 자세히 언급되겠지만 우선 강조하고자 하는 것은 이 촉진이 가장 현저하게 나타나는 유형적인 부분을 강조한다는 점이다.

많은 사람들은 마케팅과 이 촉진을 동일한 것으로 간주하는 경향이 있으나 마케팅은 이 촉진보다 훨씬 광범위한 내용을 포함하고 있다.

그리하여 이 촉진믹스(promotion mix)는 광고, 판매촉진, 상품화(merchandising), 판매원에 의한 판매, PR, 그리고 홍보(publicity) 등을 포함하는 마케팅믹스의 일부로서 잠재관광객들을 대상으로 의사전달을 하는 수단으로 활용된다. 이에 관한 문제를 논의하는 것이 이 믹스의 과제이자 중요성이다.

(4) 입지와 유통경로

관광에서 유통문제는 특이하다. 관광기업에서는 물리적인 유통 시스템이 존재하지 않으므로 독특한 유통경로인 여행중개상(旅行仲介商)을 운용한다. 이 중개업자들은 관광객들에게 관광지와 관광기업의 선택에 지대한 영향을 미치므로 관광기업 마케팅 관리자들의 각별한 관심의 대상이 된다.

특별중개업자의 선정과 유통경로의 선택은 목표 관광시장, 관광서비스 및 관광지의 유형, 관광객의 거주지역, 그리고 편리한 서비스의 입지요인 등에 의해 조정된다.

(5) 패키징과 프로그래밍

패키징과 프로그래밍(programing)은 관광기업에서만 적용되는 독특한 마케팅믹스이다. 여기에서 패키징(packaging)이란 여러 서비스 요소를 결합하여 시스템 상품으로 만드는 것을 의미하며, 프로그래밍(programing)이란 시스템 상품을 제시하는 것을 뜻한다. 따라서 이 두 믹스는 결합하여 설명하는 것이 이해하는 데 도움이 된다.

이 믹스의 중요성은, 첫째, 관광서비스의 소멸성(perishible)과 공급능력을 수요에 적합시키기 어려운 문제점에 대처하기 위한 유효한 방법이라는 점에서 중요하고 둘째, 특정한 목표 관광시장의 요구에 부합되는 서비스를 제공하는 데 유용한 수단이 되며, 셋째, 여러 관광기업의 서비스를 결합해서 제시하기 때문에 관광객에게 편리성을 제공하는 한편 가격저렴화로 이용의 일반화가 가능해진다는 점이다. 또한 관광서비스의 매력성을 추가하고 관광객의 이용률을 높이기 위해 특별활동과 행사(events)를 추가하기도 한다.

(6) 종사원

관광기업은 인간 위주의 산업이다. 따라서 관광기업의 마케터는 특수한 기능에 적합하도록 종사원들을 훈련시켜야 하고, 관광기업 종사자들과 지역주민은 관광객들에게 친절한 태도를 보이는 환대감(hospitality)을 가져야 한다. 이에 관한 것은 제20장 관광기업과 종사원 관리에서 구체적으로 논의할 것이다.

(7) 파트너십

여기서 파트너십(partnership)이란 둘 또는 그 이상의 관광지나 관광기업들이 프로그램을 개발해서 전개하는 것을 의미한다.

경쟁관계가 날로 심화되고 있는 오늘날의 관광업계에서 관련성이 높은 관광기업들이 상호 자원을 활용하여 마케팅 비용의 절약효과를 도모함은 물론이고 관광객의 유치를 보다 적극화해서 관광수입의 증대를 기하는 일은 유용한 대안이 된다.

이처럼 두 기업 이상의 관광기업이 연계되었을 때 패키지는 제휴개념이 되고, 제휴광고(joint advertising)는 대표적인 제휴 마케팅의 사례가 된다.

세인트 토마스(St. Thomas), 크로익스(St. Croix), 마틴(St. Martin) 등 이른바 카브리 해안의 섬들이 상호 제휴해서 '작은 스위스(Little Switzland)'라는 개념의 광고를 대대적으로 실시한 경우나 노스웨스트(Northwest)항공사와 KLM항공사가 타 항공사들보다 유리한 조건에서 유럽행 및 미주여행객들을 확보하기 위해 연대운송(連帶運送)을 하거나 광고비의 절약을 위해 공동광고를 전개하는 경우가 모두 이 제휴 마케팅의 전형적인 사례들이다.

이러한 제휴 마케팅의 전개는 관광기업간에서만 이루어지는 것이 아니라 관광기업과 관광지간에서도 가능하다.

chapter 6

관광상품 믹스의 구성요소

- 1. 종업원의 행동 · 외모 · 유니폼
- 2. 건물의 외양
- 3. 물적 환경
- 4. 시 설
- 5. 서비스
- 6. 표 식
- 7. 이미지

관광산업에서의 상품은 그 종류가 다양하고 많으며 각각의 관광기업들은 자사의 제품·서비스 믹스를 가지고 있다. 이러한 믹스는 조직체 내에서 모든 실행 가능한 요소로 구성되어 있는데, 여기에는 고객만족에 직·간접적으로 기여하는 모든 서비스·시설·프로그램 등이 포함된다.

1 종업원의 행동·외모·유니폼

많은 경우 종업원의 가시적 측면, 즉 외모·유니폼 및 행위는 특정 관광기업을 알리는 지표가 되며, 이미지를 개선시키는 역할을 한다.

가령, 월트 디즈니와 맥도날드에서 일하는 종업원들의 두드러진 특징은 무엇일까? 그것은 직원의 태도·행동·외모 또는 유니폼이라 할 수 있다. 이러한 업체들은 인적 자원에 대한 상당한 투자를 통해서 정상의 자리에 머무를 수 있었다. 디즈니사의 모든 직원들은 'The Disney Look'이라고 알려져 있는 특별한 컨셉을 가지고 있다.

다음의 이야기는 디즈니사가 얼마나 인적 요소에 강조를 두고 있는지를 보여주고 있다.

사례 6-1 Disney Look

'Disney Look'은 디즈니랜드와 월트 디즈니월드의 전체 쇼에서 굉장히 중요한 부분이며, 이러한 직원의 우수성은 전세계적으로 20여 년이 넘게 칭찬과 인정을 받아왔다. 거의 모든 고객들이 디즈니월드에 대해 가장 좋다는 세 가지는 '걸출한 쇼', '놀라울 정도의 청결', '친절하고 다정한 직원'이라고 말하고 있다.

사 례 6-2 경쟁에 이기기 위해서는…

> 제가 경쟁에서 싸우는 방식은 긍정적이고 적극적인 방식입니다. 강점을 내세우고 품질과 서비스, 청결 그리고 가치를 강조한다면 경쟁자는 여러분을 쫓아오다가 지칠 것입니다. 여러분들은 세상에서 가장 환상적인 곳을 꿈꾸고 창조하고 계획하여 건설할 수 있습니다. 그러나 이러한 꿈을 현실로 이루기 위해서는 사람이 필요합니다.

더러운 유니폼을 착용하고 괴상한 머리모양을 하고 있거나 단정치 못한 복장을 하고 있는 종업원을 두고 있는 기업이 성공할 수는 없다. 종업원이 고객 이미지 향상에 크게 기여할 수 있다고 인식하고 있는 기업에서는 옷을 입는 방식, 행동규칙, 그리고 그들이 사용하는 언어에서조차 분명히 남들과 다른 무엇인가를 발견할 수 있다.

그러면 공개되지 않고 보이지 않은 곳에서 일하는 관리자나 조리사·수리공·청소원·회계원 등과 같은 직원은 제품의 한 부분이 아닌가? 그 대답은 분명은 이들도 제품·서비스 믹스의 한 부분이라는 것이다. 프런트 또는 고객과 접촉을 하는 부서의 직원은 이러한 사람들에게 크게 의존하고 있다. 훌륭한 매니저는 사무실에 틀어박혀 모든 시간을 보내지는 않으며, 제품의 한 부분이라는 필요성을 인식하여 고객을 만나고 인사하고 고객이 원하는 것을 그들이 얻도록 한다.

많은 마케팅 계획이 직원과 경영 프로그램을 참조하지 않고 가격정책·촉진·유통활동 등에만 전적으로 집중하는 것을 우리는 흔히 볼 수 있다. 그러나 이것은 잘못이다. 왜냐하면 인적 요소는 기업의 판매와 수익에 긍정적 또는 부정적 영향을 미치는 큰 요소이기 때문이다.

최소한 마케팅 계획은 다음과 같은 것을 명시해야 한다.

- 종업원 유니폼의 개선과 변화
- 마케팅 프로그램에 대한 종업원 및 경영자의 이해
- 종업원과 경영자의 유인 및 보상 프로그램

- 판매 및 고객관리 훈련 프로그램
- 마케팅 계획의 목적과 구체적 활동에 대한 소개
- 마케팅 계획의 진행과 결과에 대한 커뮤니케이션의 메커니즘

사 례 6-3 호텔 유니폼도 경쟁시대

옷이 그 사람을 말해준다면, 직장 유니폼은 회사의 얼굴이다. 기업간 경쟁이 치열해지고, 국제적인 비즈니스가 활발해지면서 호텔들도 유니폼에 부쩍 신경을 쓰고 있다. 최근 서울 웨스턴조선호텔은 손님을 가장 먼저 맞는 현관 도어맨에서부터 화장실을 청소하는 직원까지, 유니폼을 입은 직원 700여 명의 옷을 모두 바꿨다.

"국제도시 서울의 제일 오래된 호텔이자, 도심 한가운데 자리잡은 비즈니스호텔 이미지를 살리려고 세련되고 활발한 느낌을 주는 회색, 검은색을 많이 채용했습니다."

이 호텔 이창희 홍보과장은 "실내장식이나 가구·집기를 바꾸는 것 이상 중요한 일"이라고 말한다. 이번 유니폼 디자인은 웨스턴호텔 체인 본사의 디자인 컨설턴트와 신세계 백화점의 공동작품이다.

그릇이 무겁고, 국과 구이처럼 식탁 곁 서비스가 많은 한식당 유니폼은 남녀 모두 간편한 바지 차림을 택했다. 대부분의 한식당이 한복풍 치마 저고리를 입히는 데 비하면 상당한 파격이다. 굳이 한복 분위기를 찾자면 조끼쯤이다. 그나마 짙은 회색이라 아주 도시적인 분위기다. 고급 프랑스식당 나인스 게이트는 남녀 모두 턱시도 차림이다. 디자인 비용만 5천만 원, 한 사람당 2~3벌씩 제공되는 유니폼 제작비에 모두 2억 원이 들었다.

2 건물의 외양

많은 관광업체들이 하나 또는 그 이상의 건물을 가지고 있는데, 이러한 건물의 전반적인 물리적 상태와 청결성은 그 업체에 대한 고객의 이미지와 만족에 크게 영향을 미친다.

낡은 건물은 호화스러운 포지셔닝과는 어울리지 않는다. 마케팅 계획

시 건물의 외양을 향상시키는 방안에 대해서도 관심을 가져야 한다.

3 물적 환경

물적 환경은 서비스가 제공되는 환경으로 관광서비스의 수행과 의사소통을 용이하게 해주는 유형체로서 고객이 경험하게 되는 자원이다. 여기에는 건물 · 장비 · 기구 · 조명 · 온도 · 배치 · 색채 · 인공물 같은 것들이 있다.

원래 성격상 서비스는 편익을 구체적으로 제시하기가 곤란하므로 바람직한 이미지나 사업의 성격을 확실히 나타내기 위해서는 유형 · 무형의 변수를 잘 이용해야 한다.

이러한 물적 환경이 고객만족에 큰 영향을 주는 것은 환경이 은연중 암시하는 상징적 가치가 서비스 평가에 큰 영향을 주기 때문이다. 따라서 서비스 기업은 고객의 불확실성을 감소시켜줄 물적 환경의 유형적 단서가 많이 제시되도록 물적 환경을 설계해야 한다.

호텔의 물적 환경으로는 건물 · 로비 · 부대시설 · 주차장 등이 있는데 크고 웅장하며 현대적인 호텔 건물은 신뢰감과 안정감을 은연중 암시하게 되고, 주차장 시설의 확보는 고객의 편의성을 높인다. 그리고 새로운 시설이나 장비는 전문성의 이미지를 주게 된다. 이처럼 서비스의 유형적 증거로서 물적 환경은 큰 의의를 가지는데, 아래에서는 건물 내 시설배치, 로비 · 객실 · 연회장 · 식당 등을 중심으로 물적 환경을 살펴보기로 한다.

① 건물 내 시설배치

건물을 계획함에 있어서 지하 1층과 지상 1층에는 식음료부서를 중심적으로 계획, 고객의 왕래 및 접수 등에 필요한 주공간으로 사용하며, 지하 2층 이하에는 주차장 및 각종 기계실을 두어 주차공간으로 사용하고, 각종 기계설비를 용이하도록 한다. 또한 2층은 주로 연회장을, 때론 3층까지도 설치하므로 일반객실을 두고, 상층부는 전망이 좋고 외부소음 및 야광 등의 장애를 피할 수 있으므로 스위트룸(suite room)을 두는 것이 좋다. 그리고 최상층은 천장이 외부와 직접 접하게 되므로 객실을 설치하는 것보다 고급 레스토랑을 설치하는 것이 좋다.

② 로 비

현대의 호텔 이미지는 로비에서 직감적으로 느끼게 된다. 호텔에 들어서는 첫 관문이자 호텔 내 모든 동선의 중심지로서 기능을 갖기 때문이다. 따라서 호텔의 첫인상을 결정짓는 공간으로서 로비는 가급적 수준 높고 세련된 공간으로 꾸며져야 하며, 그 호텔의 성격을 대표할 수 있는 감각적인 처리가 가미되어야 한다. 로비의 주요 설비로는 바닥을 석재나 카펫으로 처리하고 메인로비와 라운지에 대형 샹들리에를 설치한다.

③ 객 실

객실은 침실 겸 거실이며, 한편에 욕실과 화장실은 콤팩트로 배치되어 있고, 집과 같이 아늑하고 푹 쉴 수 있는 장소로 꾸며져야 한다. 즉, 객실환경의 기본사항으로는 안전, 정숙, 프라이버시의 확보, 청결 등을 들 수 있다. 한편, 동선도 중요한데 가장 핵심은 숙박객 이외의 고객, 즉 파티 · 회의 · 전시 등의 이용객과 건물 안에서 교차시켜서는 안 된다.

객실공간의 디자인 요소로는 다음의 세 가지가 있다.

(1) 조 명

객실에서의 조명은 여러 가지 측면에서 중요하다. 조명은 숙박객에게 쾌적함을 주는 데 도움이 된다. 특히 커튼이 쳐져 있는 도심지 호텔의 객실은 실내공간이 중요하므로 조명의 역할이 중요하다.

객실 조명방식은 다양하게 표현할 수가 있는데, 부분조명을 하거나 간접조명을 채택하여 전체적인 객실 분위기에 맞게 한다. 또한 객실 입구에서 문을 열 때 객실의 조명을 켤 수 있고 침대에서도 직접 끌 수 있는 스위치 설계를 하여 편리하게 해야 한다. 그리고 방 전체가 너무 균일하게 밝으면 침착성이 없어지므로 주의해야 한다.

(2) 색 채

객실의 색채를 계획할 때 대개 5~6가지를 주색조로 하여 숙박객이 원하는 대로 제공하면 좋다. 그러나 수천 개의 객실을 갖춘 호텔은 경제적 이유 때문에 다양하게 하기는 힘들다.

S호텔의 경우를 보면, 그린, 오렌지, 브라운, 베이지 4색을 기조로 하여 평면적으로 볼 때 아침에 햇빛이 드는 쪽의 객실은 오렌지와 그린으로 하여 차분함을 강조하였고, 저녁에 햇빛이 드는 쪽은 베이지와 브라운으로 하여 온화함을 강조하였다.

사 례 6-4 각이 없는 방

일본 임페리얼호텔 본관 5층에는 호텔 내에서도 특별히 인테리어에 신경을 쓴 방이 있다. 객실의 테마는 로코코 양식도 아르누보 양식도 아닌 안전성, 이곳은 연회나 레스토랑을 이용하는 고객의 어린 자녀들을 위한 베이비 룸이다. 장난꾸러기 아이도 마음껏 놀 수 있도록 책상 및 의자의 다리는 물론 기둥까지 모든 각(角)을 없앤 공간이다. 부드러운 색채의 장식도 마음의 각을 둥글게 하기 위해 선택하였다. 불안하게 부모가 돌아오기를 기다리는 방이 아니라 많은 친구를 사귈 수 있는 즐거운 놀이마당으로 제공하는 것이다. 인기 있는 치킨 필라프에서 잡탕죽까지 준비한 전용 룸서비스 메뉴라든가 아이들 사이즈에 맞게 만들어진 세면장 등도 그러한 기분을 구체화시킨 것이다. 어린이만의 시간을 여유 있게 보낼 수 있도록 가장 안전한 방을 만드는 것도 호텔 마케팅의 주요 전략 중 하나이다.

(3) 가구 및 집기

객실 가구는 크기에 세심한 배려를 해야 한다. 비교적 큰 가구는 작게 보일 수 있는 적합한 색상과 재료를 선택하여 사용하여야 한다. 공간을 덜 차지하는 방식으로는 수평적인 가구 대신 수직적인 가구를 사용하는 것이다. 객실에 배치되는 가구들은 보통 침대 맞은편 벽면에 배열한다.

① 연회장

연회장은 회의장을 겸하는 경우가 많다. 일반 숙박객과 혼란이 야기되지 않도록 주출입구와 분리된 컨벤션홀 전용입구로 출입하게 되는데 호텔의 품격은 연회장의 설비의 정도에 따라 결정된다고 해도 과언이 아니다.

필요한 설비로는 국제회의의 개최에 대비한 외국어 동시통역장치, TV 중계장치, 음향장치, 조명 및 영상시설 등이 있고, 일반적으로 디너쇼나 패션쇼의 행사장으로도 사용이 가능한 스테이지가 있다. 연회장은 설비 외에도 의장이나 장식이 중요한데 고급스런 분위기를 나타내도록 색조와 세부 인테리어에도 주의를 기울여야 한다.

사 례 6-5 연회장도 이미지 변신

'무대가 있는 연회장'으로서 친숙한 임페리얼호텔 본관 3층의 '후지실'이 17년 만에 새로 단장하여 재오픈을 했다. 먼저 눈길을 끄는 것은 두 개의 대형 샹들리에로 직경 4~5m인 한 개의 샹들리에에 사용된 크리스털 글라스만 28,000여 개이다. 드레스나 요리를 선명하게 보이게 하는 밝은 빛과 촛불처럼 부드러운 빛이 연회장 안에 쏟아져내린다. 그리고 갖가지로 색깔이 변하는 벽면의 조명, 게다가 도처에 사용된 목재가 중후함과 따스한 분위기를 자아낸다. 또한 개수에서는 피로연이나 각종 파티 등 어떤 연회에도 대비할 수 있도록 최신의 시설을 갖추었다. 설사 대인원의 연회라 해도 고객 한 사람 한 사람에게 인상깊은 시간을 제공하고자 하는 마음은 이 호텔의 1세기를 넘은 역사 속에서도 변함이 없다.

② **식당과 커피숍**

식당은 호텔을 이용하는 고객 모두에게 내 집에서 식사하는 듯한 편안함과 안락함을 안겨주어야 하고, 동시에 품위있는 실내 분위기를 연출하도록 해야 한다.

커피숍은 도심지 호텔에서는 가장 많은 고객이 출입하는 장소로서 외부에서 용이하게 접근할 수 있는 위치에 선정하는 것이 좋다.

이와 같이 물적 환경은 각각의 표적시장을 파악하고 표적시장에 맞게 조성되어야 한다. 마케팅 계획에 있어서 동질의 표적시장일수록 이에 적합한 환경을 조성하기 쉽고, 서로 다른 표적시장일수록 환경조성이 어렵다. 이때 하나 이상의 표적시장이 존재하는 경우, 하나의 표적시장에만 소구하고 또다른 표적시장과는 상반되는 물적 환경을 조성하기도 한다.

예를 들어 그랜드하얏트호텔의 제이제이 마호니는 이의 대표적 사례로서 이곳은 어두운 조명, 작은 테이블, 발랄한 유니폼의 종업원, 격렬한 음악연주 등 젊은층과 오락을 즐기는 사람에게 살아 있는 즐거움을 제공해준다. 호텔바의 또다른 표적시장이라 할 수 있는, 조용히 술을 마시거나 격조 높은 분위기 속에서 대화하거나 휴식을 하고자 하는 사람들과는 거리가 먼 장소인 것이다.

이처럼 호텔의 물적 환경은 표적시장의 흐름을 잘 파악했을 때보다 성공적으로 조성될 수 있는 것이다.

4 시 설

시설 또한 물리적 설비로서 이는 상품을 생산하기 위한 필수적 요소다. 관광시설에는 여러 가지가 있겠으나 호텔의 시설은 객실·바·식당·연회장과 같은 기본적인 시설과 수영장, 사우나 같은 부대시설이 있다. 이러한 호텔시설은 고객의 욕구를 반영하고 쾌적성을 제공할 수 있어야 하며, 그러기 위해서는 표적시장의 흐름이나 주변환경의 변화를 잘 파악하여야 한다.

여기서는 이와 같은 표적시장의 흐름을 파악하여 최근 호텔에 도입된 몇 가지 시설에 대해 살펴보기로 한다.

① 이그제큐티브 플로어 라운지

특별한 목적을 위한 시설로서 대표되는데 '타워'나 '호텔 중의 호텔'이라는 개념으로 알려져 있다. ELF(Executive Floor Lounge)를 이용하는 사람들은 제한적인 호텔시설이나 전통적인 풀 서비스 호텔에서 제공되는 것을 하찮게 여긴다.

EFL에서는 보통 매우 크고, 쾌적한 시설을 포함한 고급 객실들이 제공되며, 또한 여기서는 여러 가지 고급스러운 것들을 포함한 전용 라운지가 제공되고 조식이나 바 서비스가 제공된다. EFL은 너무 매력적이지만 이를 사용하는 손님은 상대적으로 높은 사용료를 지불해야 한다. 비록 추가적인 EFL시설과 인원이 필요하지만 호텔의 입장에서는 소규모 호텔이나 타호텔과의 경쟁에서 차별화 또는 경쟁력 확보의 수단으로 이와 같은 시설을 도입하고 있다.

② 베드 앤 브렉퍼스트

B&B호텔(bed and breakfast)은 미국에서 그 인기가 크게 상승한 것으로 그 이름에서 알 수 있듯이 객실과 조식만을 제공하는 호텔이다.

이러한 숙박시설은 단지 몇 개의 객실을 갖고 있는 민박형태의 호텔에서부터 20~30개의 객실을 보유하고 있는 작은 규모의 시설에 이르기까지 다양하다. 대부분 소유주는 그 호텔에서 머무르며 손님들의 아침식사를 준비한다. 아침식사는 유럽식 아침식사(continental breakfast)에서부터 풀코스 정식에 이르기까지 다양하다.

사 례 6-6 특급호텔 EFL의 운영 합리화

호텔 객실부문의 경우 비즈니스 여행자의 증가와 함께 최고의 서비스를 제공하는 EFL이 최근 들어 많이 늘어나고 있는 추세이다. '호텔 내의 호텔'로 불리고 있는 EFL은 잦은 해외출장, 바쁜 스케줄, 복잡한 업무에 시달리는 현대 비즈니스맨들을 위해 보다 신속하고 정확하며 차별화된 서비스와 편안함을 제공함으로써 고객에게 최고의 만족감을 안겨주고 호텔의 이미지 쇄신과 전반적인 매출신장에 일익을 창출하려는 데 목적이 있다. EFL은 호텔객실의 일부층을 보통 객실보다 고급스럽게 꾸미고 전용 라운지가 마련되며, 높은 층에 위치하는 것이 일반적이다. 또한 프런트를 거치지 않고 바로 객실로 올라갈 수 있도록 배려하고 있다. 이곳에서는 투숙객을 위해 필요한 시설과 집기 및 편의시설을 갖추고 비서업무와 함께 전문화·차별화된 서비스가 제공되는 특징을 가지고 있다.

EFL은 한마디로 한차원 높은 서비스와 다양한 혜택을 제공함으로써 최고의 고객 선호도를 높이고 고객감동을 실현하여 장기적인 관점에서 부가가치를 창출하여 전체적인 호텔 이미지 향상에 기여한다.

그러나 시대적인 요구와 EFL이 늘어나고 있는 추세에도 불구하고 국내호텔의 EFL운영은 몇 가지 공통적인 문제점을 안고 있는데, 첫째, 현실적인 이익의 창출보다는 장기적인 측면에서 부가가치를 높여야 하는 데 그렇지 못하다는 점, 둘째, 고객에게 개인화되고 차별화된 서비스를 제공하지 못히다는 전, 그리고 마지막으로 EFL 직원을 위한 체계적인 교육이 이루어지지 않고 있다는 것이다.

따라서 장기적인 측면에서 부가가치를 높이는 데 영업목표를 두어야 하며, 고객에게 개인화되고 차별화된 서비스를 제공하기 위해 보다 넓고 고급화된 객실과 편의품을 제공하고, 모든 부서의 직원들이 전사적 차원의 개념으로 이미지 창출에 노력하며, 질적인 서비스 측면에서 종사원이 높은 자질을 가질 수 있도록 승진이나 승급시 동기 부여와 교육에 투자해야 한다. 운영에 있어 전용 엘리베이터 운영, 금연층 확대, 보안문제 등에서 특별히 차별된 서비스를 제공해야 하고, 부서간의 갈등과 이질적인 요소로 인해 고객불평을 유발하지 않도록 협조체제와 의사소통이 원활하도록 교육하여 향후 체계적인 교육이 필요하다.

특히, 시설측면보다는 인적 서비스 등 소프트웨어 측면의 개발이 중요하며 재투숙 고객에 대한 객실요금 할인이나 업그레이드 등과 같은 인센티브로 제공하는 보너스 형태의 호텔 상품을 제공하는 제도 등을 개발해야 한다. 또한 서비스 장소에 선반과 웨건 등을 설치하여 편리성을 더하고, 아울러 기물 세척기를 설치하여 작업의 편의성과 효율성을 기해야 한다.

(『여행신문』, 1997.11.28)

③ **컨퍼런스 센터**

많은 호텔들이 단기시장의 수익성을 고려하여 회의나 집회를 위한 시장을 갈망하고 있다. 최근에는 몇 개의 미팅시설을 갖춘 한정된 시설보다 컨퍼런스 센터(conference center)가 더욱 전문화된 시설로 각광을 받고 있다. 이러한 시설들은 주로 도심보다는 교외에 위치하여 실내 스포츠나 휘트니스 센터 등과 함께 설치됨으로써 이용자들에게 더욱 매력을 제공하고 있다.

④ **올 스위트 호텔**

가장 빠르게 성장하고 있는 숙박산업 중의 하나가 올 스위트 호텔(All Suite Hotels)이다. 미국의 전형적인 숙박업소는 방 한 개에 욕실, 큰 침대, 규격화된 장식가구나 의자 한두 개로 특징지을 수 있는 데 반하여 스위트 호텔(Suite Hotels)에는 큰 가구와 큰 침대가 있는 작은 침실과 별도의 거실이 있다. 일부 올 스위트 호텔은 고객을 유치하기 위해 무료 이브닝 칵테일 리셉션에 고객을 초청하기도 하며, 어떤 곳은 풀서비스 아침식사까지 무료로 제공한다. 이러한 호텔들은 장기 투숙객들에게 중요한 사교의 기회를 제공해주기도 한다.

이와 같은 올 스위트 호텔은 더 좋은 호텔을 찾아서 옮겨다니는 손님에게 일시적인 객실을 제공하는 것뿐만 아니라 오랫동안 여행하는 손님들에게 'home away from home'으로서 서비스를 제공한다. 회계사나 변호사, 컨설턴트와 같은 전문인들은 회계감사 보고서나 공판심사와 같은 과중한 임무를 수행할 때 올 스위트 호텔의 진가를 인정한다. 또 이 호텔은 한 침실 가격으로 두 개의 방을 제공하기 때문에 여행중에 있는 가족 여행객들에게 인기가 좋다. 부모는 아이들을 다른 방에 있게 함으로써 어느 정도의 사생활을 보장받을 수 있기 때문에 이러한 숙박시설의 매력을 공감하게 된다.

사 례 6-7 알뜰형 호텔

숙박료는 싸게 받고 제한된 서비스만 제공하는 알뜰 호텔은 아침식사를 무료로 제공한다. 물론 요금도 저렴하다. 저렴한 객실료를 받는 대신 호텔 종사원 수를 극소화한다. 그러면서도 아침식사는 무료로 제공하고 객실 내에 커피 끓이는 설비를 갖추고 있다. 신문도 무료로 넣어준다.

이러한 제한된 서비스의 알뜰 호텔들이 미국에서는 동일체인화되어 미국 전역에 거미줄처럼 확산되고 있다. 고소득층을 겨냥한 호화 호텔군과 나름대로의 완벽한 서비스를 제공하는 중급 호텔군의 시장을 무서운 속도로 잠식해나가고 있는 것이다.

절약형 호텔에는 상대적으로 객실 수요가 많다. 꼭 필요한 필수 서비스는 제공하되 불필요한 서비스는 과감히 없앴는데도 불구하고 이들 호텔을 찾는 수요가 끊이지 않는다.

이같이 필수적인 서비스만 제공하는 호텔 운영에 대한 관심이 높아지기 시작한 시기는 1970년대 중반이다. 이는 미국 사회가 천정부지로 치솟아오르던 인플레이션으로 인해 홍역을 치러야 했다. 당시 인플레이션 비율이 19%에 이르자 일반 호텔 객실료는 20%나 껑충 치솟았다.

이러한 충격여파에서 벗어나 호주머니 사정이 좋지 않은 투숙객도 이용이 가능한 알뜰 호텔에 대한 수요가 폭발적으로 증가하게 된 것이다.

절약형 호텔의 보유 객실수는 보통 90~120실, 이들 호텔은 컨벤션홀이나 연회장 시설이 없고 식음료 영업도 하지 않는다.

이렇게 호텔 객실료의 원가 가산요인으로 작용하는 부대시설 투자를 하지 않다 보니 아침식사를 무료로 제공해도 호텔 측에서는 부담이 되지 않는다. 식당 한 귀퉁이에서 다양한 칵테일을 무료로 제공해도 마찬가지다.

저렴한 객실료에도 불구하고 깨끗하고 밝은 내부 분위기를 자랑한다. 주차료는 내지 않아도 되고 투숙객의 안전적 측면에서도 결코 부족함이 없다.

이들 호텔들은 가족식당이나 고급식당 체인점 인근에 위치해 있어 투숙객으로부터 호평을 받고 있다.

사 례 6-8 장기투수객을 잡아라

국제화 시대가 되면서 각 나라의 기업체들은 외국으로의 기업 확장이나 투자가 활발해졌고, 국외로 파견되는 사람들의 수가 많아졌다.

이러한 상황에 적합한 주거형태의 하나로 호텔 내에서 장기간 투숙할 수 있는 스위트 호텔(suite hotel)이 있으며, 이러한 호텔은 최근 숙박산업에서 가장 빠르게 성장하고 있는 시설 중의 하나이다.

우리나라에서 스위트 호텔을 처음 시도한 곳은 스위스그랜드호텔로 이 호텔은 서울의 호텔시장에서 경쟁자에게 대응하기 위한 수단으로 또 자사의 입지적 불리함을 해소하기 위해 스위트 호텔로 제품의 차별화를 시도했다.

이 호텔의 주요 타깃은 한국에 파견된 외국인으로서 장기간 한국에 거주하는 비즈니스맨이나 그 가족이 주요 대상이다. 이는 항공사, 대사관, 그밖에 우리나라에 지점이 있는 외국회사, 제휴업체 직원 및 그 가족을 말한다. 현재 스위트 호텔의 경우 대부분의 이용고객이 가족으로, 특히 경제적 여유가 있는 외국인이 중심을 이루고 있다.

이처럼 스위트 호텔은 그 특성상 고액의 객실료를 지불할 능력이 있는 고객들을 대상으로 하며 적어도 3개월 이상 투숙하는 고객을 타깃으로 하고 있다. 스위스그랜드의 경우 대부분의 투숙객은 보통 10개월에서 1년간 머무르고 있으며, 길게는 3년 이상 머무르는 고객도 있다.

이 호텔은 외국인의 비율이 90% 이상을 차지하고 있으며, 내국인은 1~2개 정도의 스위트를 이용하는 정도.

스위트 호텔의 핵심제품은 아파트형 객실로 이는 객실 제품의 차별화를 의미한다. 이의 시설을 살펴보면 침실이 2개에서 5개까지 딸린 11개의 유니트로 구성되어 있으며, 장기투숙 비즈니스맨과 가족을 위해 가구 일체와 주방시설을 구비하여 안락한 가정의 분위기와 격조 높은 특급호텔의 서비스가 어우러지도록 하고 있다.

따라서 국내에서 잠시 머물다가 다시 고국으로 돌아가야 하는 스위트 호텔 이용고객에게는 모든 가구 및 주방시설에서부터 냉난방 시설에 이르기까지 다양한 설비가 되어 있다는 점이 큰 매력물이 되는 것이다.

이 밖에 안전시설 및 하우스 메이드 서비스, 세탁서비스가 제공되며, 매인 호텔에 식음료 업장이나 휘트니스가 있어 그 이용이 편리하기도 하다.

사 례 6-9 타월을 아끼지 말고…

"호텔객실에 들어가면 우선 땀을 닦아야지" 또는 "아침에 외출하기 전에 샤워를 해야지" 이렇게 생각하는 고객이 적지 않다. 호텔에 투숙하게 되면 욕실을 사용할 기회가 의외로 많아지는 법이다.

임페리얼호텔에서는 트윈룸 욕실에 10장의 타월을 준비하고 있다. 예를 들면 목욕 타월은 두 사람에게 4장을 준비하는 것이다. 게다가 아침 청소 때는 물론이고 저녁 침대 세팅시에도 사용한 타월은 전부 새것으로 교환하고 있다. 이 정도라면 고객은 언제든지 신선한 타월을 사용할 수 있기 때문이다.

욕실도 고객이 편안히 쉴 수 있는 소중한 장소 중의 하나이다. 임페리얼호텔은 타월 한 장에도 세심한 배려를 하고 있다. 고객이 기분 좋게 숙박할 수 있다면 어떠한 노력도 아끼지 않는 것이 임페리얼호텔의 방식이다.

5 서비스

호텔에서 제공되는 서비스는 호텔의 이미지와 밀접한 관계를 갖고 있다. 호텔의 분위기, 친절함과 예의성, 신속성과 효율성 등이 서비스의 질을 측정하는 척도가 된다. 따라서 호텔이 제공하는 서비스 수준에 따라서 호텔을 분류하기도 한다.

서비스 수준이란 손님에게 제공된 편익들의 총체로서 손님들에게 알려진 제품의 디자인이나 실행, 만족도에 의해서 그 호텔의 질적인 수준이 비교될 수 있다. 호텔이 제공하는 서비스 수준에 밀접하게 관계가 있는 것이 호텔이 정해놓은 가격이다. 예를 들어서 주차 서비스 외에 몇 가지 레스토랑 서비스까지 제공하는 호텔인 경우 평범한 비품을 갖춘 특징 없는 작은 호텔에 비해서 가격이 많이 비싸게 될 것이다. 호텔 매니저나 마케터는 비용과 고객 만족도 면에서 바람직한 교환거래가 이루어지길 원한다. 서비스 수준을 정한다는 것은 어려운 과정이 된다. 많은 부분에서 안정이나 안락함이나 손님이 얻고자 하는 심적 상태는 측정하기가 난해하기 때문이다.

이와 같은 서비스 수준의 변화는 손님의 체험에 기초할 수밖에 없다. 이에 대한 가장 훌륭한 예로서 하얏트호텔의 디자인과 발전을 들 수 있다. 시장조사 결과 하얏트는 대부분의 고객들이 필요 이상의 많은 시설들을 원치 않는 것을 발견하였다. 또한 객실의 디자인에 있어서도 대부분의 고객들은 다른 어떤 장식이나 디자인보다 큰 객실을 선호하고 있다고 판단하여 하얏트호텔은 그들의 객실을 종전보다 20% 크게 설계하도록 하였다.

이처럼 호텔이 정한 서비스 수준은 호텔의 구조에 많은 영향을 미칠 것이며, 호텔상품의 표준화를 위해 세 가지의 기본적인 서비스 수준에 따라 호텔을 분류하기도 한다.

① Economy / Limited Service Hotels

이 호텔의 경우 서비스 수준과 가격이 다른 범주의 호텔보다 비교적 낮다. 흑백 TV만이 제공되었던 1970년대 초기에 비하면 오늘날 대부분의 이코노미 호텔은 케이블이나 위성방송을 포함한 컬러 TV와 수영장, 제한된 식사와 음료, 운동시설과 작은 미팅룸까지 제공하게 되었다. 오늘날의 이코노미 호텔은 보통은 50~150개의 객실을 유지하지만 600여 개가 넘는 호텔도 있다.

저렴한 수준의 디자인 · 구조 · 운영 · 비용이 이코노미 호텔이 이익을 얻을 수 있는 이유가 되며, 그들은 '쿠키-커터' 방식으로 빠르고 싸게 지울 수 있는 단순하고 경제적이고 효율적인 디자인으로 일원화한다. 어떤 호텔은 규격화된 대량 생산기술을 통하여 비용을 절감하고 이익을 극대화한다. 이러한 호텔들은 편안하게 투숙하기를 원하지만 경제적인 가격으로 이용하고자 하는 여행객들에게 소구한다. 예를 들어, 레저를 즐기고자 하는 지긋한 나이의 퇴직자들에게 이러한 호텔이 인기가 좋다.

② Mid-Range Service Hotels

중간 수준의 서비스를 제공하는 호텔은 아마도 여행객이나 일반 대중에게 가장 인기가 있는 것이라 하겠다. 중간 수준에서의 서비스는 검소하면서도 고급스러운 서비스를 제공하지 않는 수준에서 고객을 만족시키기에 충분한 서비스를 제공한다. 호텔측은 보통 유니폼 서비스, 공항 리무진 서비스, 식음료 서비스 등을 제공한다. 또한 전문화된 레스토랑, 커피숍, 라운지 등을 포함하고 있다. Mid-Range Service를 제공하는 호텔은 규모에 약간의 차이가 있지만 보통 중간 수준의 규모를 가진다.

사 례 6-10 스타일을 위한 스타일

바지가 다리를 쭉 뻗는다. 자켓은 어깨의 힘을 뺀다. 셔츠도 칼라를 느슨하게 한다. 임페리얼호텔에 숙박하는 고객의 양복은 각기 개성에 맞게 편안히 쉰다. 각각의 날개를 펼 수 있도록 객실 벽장의 옷걸이는 3종류, 적어도 12개를 준비해놓고 있다. 성공적인 비즈니스를 해내기 위해서 양복은 제 모양 그대로, 새로운 기분으로 쇼핑할 수 있도록 스커트는 말끔하게, 추억에 남는 밤을 아름답게 물들이기 위해서 이브닝드레스는 유연하게, 옷걸이를 거는 벽장의 높이도 소중한 드레스가 바닥에 닿지 않도록 배려하고 있다. 여행지에서 고객의 개성을 다치지 않도록, 설령 옷걸이 한 개라도 스타일을 위한 스타일을 생각하는 것이 임페리얼호텔의 스타일이다.

③ World-Class Hotels

건물을 지을 때 다른 호텔에 비해 35%에서 80%까지 비용이 더 드는 월드 클래식 호텔들은 큰 규모의 식당과 라운지, 뛰어난 장식과 가구, 서비스, 풍부한 미팅시설과 개인 식당 시설들을 갖추고 있다.

이들 호텔의 주 고객들은 사업가들이나 그 밖의 부유한 사람들이다. 고객을 만족시키기 위해 호텔은 큰 목욕용 수건, 자명종, 비싼 비품들이나 예술작품들을 객실에 제공한다. 목욕타월은 하루 2회 주기로 교환되며, 밤마다 턴-다운 서비스도 제공된다.

6 표 식

이것은 종종 잊기 쉬운 제품·서비스 믹스의 또 다른 부문이다. 대부분의 업체들은 방향표지, 옥외광고 표지판, 건물외부 표지판 등을 포함한 다양한 표지판을 가지고 있다. 고객들은 종종 깨지거나 관리가 소홀해 저저분한 표지판을 보고 그 기업에 대해서 질이 낮고 경영태도가 해이한 것으로 여긴다. 마케팅 계획은 광고를 위한 표지판뿐만 아니라 고객들이 사용하는 모든 표지판에 대해 세심한 배려가 필요하다.

7 이미지

관광상품 믹스에서 이미지는 고객과 기대편익간의 관계에서 중요한 역할을 한다. 이미지는 호텔이 제공하는 편익과 관련된 호텔고객의 인식(perception)이다. 이미지에 의해 고객은 호텔의 상품과 서비스의 수준을 기대하게 되고 자신의 편익이 충족되기를 원한다. 그러나 호텔의 이미지는 호텔이 제공하는 상품의 무형적 속성 때문에 호텔이 원하는 이미지를 형성하기란 쉬운 일이 아니다. 또한 일단 형성된 이미지는 스스로 강화되는 속성이 있어서 쉽게 바뀌지 않으므로 첫 이미지의 형성이 중요하다.

chapter 7

관광상품 믹스의 결정

- 1. 기업 전체 차원의 의사결정
- 2. 개별적인 시설과 서비스 차원의 결정

대부분의 관광기업은 두 가지의 상이한 차원에서 관광상품 믹스를 결정해야 하는데, 하나는 기업 전체의 차원이고 다른 하나는 개별적인 시설이나 서비스 차원이다.

1 기업 전체 차원의 의사결정

(1) 관광상품 믹스와 상품계열의 관계

한 기업이 생산하여 판매하는 모든 상품 또는 제품계열(product line)과 품목(item)을 통틀어 상품 또는 제품믹스(product mix)라 한다.

제품계열이란 제품믹스 중에서 물리적 · 기술적 특징이나 용도가 비슷한 제품의 집단을 말한다. 한 기업의 제품믹스는 일정한 넓이와 길이를 갖고 있는데, 제품믹스의 넓이란 기업이 몇 개의 제품계열을 갖고 있느냐 하는 것이고, 제품믹스의 길이는 제품믹스 안에 있는 품목의 수를 말한다.

예를 들어 Marriott Corporation을 인수함으로써 제품 · 서비스 믹스의 범위(기업체가 제공하는 서비스의 수)를 확대했다. 마케팅 전문용어로 그러한 것은 제품라인을 추가했다고 한다. 또한 이들은 Courtyard By Marriott를 개발함으로써 제품 · 서비스 믹스 길이를 추가했고, The Disney Channel을 창립함으로써 제품 · 서비스 믹스의 넓이를 연장시켰다.

한편 회사가 자사의 제품 · 서비스 믹스를 확대하거나 그 일부를 제거할 것을 결정할 수도 있다. 홀리데이 인이 보다 값싼 Hampton Inns를 추가하여 제품 · 서비스 믹스의 길이를 확장시켰으며, 이를 통하여 홀리데이 인의 숙박시설 운영은 호화스러운 크라운 프라자호텔에서 간소한 Hampton Inns까지의 범위를 가질 수 있게 되었다.

여기에 Embassy Suites Hotel의 추가는 'Line Filling' 결정으로 이러한

All-Suite 호텔은 홀리데이 인의 제품・서비스 믹스에서의 공백을 채웠다. 이와는 반대로 팬암항공은 미국항공에게 태평양 노선을 넘겨줌으로써 제품・서비스 믹스를 제거하였다.

이처럼 관광기업은 자신이 제공할 서비스의 종류와 제공 정도에 대한 장기적인 계획을 갖고 있어야 한다. 즉, 현재 및 미래의 상품・서비스 계열은 고객에게 만족을 주기에 충분한 것이며, 상품・서비스의 구체적 내용을 달리해서 상품 차별화의 정도를 어느 수준에서 유지할 것인지를 판단해야 한다.

따라서 기업의 자원과 목적에 적합하지 않은 상품・서비스 계열은 폐기・수정하고, 현재의 상품・서비스 믹스가 고객만족에 충분치 못하면 새로운 사업에 진출하거나 경쟁기업을 인수・합병할 수도 있다. 이 경우 기존 상품・서비스 믹스에 미치는 영향을 고려해야 한다. 예를 들어, 고급호텔이 저가격의 호텔을 개설하여 여러 계층의 고객을 흡수하는 것도 이에 해당된다.

(2) 상품믹스의 개설 및 현대화

때때로 회사는 상황분석 또는 마케팅 조사를 통하여 상품・서비스 믹스의 전부 또는 일부를 향상시킬 시기를 결정한다.

그 예로 라마다를 들 수 있는데, 1970년대 중반에 고객조사에 의해서 시설의 낡은 장식과 형편없는 유지로 인하여 평판이 나쁘다는 것을 알게 되자 라마다는 완전한 리포지셔닝을 했을 뿐만 아니라 수백만 달러를 모든 Ramada Inn과 호텔을 현대화하는 데 지출하였다. 항공사들 또한 이러한 것을 종종 실시한다.

(3) 상표화

① 상표의 의미

상표란 한 회사의 상품이나 서비스가 경쟁사의 상품이나 서비스와 식별될 수 있도록 하기 위해 사용하는 것으로 이는 이름, 상징(symbol), 도안(design) 혹은 상표마크(brand mark)로 이루어져 있다.

상표명은 상표 중에서 단어·문자·숫자로 구성된 발음할 수 있는 부분을 말하고, 상표마크란 상표의 일부로서 상징이나 도안같이 독특한 문자로 되어 있어 형체를 알아볼 수 있으나 발음할 수 없는 부분을 가리킨다.

② 상표의 중요성

미국의 소비자는 하루에 평균 약 1,500개의 각종 상표에 노출된다고 한다. 우리나라의 소비자도 이 정도까지는 안 되더라도 매우 많은 숫자의 상표에 매일 노출되고 있음이 틀림없다. 그러면 왜 이토록 많은 상표가 우리 주변에 널려 있는가?

상표가 있으므로 해서 소비자들은 여러 회사에서 나오는 비슷한 상품들을 구분할 수 있다. 따라서 회사는 상표의 광고 등을 통하여 소비자들로 하여금 자사의 상품을 사게 하고 계속해서 자사상품만을 애용하게 할 수 있다.

이렇게 하여 자사상품에 대해 높은 상표충성도(brand loyalty)를 가진 소비자를 많이 확보하면 할수록 다른 회사와의 경쟁이 쉬워질 것은 말할 것도 없다. 관광기업에 있어서의 상표는 비교적 최근까지 크게 중시되지 않았다.

사 례 7-1 CI로 여행사를 말한다

몇 년 전 삼성이 대규모 자본을 투입해 기업의 로고는 물론 대외적으로 보이는 모든 이미지를 통일시키는 작업을 단행하고 때를 같이 하여 통일된 기업 이미지 심기를 활발히 전개하였다. 이어 금성이 L과 G를 이용하여 웃는 모습이 환한 모양의 기업의 얼굴을 내놓은 것을 기억할 것이다.

구태여 이런 작업에 시간과 돈을 투자하지 않았어도 이미 이들 기업 이미지는 소비자에게 깊이 각인돼 있었음에도 이런 대단위 CI작업을 단행하게 된 데에는 그만한 이유가 있다. 바로 자사가 추구하는 기업의 이미지를 통일되게 소비자에게 알리기 위함이다.

앞서 나간다는 국내 대기업에서 추진하는 기업의 이미지 동일화 작업은 비록 규모가 작다고 해서 여행업계에서 무시할 만한 작업은 아니다. 특히 각 매체 상품광고를 통해 자사를 매일 소비자에게 알리는 여행사일수록 이런 작업은 시급하다. 그런데 이런 기업의 이미지 통합 작업에 대해 소홀히 생각하고, 그래서 매번 상품광고에서 자사를 상징하는 색깔이 바뀌고 경우에 따라 자사의 얼굴에 해당하는 상호까지도 통일성 없이 고객에게 노출된다.

간혹 작은 여행사는 통일된 편지지 하나 없이 매번 다른 구성의 편지지에 자사의 고지사항을 전하는 경우도 발견되기도 한다. CI는 바로 기업이 추구하는 기업윤리부터 주소, 스티커에까지 모두 적용되는 사항으로 CI작업이 진행되기 전에 반드시 장기적인 자사의 모습을 염두에 두어야 한다.

기업의 브랜드가 상품을 상징하여 다양한 상품 종류만큼 다양하게 선보일 수 있다면 CI는 영속성을 가지는 영원한 자사의 상징이며 얼굴이다.

다만 기업의 명성만이 서비스의 질과 내용을 판단하는 척도였다. 그러나 많은 기업들이 자신의 상품·서비스 믹스의 폭과 길이를 확장함에 따라 상표화가 매우 중요하게 되었다. 그러면 상표화가 소비자나 관광마케팅에 주는 의미는 무엇일까?

첫째, 상표는 자사의 상품과 경쟁사의 상품을 구별하게 해준다.

둘째, 소비자가 구매결정을 할 때 하나의 큐(cue)로 작용하여 그 상품을 선택하면 편익을 얻는다고 믿게 만든다.

셋째, 관광상품과 같이 무형의 요소가 많은 경우 널리 인정된 상표를 구입함으로써 위험부담을 피할 수 있다.

넷째, 상표는 해당 상품에 관한 인상만이 소비자에게 남기는 것이 아니라 그 제조회사에 대한 이미지도 함께 형성해준다는 점이다.

③ 상표명의 선정

위에서 본 바와 같이 상표는 관광상품의 성공여부에 큰 여향을 미칠 수 있으므로 관광기업은 아주 신중하게 상표명을 골라야 한다. 좋은 상표명은 아래와 같은 속성을 갖추고 있어야 한다.

- 부르기 쉽고, 기억하기 쉽고, 알아보기 쉬워야 한다. 이를테면 간단하고 단순한 것이 좋다.
- 경쟁사의 상표명과 선명하게 구별되는 독특한 이름이어야 한다.
- 제품이 제공해주는 편익이나 특성을 암시해야 한다.
- 가능하면 법의 보호를 받을 수 있는 이름이어야 한다.

이상을 고려하여 많은 회사들은 독특한 상표명을 개발하고 있으며, 궁극적으로는 자사의 상표명을 그 상표가 속해 있는 상품일반을 가리키는 보통명사화시키려고 노력하게 된다. 예를 들어, 우리나라의 미원, 미국의 스카치테이프, 크리넥스 등의 상표는 보통 명사화한 좋은 사례이다.

④ 상표전략

관광상품에서 사용될 수 있는 상표전략은 상표품목 하나하나에 개별상표(individual brand)를 붙여주는 개별상표 전략과 공동상표(family brand) 아래 모든 품목을 판매하는 공동상표 전략이 있는데, 초기에는 개별상표 전략이 주를 이루었으나 최근에는 공동상표 전략이 증가하는 추세에 있다.

사 례 7-2 호텔의 상표전략의 예

▶Radisson

명 칭	주요수요 및 제공서비스	위 치
Radisson(1962)	중상계층 상용시장, 풀서비스 제공	상업지구
Radisson Inn	상용고객, 소규모 모임, 가족	2급도시
Radisson Resort(1976)	레저 수요와 협회 모임, 오락시설	경관 좋은 곳
Radisson Plaza Hotel (1978)	부유층 기업임원, 여가수요, 완벽한 시설	도심지, 외곽
Radisson Suite Hotel (1985)	장기체류 상용고객	사무실

▶Quality Inn

명 칭	수요 및 제공서비스
Quality Inn(1941)	상용, 회의수요, 가족합리적 가격, 완벽한 시설
Comfort Inn(1981)	비교적 저렴한 가격, 가족수요, 음식제공 없음
Quality Royale	상류층 사용고객, 휴가여행자, 풀서비스 제공
Comfort Inn Suite(1984)	상용여행자, 원룸 스위트, 단일형 객실, 헬스클럽
Quality Inn Suite(1984)	알뜰 여행자 대상

▶Holiday Corporation

명 칭	수요 및 위치
Holiday Inn Hotel(1952)	모든 세분시장
Residence Inn(1975)	장기체류 상용고객, 저층건물
Crown Plaza(1983)	상용 및 회의수요, 공항 및 컨벤션 센터
Hampton Inns(1983)	관광객, 상용고객, 교통요지, 제한된 서비스제공
Embassy Suite(1983)	주중의 고소득 상용여행자 대상
Granada Royal(1983)	주말의 관광객 대상

▶Ramada

명 칭	주요 고객
Ramada Inn(1965) Ramada Hotel(1981) Ramada Renaissance(1981)	상용여행자와 가족관광객 상용여행자와 협회단체 상용여행자, 개인, 단체 고소득 관광객

＊자료 : Sam Okoroafo, "Branding in Tourism", *Tourism Marketing and Management Handbook*(Prentice Hall, 1989), pp.23-26

2 개별적인 시설과 서비스 차원의 결정

① 서비스의 중요성

관광상품 마케팅믹스의 구성요소에서도 살펴보았듯이 관광기업에 있어서 서비스를 제공하는 제일선의 사람들은 매우 중요한 역할을 한다. 그들만으로도 고객의 경험의 질을 결정할 수 있다. 다소 평범한 것이라 할지라도 보통 이상의 예우와 관심에 따라서 그것은 특별한 경험으로 바뀔 수 있다. 이와는 반대로 아주 좋은 환경과 시설도 무관심하고 다정하지 못한 직원들로 인하여 손상받을 수 있다. 이처럼 사람, 즉 서비스 제공자는 관광산업에서 중추적 역할을 한다. 아무리 좋고 많은 광고와 판촉도 보통 이하의 서비스에 의해 손상된 것을 보상시킬 수는 없다.

관광기업은 고객만족을 위하여 두 가지, 즉 첫째는 양질의 상품제공, 둘째는 양질의 서비스 제공을 잘 수행해야 한다. 관광상품의 인적 차원은 비록 통제와 표준화가 더 힘들기는 하지만 적어도 다른 요소와 같은 정도의 관심을 받을 만한 가치가 있다. 비록 관광기업들이 제공하는 많은 것들이 물리적인 시설과 설비 등을 포함하기는 하지만 성공과 실패의 열쇠를 쥐고 있는 것은 양질의 서비스를 어떻게 제공하느냐에 따라 달라질 수 있다.

예전에는 마케팅과 인사관리를 두 가지의 서로 다른 독특한 경영기능으로 파악하였지만 그 두 가지는 서비스 산업에서 매우 밀접히 연관되어 있다. 도미노 피자, 맥도날드, 월트디즈니 같은 기업들은 오직 만족한 고객들만이 되돌아오고, 긍정적인 구전광고는 새로운 고객을 유치하는 가장 강력한 힘이라는 것을 경험하게 되었다.

만약 관광산업에 대한 하나의 일반적인 진실이 있다면 그것은 형편없는 서비스를 보충할 만한 것은 없다는 것이다. 많은 관광기업들이 상품의 질과 서비스의 질 사이의 관계를 완전히 이해하지 못하고 있다. 고객들은 이러한 두 가지 요인을 근거로 해서 그 회사에 대한 전반적인 평가를 하는 것이다.

사 례 7-3 혼이 담긴 서비스로 고객을 감동시킨다 - 에버랜드

에버랜드는 1996년 세계적인 관광전문지인 어뮤즈먼트 비즈니스로부터 세계 8대 테마파크로 선정되는 영예를 얻었다. 또 고객에 대한 서비스로 1997년에는 고객만족경영혁신 대상을 받기도 했다. 이는 에버랜드의 이름이 그만큼 국내외에 널리 알려졌다는 뜻이다.

1976년 용인자연농원이라는 이름으로 개장한 이후 국내에 몇 안 되는 테마파크로 손꼽히지만 괄목할 만한 발전을 보여준 것은 1994년 이후 최근 3~4년간이다. 대규모 투자에 걸맞게 철저한 마케팅 법칙에 근거한 체질개선과 신서비스 제도의 과감한 도입에도 역점을 두고 있다.

에버랜드의 마케팅 법칙은 '시장선정'과 '상품을 파는 것이 아니라 혼을 파는 것이다'라는 두 가지로 요약된다.

또한 서비스업의 개념을 선순환의 원리, 즉 "혼이 담긴 서비스가 고객을 감동시켜 다시 오게 하고 칭찬과 격려를 받은 직원은 더 나은 서비스를 제공한다"로 규정하고 신서비스 제도에 앞장서고 있다.

서비스 사관학교 '중앙 서비스 아카데미' 설립을 비롯, 불친절, 불결시설, 불량매장에 대한 과감한 영업중단제도인 '드롭커튼 제도', 서비스 불량자에게 재교육을 받게 하는 '오프스테이지' 패널티도 도입하고 있다.

에버랜드는 여기에 만족하지 않고 끊임없는 변신을 추구하고 있다. 정지 그 자체는 죽음이라는 각오로 서비스질의 향상에 박차를 가하고 있는 에버랜드가 한국관광산업의 경쟁력을 제고시키는 데 첨병역할을 맡을 것으로 기대된다.

(『매일경제』, 1997. 3.)

② 서비스의 관리와 개선

좋은 서비스의 출발점은 신규사원을 채용할 때부터이다. 성공적인 관광기업으로 성장하기 위해서는 그들의 종업원들을 채용할 때 다음과 같은 특성을 지닌 사람을 고용하도록 노력해야 한다.

- 대인관계기술이 뛰어난 사람
- 행동의 융통성이 있는 사람
- 풍부하고 인성이 좋은 사람

또한 최고의 서비스를 제공하기 위해서는 예절, 의사소통, 뛰어난 판단능력, 고객이 필요로 하는 것에 대한 민첩한 반응, 협동정신 등이 겸비되어야 한다. 이처럼 서비스 지향적 행동은 어쩌면 천부적인 것일 수도 있지만 오리엔테이션과 각종의 교육훈련 프로그램을 통해서 얼마든지 개선하고 향상시킬 수 있다.

예를 들어 미국의 월트 디즈니 월드나 우리나라 호텔 신라의 경우 신입사원을 위한 오리엔테이션 프로그램을 매우 중요한 것으로 여기고 이를 강화하고 있다. 월트 디즈니의 모든 신입사원은 일정기간 동안 디즈니 대학의 신입사원교육프로그램에 참여해야 하며, 호텔신라의 경우 자체의 연수원에서 일정기간의 교육을 실시한 후 업장에 배치하고 있다. 이처럼 교육훈련은 서비스 지향적인 직원양성을 위한 두 번째 초석이며 많은 전문가들은 며칠 또는 몇 주간의 현장적응 훈련이 큰 효과를 가지고 있다는 데 동의하고 있다.

그러나 이와 같은 교육훈련이 서비스개선을 위한 모든 것은 아니다. 이에 못지않게 높은 동기부여와 직무만족을 제공함으로써 보다 서비스 지향적인 종업원을 확보할 수 있는데, 여기에는 다음과 같은 방법들이 있다.

- 종업원들과의 정기적인 커뮤니케이션 확보
- 종업원들에 대한 적절한 보상과 포상

- 승진기회의 보장
- 적재적소의 배치
- 업무수행표준의 설정
- 고객이 기대하는 서비스 수준에 대한 정확한 설명과 이해

chapter 8

신상품의 개발과 상품의 수명주기

1 신상품의 개발

(1) 신상품 개발의 중요성

오늘날 기업들이 직면하고 있는 치열한 경쟁과 다변화한 소비자의 욕구와 기호, 기술혁신 및 이로 인한 상품 수명주기의 단축화 현상은 기존 상품의 진부화를 가속화시키고 신상품 개발의 필요성을 더욱 가중시키고 있다. 어느 기업이고 이러한 급격한 변화 속에서 소비자들의 기호를 제대로 파악하고 그에 맞는 상품을 경쟁사들보다 먼저 내놓지 않으면 치열한 경쟁에서 도태되기 마련이다. 또 현재 잘 팔리고 있는 상품이라도 기술이나 기호의 변화로 인해 시간이 지나면 시대에 맞지 않게 된다. 이럴 때 회사가 신상품 개발을 미루게 되면 경쟁사가 새로운 기술로 개발한 더 좋은 신상품을 내놓아 회사의 위치를 위협하게 된다.

그러나 이렇게 중요한 신상품의 개발에는 엄청난 규모의 비용과 위험이 수반된다. 무엇보다도 신상품의 높은 실패율이 그 위험이 얼마나 크다는 것을 잘 말해준다. 신상품의 실례에 관한 연구를 종합해보면 소비재의 30~35%, 산업재의 경우 약 25%, 그리고 서비스 상품은 18%의 실패율을 기록하고 있어 상품을 개발한 회사의 기대에 미치지 못한다고 한다. 신상품에 관한 아이디어를 내는 단계에서부터 상품을 시장에 내놓기까지 상품개발에 드는 엄청난 비용과 시간을 생각하면 위의 실패율은 아주 높은 것이다.

이와 같이 신상품이 중요하지만 그 개발에는 많은 비용과 위험이 따른다면 회사는 어떻게 해야 하는가? 말할 것도 없이 신상품 개발과정을 철저히 관리하여 꼭 성공할 수 있는 상품만을 시장에 내놓아야 하는 것이다.

사 례 8-1 미리 보는 21세기형 호텔

"방문만 열면 자동 체크인되고 방에선 고속 인터넷을 이용한다."

미국 『와이어드』지 최근호에는 케빈 마헤르(미국 호텔협회장), 리처드 마호티(웨스턴호텔 수석부사장) 등 전문가들과의 인터뷰를 통해 컴퓨터 자동호텔, 우주호텔, 간이호텔 등 21세기형 호텔의 모습을 제시했다. 컴퓨터 자동호텔은 복잡한 체크인과 체크아웃 절차가 없는 호텔로 고객이 방안에 들어가면 센서가 예약 고객을 확인 후 자동 체크인을 하여, 체크아웃은 호텔 컴퓨터와 연결된 룸 TV와 신용카드 지불기를 통해 해결된다. 초고속 인터넷 서비스는 TV·냉장고·에어컨처럼 특급호텔의 기본 시설이 된다. 공상영화에 나타나는 캡슐 호텔도 머지않아 등장할 전망이다.

지하철역 등에 높이 2.2m, 넓이 1.2m의 캡슐 호텔이 밤늦게까지 술을 마신 샐러리맨의 임시숙소가 된다는 것이다. 미래 호텔의 하이라이트는 우주에 등장할 스페이스 모텔이다. 현재 일본 건설업체들이 우주주거 공간을 연구하고 있으며, 연인들이 우주공간의 무중력 상태에서 황홀한 사랑을 나누는 휴가를 보낼 날도 이제 얼마 남지 않았다.

(『조선일보』, 1997.12.5)

(2) 신상품이란 어떤 것인가?

우선 신상품이 어떤 것인가를 명백히 해둘 필요가 있다.

첫째, 기존 상품을 개량한 것이라면 잠재고객이 볼 때 완전히 새로운 상품으로 인식할 정도로 만들어야 한다. 마찬가지로 기존의 상품을 다른 시장에 출시한다면 그것 또한 신상품이 될 수 있다.

둘째, 가장 위험이 적은 것은 기존의 상품에 편익을 추가하여 현재의 시장에 좀더 소구하는 방법이다. 만약 그 상품이 현시장에서 소구력을 잃고 있다면 리포지셔닝해야 한다. 즉, 다른 시장에 소구하거나 국내시장보다 해외시장에 판매하는 것이다. 이런 방법도 역시 새로운 형태의 소비자에게 소구하기 위해서는 상품의 개념을 바꾸어야 할지도 모른다.

셋째, 완전히 새로운 상품을 개발하여 기존의 고객에게 판매하는 것으로 전면적인 위험부담을 안게 된다. 이 방법의 전제는 기업이 확실히 명성을 얻고 있다면 현재 만족한 고객이 새로운 상품에 대해서도 구매할 가능성이 크다는 것이다.

넷째, 완전히 새로운 상품을 전혀 새로운 시장에 도입하는 것으로 이중의 위험부담을 안게 된다.

결국 어느 때의 상품을 신상품이라고 말할 수 있느냐는 어려운 문제이다. 우리가 구입하는 대부분의 상품은 기존상품을 변형 또는 개량한 것이기 때문이다. 물론 그 개념이 완전히 독창적이거나 다른 것이어서 새로운 상품으로 인정되기도 한다.

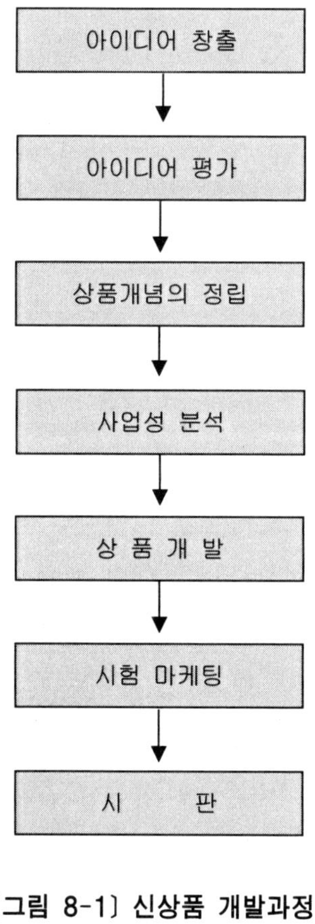

〔그림 8-1〕 신상품 개발과정

(3) 신상품의 개발과정

신상품의 개발에는 큰 위험이 따르므로 회사는 신상품 개발절차에 입각하여 신상품을 개발해야 하는데, 일반적인 신상품 개발과정은 [그림 8-1]에서 보는 바와 같다.

1) 아이디어 창출

새로운 상품의 개발에 있어서 신상품 아이디어의 창출은 상품의 설계에 선행되는 과정으로 핵심적 부분이다. 최근의 연구에 의하면 성공적인 기업에서는 비슷한 크기의 덜 성공적인 기업보다 2~3배의 신상품을 내놓고 있다고 한다.

기업에서 새로운 상품 아이디어를 얻게 되는 원천은 여러 가지가 있을 수 있으나 크게 나누면 기업내부적 원천과 기업외부적 원천으로 대별된다. 기업내부의 신상품 아이디어 원천은 연구개발부서에서의 기술혁신과 사내인력 등을 들 수 있다. 특히, 관광상품의 경우 신상품 아이디어는 기업의 관리자가 제안하여 여러 관련 관리자 사이에서 토론되는 것이 보통이지만 관리장 이하의 일반종업원들의 참신한 아이디어가 신상품 개발에 크게 기여할 수도 있다.

기업에서 새로운 상품의 아이디어를 소비자 또는 경쟁기업의 상품에서 얻게 되는 경우를 볼 수 있는데 이를 기업외부적 원천이라 한다. 시장에서 성공하는 신상품들 중 약 70%가 기술혁신에 의한 것이라기보다는 소비자의 필요에 부응하는 데 성공한 상품들이라는 보고에서도 알 수 있듯이 기업에서 가장 중요시해야 할 상품 아이디어의 원천은 시장에서 소비자 또는 사용자들이 무엇을 원하고 있는가 하는 것이다.

또한 소비자들이 직접 상품의 새로운 용도를 발견해내거나 소비와 관련된 자신의 문제를 해결할 수 있는 방법을 알아냄으로써 새로운 상품의 아이디어를 제공하는 경우가 있다.

사 례 8-2 소비자 불만에서 신상품 아이디어 창출

피자의 크러스트(가장자리 반죽)를 먹을까 말까? 피자헛이 1996년 6월 선보인 치즈크러스트 피자는 많은 소비자들이 안 먹고 남기는 부분이었던 피자 크러스트를 단번에 제일 맛있는 부분으로 바꾸어놓았다. 치즈크러스트 피자는 우리나라를 포함한 세계 16개국에서 12만 명을 대상으로 조사한 결과 피자 가장자리 부분을 잘 안 먹는 점에 착안해 피자헛이 만들어낸 기획 제품이다. 즉 "크러스트는 맛이 없다"라는 소비자의 불만점에서 새로운 신상품 아이디어를 창출한 경우이다. 치즈크러스트 피자는 잘 안 먹는 가장자리 부분에 스트링 치즈를 둘러넣어 '맛있는 크러스트'를 만들어냈다. 우리 입맛에 맞게 마늘소스를 덧발라 느끼한 맛을 없애고 독특한 허브향을 첨가한 토마토 페이스트로 특유의 향미를 첨가했다. 결과는 대성공이었다. 판매를 시작하자마자 치즈크러스트 피자는 전체 피자헛 판매의 40%를 차지할 만큼 인기를 끌었고, 매달 33%의 판매율을 유지할 정도로 인기를 모으고 있다. 어려서부터 서구의 입맛에 길들여진 젊은 세대를 겨냥한 신상품이 성공을 거둔 것이다.

(『한국일보』, 1996.12.12)

이밖에 시장에 경쟁회사가 내놓은 새로운 상품이나 서비스도 매우 중요한 신상품 아이디어의 원천이 될 수 있다. 특히 경쟁사의 상품에 대한 소비자들이 갖고 있는 불만을 해소해줄 수 있는 신상품을 시장에 내놓는 경우 시장에서 성공할 확률은 매우 높아진다.

2) 아이디어 평가

신상품 개발의 두번째 단계는 아이디어 평가이다. 회사는 앞의 아이디어 창출단계에서 수립된 많은 상품 아이디어를 신중히 평가하여 장점이 분명하지 못한 것은 제외시키고, 더 자세하게 연구할 만한 아이디어를 추려내야 한다. 아이디어 평가시에는 두 가지의 실수를 범하지 말아야 한다. 하나는 탈락오류(drop-error)로서 좋은 아이디어를 기각하는 것이고, 다른 하나는 진행오류(go-error)로 별로 좋지 않은 아이디어를 다음 단계로 보는 것이다. 이와 같은 상품 아이디어 스크리닝 절차는 [그림 8-2]에서 보는 바와 같다.

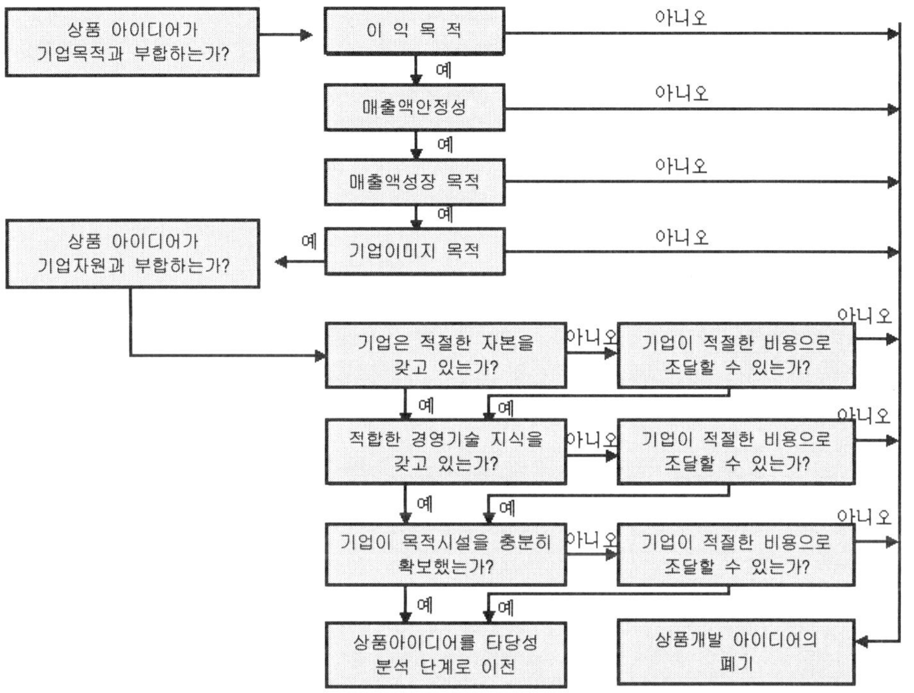

〔그림 8-2〕 신상품 아이디어 스크리닝 절차

신상품 아이디어 평가방법에는 신상품 개발에 중요한 평가요소와 그 상대적 중요도를 검토하여 투자 우선순위를 결정하는 체크리스트에 의한 아이디어 평가방법과 자본의 기회비용과 신상품 아이디어가 포함하고 있는 위험도를 고려하여 수익률을 계산하는 투자수익률 회수법이 있다.

체크리스트에 의한 아이디어 평가시에는 <표 8-1>과 같은 평가점검표가 사용된다.

〈표 8-1〉 신상품 아이디어 평가점검표

평가기준	중요도	평가가치
목표 고객에 주는 편익 경쟁제품과의 차이 생산의 경제성 마케팅의 경제성 회사 이미지와 일관성 회사 임직원의 능력 회사 임직원의 시간적 여유 과다한 자금지출 필요여부 환경문제의 여부		
종합적인 평가가치		

* 자료 : 채서일, 『마케팅』, 학현사, p.365

3) 상품개념의 정립

매력있는 상품 아이디어를 가려내었으면 회사는 그러한 아이디어들 하나하나를 상품개념(product concept)으로 발전시키고, 또 그러한 상품개념이 소비자들의 머릿속에서 어떠한 위치를 차지하고 있는지를 알아내야 한다.

4) 사업성 분석

이 단계에서 마케팅 관리자는 앞의 세 단계에서 살아남은 아이디어들이 판매 · 시장점유 · 수익률 면에서 회사의 목표를 달성할 수 있나를 평가한다. 아이디어가 아무리 좋더라도 만일 그 아이디어에서 나온 상품이 시장에서 회사가 정한 목표를 달성할 수 없다고 판단되면 마케팅 관리자는 그 아이디어를 이 단계에서 과감히 기각해야 한다.

사업성 분석을 위해 마케팅 관리자는 먼저 이 상품의 판매가 어느 정도 될 것인지 예측하여 예상 판매액을 추정하고 다음에는 상품의 개발과 판매에 따르는 비용을 계산하여 수익률을 추정하게 된다.

마케팅 관리자는 이렇게 하여 추정된 판매액·총비용·수익률 등이 회사의 목표와 정책에 미루어 만족스러운지를 검토해야 한다.

사 례 8-3 객실이름이 코카콜라… 처칠…

웨지우드, 티파니, IBM, J&B 등 세계적으로 유명한 상표라는 점말고 이 이름들에게는 무슨 공통점이 있을까? 영국 런던에서 기차로 1시간, 자동차로 2시간 거리인 중부 리세스터셔 지방 멜턴 모브레이에 가보면 그 답을 알 수 있다. 560여만 평의 초원에 자리잡은 스테이플포드(Stapleford) 파크호텔의 객실 이름이다.

17세기에 건설된 하보르 백작의 성을 88년 미국인 밥 페이튼이 사들여 호텔로 개조하면서 페이튼은 유명인이나 유명한 기업의 자금 지원을 받아 개조한다는 아이디어를 내놓았다. 이전 안주인이었던 그레튼 남작부인의 이름을 딴 방 '레이디 그레튼'을 맨 처음 만들어 1996년까지 52개의 객실을 만들었다. 현재도 계속 개조중인 객실 중 가장 최근에 만든 방은 의류기업 멀베리이다. 주방용품업체 디자니어스길드의 이름을 땄다. 52개 방이 크기나 디자인에서 같은 것은 하나도 없다. '코카콜라'방은 책상이나 컵·소파 등에 코카콜라 로고가 찍혀 있고, 냉장고에는 코카콜라가 가득하다. 할리우드 영화사 이름을 딴 'MGM'방에는 대형TV와 이 영화사가 제작한 영화 비디오테이프가 침대 앞쪽에 놓여져 있다. 자동차 회사 레인지로버 방에 묵으면 숙박기간 동안 레인지로버 지프를 마음껏 몰 수 있다. 섬유공예가 노블리스 폰텐, 인테리어 디자이너 니카 캠벨, 제인 처칠 등의 이름을 딴 방도 있다. 손님들에게 가장 인기 있는 방은 '크랩트리&이블린'과 '니나 캠벨'이다. '크랩트리&이블린'은 목용용품회사라 다양한 목욕용품이 갖춰져 있고, 니나 캠벨방은 1층에 거실, 2층에 침실이 있는 특이한 구조 때문에 사람들이 좋아한다고 한다.

(『한국일보』, 1997.4.3)

5) 상품개발

사업성 분석의 결과 채택된 신상품 개념을 실제적인 상품으로 발전시키는 것은 더욱 어려운 작업이다. 이 상품 개발 단계에서는 이전의 단계에서보다 막대한 투자가 소요된다. 특히 이 단계에서는 특정상품의 아이디어가 기술적으로나 상업적으로 실행 가능한 상품으로 전환될 수 있는

가를 평가할 수 있다. 하지만 실행 가능성이 없는 경우 지금까지 투입된 자금은 이 과정에서 획득된 유용한 정보를 제외하고는 잃어버린 셈이 된다.

6) 시험 마케팅

상품개발에 성공한 신상품은 표적시장을 대표할 수 있다고 판단되는 소비자층에게 실제로 출시하여 소비자들의 반응을 조사하게 되는데 이를 시험 마케팅(test marketing)이라 한다.

시험마케팅의 기본적 목표는 실제 시장상황에서 제품 자체를 테스트하는 것이다. 그리고 시험 마케팅을 통하여 제품의 포지셔닝 전략, 광고, 유통, 가격정책, 상표화, 포장, 소요예산 등의 전반적인 마케팅 프로그램을 테스트할 수 있다. 또한 테스트 결과를 이용하여 신뢰성이 높은 판매예측 및 이익예측을 할 수 있다.

그러나 관광상품의 경우는 시험 마케팅이 용이하지 않은 분야도 있다. 시험 마케팅을 위해 항공기를 생산할 수는 없으며, 성공하지 못할 때 없앨 수 있는 호텔을 지을 수도 없다.

반면에 기존 객실의 내장을 새로 하여 새로운 방을 꾸며서 고객들의 반응을 살펴보는 것이나 새로운 패키지 상품을 개발하여 주요고객이나 여행사를 상대로 시험 마케팅을 하는 경우, 또 레스토랑에서 새로운 메뉴를 개발하여 고객의 반응을 살펴보는 것 등은 시험 마케팅을 필요로 한다.

7) 시 판

지금까지 설명된 신상품 개발단계를 거쳐 신상품의 성공 가능성이 매우 높다고 판단되었을 경우에는 상품을 생산해서 본격적인 시판에 들어가게 된다. 시판할 때 마케팅 관리자는 다음과 같은 몇 가지 점에 유의하여야 한다.

① 시판의 시기 선정

신상품의 본격적인 시판을 언제로 하느냐가 상품의 성패에 큰 영향을 끼칠 수 있다. 특히 계절에 영향을 받는 관광상품이라면 계절을 고려해야 하고, 경쟁회사에서 비슷한 상품을 개발하고 있으면 그들의 움직임도 잘 고려하여 자사상품의 시판시점을 결정해야 한다.

② 시판지역의 선정

기업은 신상품의 출시시기와 아울러 출시범위나 장소를 한 지역으로 할 것인가, 아니면 몇 개의 지역이나 전국으로 할 것인가를 결정해야 한다.

③ 표적시장

신상품의 시판단계에서는 신상품을 가장 잘 수용할 수 있는 고객층을 발견하여 이들을 집중공략함으로써 소비자들로 하여금 자사상품에 대하여 호감을 갖게 하고, 상품에 대한 좋은 평판을 퍼뜨리게 하여 상품의 확산을 촉진하도록 해야 한다.

2 상품 수명주기

(1) 상품 수명주기의 개념

인간이 세상에 태어나서 성장하여 청년기와 장년기를 거쳐 노년기에 이르는 것과 마찬가지로 시장에 처음 등장하는 모든 신상품도 마케팅 환경요인의 변화에 따라 다양한 수요패턴을 겪게 된다. 이때 신상품이 시장에 도입된 후, 시간의 경과에 따라 매출액 수준을 나타내는 시장수요의 변화패턴을 상품 수명주기라 부른다.

이러한 시장수요의 패턴은 수요와 관련된 여러 가지 특성에 따라 대체로 도입기 · 성장기 · 성숙기 · 쇠퇴기로 구분할 수 있다. 이러한 단계들은 전체가 상품의 일생을 묘사하는 일종의 상품 수명주기(PLC : Product Life Cycle)를 구성한다.

전형적인 상품 수명주기는 S자 형태를 띠고 있지만 상품이나 시장에 따라 다양한 형태의 상품 수명주기가 유형이 있을 수 있다. 상품 수명주기는 [그림 8-3]과 같이 매출액과 이익을 시간의 흐름에 따라 작성한다. 이때 각 매출액과 이익곡선은 개별상품에 대한 판매량과 이익이 아니라 개발상품들의 판매량과 이익을 합산한 시장 전체의 매출량과 이익을 나타낸다.

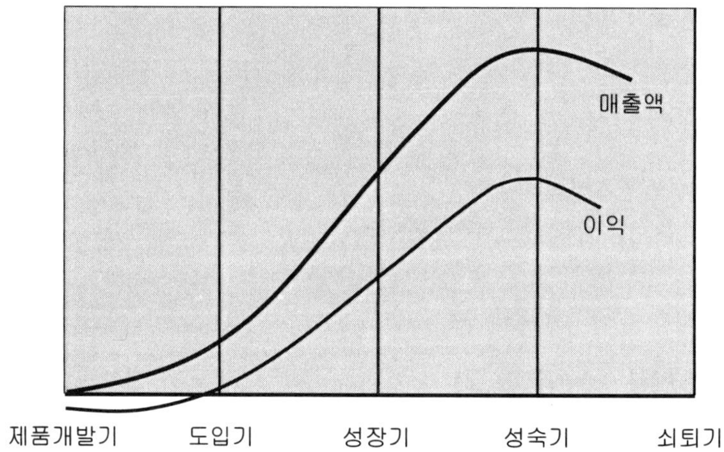

〔그림 8-3〕 상품 수명주기

(2) 각 단계별 특징 및 마케팅 전략

상품 수명주기는 학자에 따라 다양하게 구분되지만 단계의 수는 별로 중요하지 않으며 단지 수요 및 경쟁특성이 유사한 단계를 구분하여 마케팅 전략의 일반적인 방향을 제시한다는 점이 중요하다.

1) 도입기

① 도입기의 특징

도입기는 상품이 처음으로 출시되는 단계로서 상품에 대한 소비자들의 인지도나 수용도가 낮아 수요가 대체로 적다. 또한 이 시기에는 매출액이 적은데도 불구하고 초기의 집중적인 촉진활동과 유통망 확보에 많은 비용이 지출되기 때문에 대체로 적자가 나기 쉬우며, 상품이 최초로 도입되는 단계이므로 상품 실패의 가능성이 높고, 경쟁은 비교적 약한 편이다.

이 단계의 소비자들은 신상품 구매에 따르는 위험을 쉽게 부담하는 혁신층을 중심으로 이루어져 있다.

② 도입기의 마케팅 전략

이 시기의 마케팅 활동은 소비자들과 중간상에게 상품의 존재와 이점을 알리는 데 초점을 두어야 하므로 유통망을 확보하기 위하여 마케팅 중간기관들을 대상으로 인적 판매를 실시하는 것이 바람직하다. 이 시기의 구체적인 마케팅믹스 전략은 다음과 같다.

첫째, 상품에 대한 소비자의 초기반응을 재빨리 파악해야 한다.

둘째, 가격은 경쟁자의 수가 적고 상품계열이 한정되어 있는 경우 일차수요를 자극하여 고소득층에 판매되는 경우가 많으므로 고가격정책으로 투하자본 회수를 촉진하는 것이 바람직하다. 그러나 경쟁자의 진입위험이 많고, 대량생산에 의한 원가절감의 효과를 기대할 수 있을 때에는 초기 저가 소구와 함께 판매망을 확충함으로써 시장점유율을 높여야 한다.

셋째, 유통은 많은 중간상을 확보하여 중간상을 활용하도록 해야 한다.

넷째, 촉진활동은 시장 확대를 위해 본원적 수요를 자극하도록 하며, 이때 초기 수요층의 소비에 대한 집중적 활동이 효과적이다.

2) 성장기

① 성장기의 특징

도입기의 수행한 촉진활동, 유통망 확대 등의 효과로 판매 및 이익이 급속히 증가하고 소비자들의 상품 인지도나 수요도도 급격히 증가한다. 또 이때는 경쟁자들이 시장에 참여하기 시작하여 상품 차별화의 기회가 다양하게 모색되며, 가격인하 경쟁이 나타나기 시작한다.

② 성장기의 마케팅 전략

신상품이 도입된 후 일정기간이 경과하여 이 상품에 대한 소비자들의 인지도가 높아지고, 또 호평을 받게 되면 매출액은 급격히 증가되기 시작한다. 초기 수용층은 그들의 구매를 계속하며, 조기 다수수용층이 의견선도자(opinion leader)적인 조기수용층의 영향을 받아 신상품을 수용하게 되고, 이익도 급격히 성장하게 된다.

이렇게 하여 시장이 확대되고 이익의 기회가 커지면 새로운 경쟁업자가 시장에 진입하게 된다.

이때 경쟁업자는 새로운 특성을 가진 대체품 또는 개량상품을 개발하게 되므로 기업은 상표를 강조하고 선택적 수요를 자주하는 촉진활동으로 대응함이 효과적이다.

또한 유통망을 광범위하게 구축하고, 점차 심해져가는 경쟁강화 경향에 대응하기 위해 가격은 초기의 고가에서 약간 인하하게 된다. 성장기 후반에서부터 성숙기 초기단계에 걸쳐 대량생산에 따른 원가절감과 매출액 증가에 따른 단위당 촉진비용의 하락으로 이익이 최고수준에 이르게 된다.

사 례 8-4 첫사랑은 잊혀지지 않는다 - 시장선점 효과

요즘 보편화돼 있는 락스가 국내에 처음 선보인 것은 78년, 유한양행이 살균, 소독, 악취제거제 유한락스를 출시하면서부터이다. 그런데 이 상품이 80년대 초 어느 정도 자리를 잡자 눈독을 들인 업체들이 우르르 몰려들어 락스 전쟁이 한바탕 벌어졌다. 그러나 유한락스는 소비자 기억을 미리 선점하고 있었다. 다른 상품이 비집고 들어갈 틈이 없었던 것이다. 제각기 최고 품질을 내세웠지만 어떤 상품도 시장에 안착하지 못했다.

하지만 여타 ○○락스들이 시장에서 점차 사라져가는 것과 반대로 짭짤한 성공을 거뒀던 브랜드가 있었다. (주)옥시에서 1984년 6월에 출시한 옥시크린. 이 상품은 사실 여타 락스와 별 차이가 없었다. 그렇다면 어떻게 성공했을까? 전략은 단순했다. 모두들 '최고의 살균…'을 강조하고 있을 때 옥시는 '표백'을 겨냥했다. 빨래는 깨끗하게 되어야 한다는 심리를 노린 것이다. 소비자들은 살균 · 소독제로 유한락스를 선택했고 표백을 할 때는 옥시크린을 집어들었다. 이렇게 표백기능이 어느 정도 먹혀들자 옥시는 속마음을 드러냈다. 살균과 소독기능도 함께 강조한 것이다. 지금도 옥시크린 상표를 보면 '세탁전문 : 산소계 표백제', '살균 · 소독 OK'라는 표시가 되어 있다.

국내 처음으로 출시된 보령제약의 1회용 액체위장약 '겔포스'도 선점의 효과를 톡톡히 누린 케이스이다. 1975년 '주머니속의 위장약'으로 시작한 보령제약이 시장을 만들어 내자 80대 중후반 경쟁업테들이 달려들었다. '탈시드', '미란타' 등은 속쓰림에 허덕이는 위를 단 한번에 구제할 것처럼 대대적인 광고비를 쏟아부었다. 효과는 금방 나타났다. 알약이나 드링크제를 복용하던 소비자들이 너도나도 액체위장약으로 몰렸다. 덩달아 시장규모도 150억 원대로 급격하게 확대됐다.

이런 난타전을 가장 흐뭇해했던 업체는 물론 보령제약. 타업체들에서 광고를 하면 할수록 '겔포스'의 매출만 늘어나고 있었던 것이다. 전쟁에서도 그렇지만 시장에서도 선점이 중요하다. 이 법칙에 타르면 최고의 상품보다는 최초의 상품이 낫다. 손무는 적의 진지를 수중에 넣으려면 적군보다 7배, 군사전략가인 란체스터는 3배의 전력이 필요하다고 했다. 그만큼 새로운 전략이나 대규모 자본이 아니고서는 선점한 고지를 빼앗기 힘들다.

3) 성숙기

① 성숙기의 특징

성숙기에는 판매의 증가율이 현저히 줄어들기 시작하고, 마침내는 판매가 어느 일정한 수준을 맴돌게 된다. 성숙기는 보통 나머지 세 단계보다 오래 지속된다. 우리가 접하는 대부분의 상품은 성숙기에 있으며, 따라서 마케팅 관리자가 하는 일의 대부분은 성숙한 상품을 관리하는 일이다.

성숙기의 가장 두드러진 특징은 경쟁이 심화된다는 것이며, 또한 과도한 가격인하 경쟁과 유통망 확보 및 촉진비용의 증대로 이용이 감소하며, 일부 경쟁자들이 시장에서 탈락하기도 한다.

② 성숙기의 마케팅 전략

이 단계에서는 매출액 성장률이 점차 둔화되기 시작하므로 새로운 고객의 모색보다는 기존 고객의 사용빈도를 높이고 사용률을 높이는 마케팅 전략을 수립한다. 또한 경쟁상품의 특징도 널리 알려지므로 가격은 평균비용 수준까지 인하되어 총이익폭이 줄어들게 된다. 따라서 촉진활동의 예산크기를 확대하기보다는 메시지 작성, 광고시점, 슬로건 등을 적절히 변화시키는 방법을 연구하도록 하며, 매출수익의 증가가 없으므로 각종 비용에 대한 통제, 즉 재고관리비, 수송비용, 물적 유통비용의 절감에 주력한다.

이와 함께 현 상품의 신용도, 보완적 상품을 개발할 여지, 업계의 시장점유율을 변화, 원가변화 등을 조사하여 품질·스타일·기능면에서의 상품개선 방법을 연구한다.

4) 쇠퇴기

① 쇠퇴기의 특징

판매와 이익이 급속하게 허락하는 시기로 이와 같은 쇠퇴기가 오는 이유는 소비자의 기호변화, 기술의 진보, 국내외 경쟁의 심화 등 여러 가지가 있다. 이 시기에는 매출액 지속적으로 감소하고 경쟁자들이 시장에서 철수하거나 마케팅 활동을 축소하기 시작한다.

사 례 8-4 SAS항공사의 고객지향적 사고의 실현

얀 칼슨이 1980년 SAS항공사의 사장으로 취임하였을 당시 SAS는 상당한 결손으로 어려움에 처해 있어 경영자들은 비용을 절감하는 문제에 봉착해 있었다. 그러나 칼슨은 비용절감만이 항공사를 살리는 방법이라 생각하지 않고 새로운 경영방안의 모색과 수익증대안의 추구가 더욱 절실한 것으로 판단하였다. 그의 취임 당시 SAS는 유럽항공사 중에서 가장 결항률이 높은 항공사로 낙인찍혀 있었고, 따라서 여행들에게 고품질의 서비스를 제공하지 못하고 있었다. 항공사간의 경쟁이 치열한 시점에서 이러한 부실한 서비스는 치명적인 것이었다. 칼슨은 고객중심으로 항공사가 운영되지 않으면 곧 파산하고 말 것이라 판단하고 다음의 것을 분명히 하였다.

· 우리의 고객은 누구인가?
· 그들의 욕구는 무엇인가?
· 그들이 좋아하는 것을 만족시키려면 우리는 무엇을 해야 하는가?

칼슨은 그 해답이 빈번히 항공여행을 하는 비즈니스맨들의 욕구를 충족시킬 수 있도록 자사의 모든 노력을 집중시키는 일이라 결론지었으나 그러한 노력은 타 항공사들에 의해 이미 비즈니스석의 도입과 무료음료수 제공 등의 방식으로 수행되고 있었다. 따라서 진정 SAS가 비즈니스맨들이 이용하고 싶은 항공사가 되려면 이보다 월등한 서비스를 제공할 수 있는 방안을 모색해야 했다. 그 출발점은 바로 비즈니스 여행객들이 원하고 항공서비스에 대해 기대하는 것이 무엇인가를 파악하기 위해 마케팅 조사를 실시하는 것이었다.

조사결과 그들은 정시운항, 신속한 탑승, 그리고 정확한 수화물의 전달을 희망하는 것으로 밝혀졌고, 칼슨은 이러한 서비스의 개선은 물론, 기타 서비스도 향상시킬 방안모색을 고안해냈다. 그 중 150여 개 프로젝트가 4천만 달러의 실행비용으로 선정되기에 이르렀다. 특히 칼슨은 여객 한 명이 1회 항공여행에서의 접하는 항공사 직원 수는 5명이라고 지적하고, 이 과정에서 일어나는 상호작용이 SAS사에 대한 진실의 계기(moment of truth)를 만든다고 하였다. 이렇게 되면 SAS의 연간 여객 운송량이 5백만 명이라면 그들을 만족시키든 못 시키든 총 2천5백만 회의 만남의 순간을 마련하는 셈이 된다.

SAS를 좋게 생각하는 고객의 태도를 만들기 위해 1만 명에 가까운 SAS사 요원들을 2일 동안 서비스 세미나에 참석하도록 조치하고, 2만5천 명의 관리자들로 하여금 그들의 역할이 일선 종사자들을 도와주는 일이라고 명확히 했으며, 사장 자신의 역할은 경영자들이 일선종사자들을 잘 지원해주게끔 돕는 일이라고 천명하였다. 이 운동이 4개월째 접어들자 SAS사는 유럽에서 가장 서비스가 좋은 항공사로 위치하게 되고, 유럽에서 가장 시간을 정확히 지키는 항공사가 되어 전액 운임승객은 유럽에서 8%, 시장 전체로 보아 성장이 없었던 대륙간 항로 시장에서 16%의 성장을 보이게 되었다.

② 쇠퇴기의 마케팅 전략

상품에 대한 신상품이나 대체품의 탄생, 소비자 기호의 변화 등으로 인해 매출액이 급격히 떨어지게 되므로 이 단계에서 마케팅 관리자는 자사의 상품이 판매, 시장점유율, 원가, 이익면에서 어떤 추세를 보이는가를 정기적으로 점검하여 어떤 상품이 쇠퇴기에 있나를 알아내야 한다.

일반적으로 쇠퇴기에는 네 가지의 마케팅 전략을 놓고 이들 중 어느 것을 선택할지를 결정해야 한다.

첫째, 폐기전략으로 상품의 생산을 중단하여 상품계열에서 폐기시키는 전략이 있다.

둘째, 유지전략으로 상품은 계속 생산하면서 현재의 마케팅 활동을 그대로 유지하는 것이다.

셋째, 집중전략으로 표적시장 범위를 축소하여 현재 수준의 마케팅 노력을 유리한 세분시장에만 집중시키는 것이다.

넷째, 회수전략으로 마케팅 노력을 축소시켜 현재의 이익을 증대시키는 것이다.

(3) 관광지의 수명주기

한편 버틀러는 1980년에 상품 수명주기와 유사한 관광지 발전주기를 제시하였다. PLC에서의 상품판매량은 관광자 수로, 시장의 진화과정은 관광지의 물리적 시설이나 행정조직과 같은 관광지의 개발과정으로 대치된 것이다.

이 단계는 [그림 8-4]와 같은 S형 곡선으로 설명되며, 이러한 관광지의 라이프 사이클은 관광자의 질과 양이라는 시장진화와도 관련시켜 설명할 수 있다.

① **탐색기**

단체관광을 싫어하는 소수의 모험적 관광자들이 지역을 방문하며, 접근방법과 편의시설의 부족으로 관광자 수가 제한된다. 지역의 자연미와 문화적 특징이 주요 매력물이며, 이러한 매력은 관광에 의해 전혀 변화되지 않으며, 지역주민과의 접촉빈도 높다.

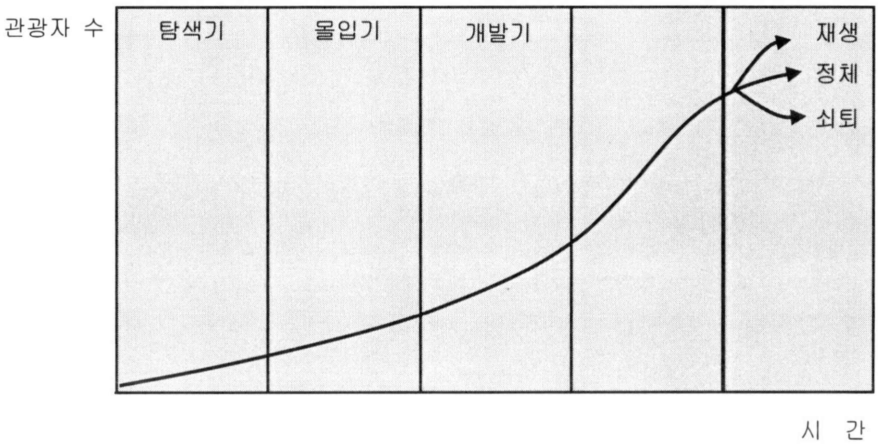

〔그림 8-4〕 관광지 라이프 사이클

② **몰입기**

관광자를 위한 시설이 일부 개발되고, 광고도 함에 따라 관광자 수가 증가한다. 성수기와 주요 관광자 밀집지역이 형성되며, 공공부문은 기반시설을 제공해야 책임을 느끼게 된다.

③ **개발기**

관광자가 대량으로 유입되며, 관광지에 대한 통제가 지역주민의 손을 벗어나고, 외부기업(국가적 혹은 다국적)이 현대적 시설을 개발하기 시작하면서 관광조직이 변화한다. 제반문제를 완화하고, 국제적 관광자 배출지에 대한 마케팅 활동이 필요해지면서 국가단위의 계획이 필요하게 된다.

④ **강화기**

관광자 수는 증가하나, 증가율이 저하되기 시작하고, 지역은 완전히 성숙한 관광산업의 일부로 존재한다.

⑤ **정체기**

관광자 수가 최고치에 도달하고, 이제 지역은 더이상 인기가 없다. 보수적 여행자들 중 반복 방문객이 주요 관광자이다. 기업들은 방문객 수의 유지에 급급해하면 환경적 · 경제적 · 사회적 문제가 발생하기 시작한다.

⑥ **쇠퇴기**

주말이나 당일여행객 같은 지리적으로 근접한 소수의 관광자만이 이 지역을 방문한다. 관광기업 경영자들은 '재생'시킬 결심을 하고 새로운 시설을 도입하거나(예 : 네덜란드의 Scheveningen이나 미국의 Atlantic City 같은 지역은 카지노를 도입하였다) 혹은 비수기를 타개하고 새로운 시장을 끌어들이기 위해 동계 스포츠 같은 미개발된 자연자원에 투자하기도 한다.

이러한 관광지의 라이프 사이클은 관광지의 질과 양이라는 시장진화와도 관련시켜 설명할 수 있다. 즉, 초기단계에는 좀더 모험적인 관광자가 주로 방문하고, 다음 단계로 진행됨에 따라 더 보수적이고, 위험을 피하고자 하는 관광자가 증가하게 된다.

프로그(Plog)는 이와 유사하게 관광자를 항상 새로운 관광지를 찾는 엘러센트릭(Allocentric), 익숙한 지역과 안전을 추구하는 사이코센트릭(Psychocentic), 그리고 양자의 속성을 다 가지고 있으며 시장의 대부분을 차지하는 미드센트릭(Midcentric)으로 구분하였다. 그래서 프로그는 엘러센트릭은 관광지 진화의 초기단계, 미드센트릭은 개발단계, 사이코센트릭은 정체와 쇠퇴기에 연결시켰다.

탐험가 (Explorers)	표류자 (Drifters) 개별적 대량관광객	조직적 대량관광객
타인중심 (Allocentrics)	중간형 (Midcentrics)	자기중심 (Psychocentrics)

〔그림 8-5〕 관광자의 유형분류

(4) 상품 수명주기의 한계

상품 수명주기의 개념은 상품시장의 양상을 설명하는 데 유용한 개념적 틀이다. 그러나 상품성과를 예측하거나 또는 마케팅 전략수립의 도구로서 PLC개념을 활용하는 데는 몇 가지 문제가 있다.

예를 들어, 특정상품의 현재 어느 단계에 있는가, 언제 다른 단계로 넘어가는가, 단계이행의 요인이 무엇인가 등을 알아내기 어렵다. 따라서 각 단계별 판매량의 예측과 각 단계의 지속기간 및 상품 수명주기 곡선의 형태를 실제로 예측하는 것은 매우 어렵다.

마케팅 전략이 상품수명주기의 원인이자 동시에 결과이기 때문에 상품수명주기를 적용하여 마케팅 전략을 수립하는 것이 어려운 경우가 많다. 수명주기 상에서 특정상품의 현재 위치를 파악하면 가장 효과적인 마케팅 전략이 어떤 것인가를 알게 되며, 이렇게 결정된 마케팅 전략은 그 이후 단계의 상품성과에 영향을 미친다. 많은 어려움이 있겠지만 상품수명주기 개념을 잘 적용하면 단계별 마케팅 전략을 효과적으로 수립할 수 있는 유용한 틀이 된다.

chapter 9

관광상품의 가격관리

- 1. 관광기업에서의 가격의 의의 및 중요성
- 2. 관광기업의 마케팅 가격전략
- 3. 가격설정의 목표수립
- 4. 관광기업의 가격설정과 가격전략의 사례
- 5. 호텔의 객실요금 결정방법의 사례와 대안

1 관광기업에서의 가격의 의의 및 중요성

관광기업에서 가격이란 관광서비스의 효용 및 가치로서, 관광객이 관광기업에 지불하는 대가이다.9) 따라서 관광객은 가격을 그들이 받은 서비스가 전달하는 편익에 해당하는 만큼의 희생이나 비용으로 지각한다. 관광기업은 이윤추구를 촉진하는 방향에서 관광객의 지불능력과 구매의욕에 상응하는 수준에서 가격을 결정해야 하는 2중 구조적인 문제점을 안고 있으며, 이 점이 관광기업을 어렵게 만들고 있다.

그리고 이 가격은 마케팅믹스 요소 중 유일하게 수익을 창출시키지만 나머지 믹스들은 모두 비용을 발생시킨다. 또한 가격은 다른 마케팅믹스와는 달리 관광시장의 조건변화에 신속히 조정 가능하며, 관광서비스 수요를 결정하는 요인이자, 관광기업의 지위와 시장점유율에도 영향을 미친다.

최근 우리나라 관광업계에서도 국내외 환경변화에 따라 이 가격의 중요성이 날로 부각되고 있는데 최적가격(最適價格 : optimum price)의 중요성이 부각되고 있는 이면에는 다음의 이유가 있다.

첫째, 대규모 외국관광기업들이 저가격 · 고품질을 지향하면서 국내시장에 대거 진출함으로써 가격구조에 변화를 초래시키고 있다.

둘째, 관광기업간에 서비스의 동질화가 진행됨에 따라 가격경쟁이 더욱 치열해지고 있다.

셋째, 관광객들의 의식변화가 두드러지고 있다. 즉, 관광기업 서비스상품 이용객들이 서비스의 참된 가치를 확인하려는 자각이 강렬해지고 있고, 그들 스스로의 주권을 강력히 주장함으로써 관광기업간의 경쟁에서 가격의 중요성이 커지고 있다.

---

9) 항공요금, 호텔객실료, 패키지투어요금 등이 가격에 해당된다.

이와 같이, 가격은 마케팅믹스를 구성하는 타믹스들의 영향을 받는 종속변수로, 또는 관광기업의 직접적인 경쟁수단이 되므로 관광기업은 보다 과학적·합리적으로 가격을 분석하고 이를 결정해야 한다.

2 관광기업의 마케팅 가격전략

오늘날의 관광기업은 급변하는 기업환경과 원활한 관계를 유지하면서 전사적·장기적 관점에서 마케팅 전략을 수립하는 것이 자사의 지속적인 수익성의 확보와 성장에 불가결한 요소가 되고 있다. 그리하여 오늘날의 관광기업의 마케팅 활동에 관한 모든 전략과 함께 이 가격전략은 중요한 위치를 차지하고 있다.

관광객이 관광기업의 서비스 상품의 구매를 결정하는 제요인 중에서 가장 중시하는 요인은 서비스 품질과 가격이고, 그 서비스가 가격에 상응하는 가치를 가졌다고 그들이 지각했을 때 비로소 구매가 이루어진다. 따라서 관광기업에 의한 서비스 차별화가 이루어지지 않은 동질의 서비스에서는 가격이 바로 서비스의 구매결정에 결정적인 요인이 된다.

한편, 품질과 기능 그리고 시장정위화 등 광의의 품질에 의해 차별화된 서비스의 경우, 가격은 이러한 비가격적 요인과 결합되어 고려되므로 제한적 요인이 된다.

즉, 관광서비스 상품의 구매자는 구매력과 구매습관에 비추어 일정 범위의 가격을 전제로 그 가격범위 내에서 가장 품질이 우수하고 자신의 욕구를 최대한 충족시켜줄 것으로 기대하는 서비스를 선택하는 경향이 있다.

이렇게 볼 때, 관광기업의 가격결정은 마케팅 제요소 중에서 서비스 품질, 판매경로의 선정, 그리고 판매촉진과는 달리 직접적인 경쟁수단이 된다. 따라서 서비스 차별화가 현저한 경우 원가기준방식(原價基準方式)

에 의존하는 가격결정방법을 사용하면 모처럼의 서비스 계획이나 판매촉진 노력도 관광객에게 잘 수용되지 않을 위험성이 있다. 그리고 가격은 전술한 바처럼 기업목적과 공공이익과의 조화에 실패하면 사회적으로 비난을 면하기 어렵다.

그렇다고 결코 마케팅 전략에서 가격전략의 중요성이 과소평가되어서는 안 된다. 왜냐하면 가격전략은 예정된 기간 동안 가격을 일정수준으로 유지·안정시켜 일정한 수입을 확보하게 함으로써 관광기업의 안정과 성장에 기여하기 때문이다.

3 가격설정의 목표수립

관광기업의 가격정책은 서비스 상품의 종류나 차별화의 정도, 경쟁상황 또는 관광시장에서의 지위 등에 의해 달라지겠지만 가격에 대한 구체적인 결정은 관광기업의 가격정책이 달성하고자 하는 목표에 따른다.

이에 따라 관광기업은 가격정책 목표를 기초로 한 가격결정을 하지 않으면 안 된다. 왜냐하면 가격정책에 관한 의사결정을 할 때에는 그 목표에 대한 인식 정도가 결정의 합리성을 규정하는 주요 요소이자 가격결정 절차를 좌우하기 때문이다.

일반적으로 관광서비스 상품의 가격결정은 관광기업의 마케팅 전략의 일환으로 취급되는 것이 보통이며, 가격정책의 목표는 금액과 판매량의 측정 가능한 척도로 표현되는 것이 상례이다. 그렇게 해야만 달성 가능한 목표로서의 성격을 가질 수 있고, 또 결과를 평가하는 척도로 사용될 수가 있다.

관광기업은 목표관광시장에서 관광기업의 마케팅 목적을 명확히 한 후 가격정책의 목표는 이윤 극대화, 목표 수익률의 확보, 목표시장의 점유율의 유지·확대, 그리고 생존 중 어느 하나를 선택할 수 있다.

(1) 현재 이윤의 극대화

이것은 관광기업이 수용의 수준을 어느 정도 예측 가능하고 각 관광서비스 상품의 가격수준에 상응하는 총수익과 총비용도 예측할 수 있다는 가정에서 이루어진다.

이때에는 총수익과 총비용의 차액인 현재의 총이익이 극대화되는 수준에서 관광서비스 상품의 가격을 설정할 수 있으며, 이것이 어느 면에서는 관광기업의 입장에서 본 최적가격이다.

즉, 개별 관광기업은 자사의 서비스 상품에 대한 가격을 설정해야 하는데 이때에는 자사가 처한 상황에 따라 나름대로 장·단기 목표를 설정해야 한다. 왜냐하면 가격설정에 따라 시장점유율, 기업이익, 판매수익 등에 영향을 미치기 때문이다.

관광기업의 목표에 의해 마케팅 목표가 설정되고 마케팅 목표는 가격결정의 핵심적 토대를 형성한다. 따라서 가격결정은 자사의 마케팅 전략의 수행에 도움이 될 수 있는 방향에서 수립되어야 한다.

(2) 매출 또는 시장확대의 목표

관광기업은 매출액과 시장점유율의 극대화를 도모하기 위해 저가격에 의한 시장침투 전략을 채택할 수도 있다.[10)]

이 전략을 구사하는 관광기업은 관광시장에 새로 진입하여 새로운 시장을 개척하려 할 때 자주 활용되며, 무엇보다 자사 서비스의 시장확대를 목적으로 한다. 뿐만 아니라 관광기업은 자사 서비스 상품의 이용회수를 증대시킴으로써 구매율을 높이거나 또는 이용 상황을 보다 확대시키려 할 때에는 이 가격을 책정하는 것이 유리하다. 그러나 이 가격정책

---

10) 이 전략을 활용함으로써 성공한 대표적인 항공사가 싱가포르항공(Singapore Airlines)과 태국항공(Thai International)이다. 양사는 1980년도 후반까지 한국 항공시장에 후발항공사로 진입하여 시장점유율의 확대와 매출액 증대를 위해 저가격 시장침투 전략을 효과적으로 사용하였다.

을 계속 유지하면 싸구려, 조악한 서비스를 제공하는 기업으로 오도될 가능성이 크므로 희망하는 시장확대와 매출액 및 이익 증대가 이루어진 뒤에는 제 값을 받는 정책으로 신속히 전환해야 한다.

(3) 경쟁력 확보의 목표

가격정책 실현에 의한 경쟁력 확보의 목표는 현재 자사가 보유하고 있는 고객을 계속 유지함과 동시에 경쟁 관광기업의 고객도 자사고객으로 유도하고자 하려는 것이다.

이 목표는 전술한 시장확대 목표와는 달리 경쟁관계에 초점을 맞추는 경우로 가격을 경쟁적 우위수단으로 사용하려 할 때 부합된다.

(4) 생존의 목표

이 목표는 관광기업이 이익창출보다는 기업생존을 위해 최소한 필요한 변동비와 고정비의 일부를 회수하는 선에서 가격을 결정하는 경우이다. 예컨대, 호텔기업들을 과당경쟁으로 인한 무리한 시설투자로 발생한 공실(空室)의 양산과 촉진경쟁으로 인해 적정이익을 고려한 가격결정이 어려운 상태에 있다 해도 과언이 아니다. 더구나 호텔기업이 비수기에 처하면 기업생존을 최우선 목표로 하는 가격을 설정하지 않으면 안 된다.

이러한 문제점은 최근 대규모 호텔의 증설에 의한 객실공급 수의 급증과 외래관광객의 완만한 증가가 복합되어 나타난 것으로, 호텔기업의 객실가격 결정을 어렵게 만들고 있다. 따라서 과거에는 패키지투어 단체객을 일체 수용하지 않았던 호텔들도 이제는 생존을 위해 그들을 접수하는 호텔이 증가하는 추세가 그것을 잘 입증해주고 있다.

4 관광기업의 가격설정과 가격전략의 사례

(1) 관광서비스 상품의 가격결정에 영향을 미치는 제요인

관광서비스 상품의 가격결정에 영향을 미치는 요인은 단지 원가라든가 계절문제뿐만 아니라 관광서비스 상품의 내용과 품질, 그리고 관광수요의 질과 양 등 실로 다양하다. 이처럼 가격결정의 요인은 복잡하므로 복합적인 요인을 종합적으로 검토한 후에 가격을 결정해야 하는데, 관광서비스 상품의 가격결정에 영향을 미치는 주요 요인을 살펴보면 다음과 같다.

1) 관광서비스 상품의 품질

관광서비스 상품의 매가는 관광서비스 상품의 인기도와 관광서비스상품의 독특성 또는 품질에 따라 다르게 결정된다. 따라서 여기에서는 가격정책에 의해 결정되는 관광서비스 상품의 품질이라기보다는 관광서비스 상품의 품질에 의해 결정되는 가격정책이라 말하는 것이 더 타당하다.

2) 관광시장의 특성

관광서비스 상품의 가격결정시에 고려해야 할 또다른 요인은 관광시장의 특성이다. 관광시장의 규모, 패키지투어에의 참여빈도, 관광서비스 상품 가격에 대한 관광객의 반응 등이 바로 그것이다. 특히 패키지투어에의 참여빈도는 여행업자의 이익률에 영향을 미치므로 그것은 가격설정에 직접적으로 영향을 미친다고 볼 수 있다.

3) 여행수요의 탄력성

관광시장의 수요탄력성은 관광상품 가격의 결정에 지대한 영향을 미친다. 수요탄력성은 소득탄력성과 가격탄력성으로 구분된다. 전자는 수요변화율·소득변화율로, 후자는 수요변화율/가격변화율로 각각 표시된다.

소득수준과 문화수준이 높고 여가지향적인 생활습관이 정착되어 있으면 높은 가격을, 그리고 탄력성이 큰 경우에는 저가격을 설정하는 것이 현명한 방안이 된다. 이와 같은 수요탄력성을 지역별로 측정해낼 수만 있다면 예상 관광수요량과 관광수요의 성장률도 추정해낼 수 있을 것이다.

(2) 관광서비스 상품의 가격설정 유형

1) 원가중심적 가격설정

가장 단순한 가격설정 방법인 이것은 과거부터 널리 이용되어온 것으로, 투어 오퍼레이터(tour operator)와 여행도매업자의 매가 결정시에 가장 많이 적용되고 있다. 그리고 이 방법은 과거 수년간의 판매실적 또는 업체의 관례가 되고 있는 일정 이익률을 곱해 매가를 결정하는 방법이다.[11)]

관광기업이 이 방안을 채택하면 가격경쟁의 최소화와 관광서비스 상품의 가격과 서비스 원가간의 연계가 가능해져 가격결정이 용이하고, 관광서비스 수요의 변동에 따른 빈번한 가격조정이 불필요하며, 관광객은 공정한 가격이라 인식할 수 있다는 장점이 있다. 그러나 이 방법은 관광서비스 수요와 경쟁관계를 고려하지 않는다는 단점이 있다.

---

11) 여행사는 주로 이러한 코스 플러스(cost plus) 방안을 채택한다. 그것은 여행업자가 여행상품을 생산·판매하지만 생산수단을 소유하고 있지 않으므로 여행상품을 구성하는 주요 부품의 가격, 즉 항공좌석 및 호텔객실 요금 등에 크게 의존해야 하기 때문이다. 그러나 한편 여행사간의 경쟁관계가 심화되고 있는 오늘날의 시장환경에는 투어가격을 미리 설정하고 역산해서 생산원가를 조정하는 코스트 플러스 방안이 원용되기도 한다.

2) 경쟁 관광기업의 상품가격을 기준한 가격결정

여행사의 경우 자사의 패키지 투어 상품과 유사한 상품이 여행시장에서 판매되고 있으면 강한 경쟁력을 가진 여행사가 아닌 이상 이것을 무시하고 독자적인 가격을 설정하기 힘들다. 이럴 때 경쟁력 약한 여행사의 가격은 경쟁력이 강한 여행사의 가격을 모방하는 것이 보통이므로 이것을 모방적 가격결정이라 한다.

여행상품의 모방 용이성에 더해 여행상품의 가격모방 용이성도 존재하는 셈이 된다. 즉, 경쟁 여행사의 가격을 기준으로 삼아 경쟁 여행사의 여행상품, 여행시장의 구조 및 기타 비가격적 요인의 약점을 자사 여행사의 그것과 비교하면서, 때로는 경쟁 여행사보다 저렴한 가격을 결정하기도 하고 비싼 가격을 책정할 수도 있다.

이 경우에는 다음 수순을 밟는 것이 바람직하다.

- 경쟁 여행상품에 대한 철저한 정보수집
- 냉정한 자세에서 자사 여행상품과의 비교
- 합리적인 예상매출 이익률의 산출이다.

이상의 방안 중 어느 방법에 의하든 여행사는 적절한 이윤확보가 가능하고, 여행객들도 기꺼이 여행요금을 지불할 수 있는 투어가격을 책정·제시하여야 한다.

(3) 관광서비스 상품의 가격전략 대안

관광서비스 상품의 가격은 고가(高價) 지향적이어서도 곤란하지만 그렇다고 저렴한 가격만이 능사가 아니다. 그러므로 이용객의 입장에 적합한 수준의 가격과 서비스의 제공이 바람직하다.

관광서비스 상품의 가격은 관광객의 구매결정에 영향을 미치는 주요요소이므로 탄력적인 가격전략의 구사는 관광시장에서 관광서비스 상품의 수요와 공급을 조정한다.

관광서비스 상품의 가격전략을 전개함에 있어 유념해야 할 사항은 경쟁 관광기업의 가격정책, 관광수요와 예상관광 수요량, 타관광기업과의 경쟁력, 그리고 관광시장에서의 자사의 지위 등을 정확히 평가하는 일이다.

1) 관광서비스 상품의 종류에 따른 차별화 가격전략[12)]

관광기업은 관광서비스 상품을 구성하는 각종 소재와 서비스 수준을 향상시킴으로써 관광객의 구매동기를 충족시키는 고가격전략(高價格戰略)을 구사할 수 있다. 이 전략은 유사한 관광상품에 비해 비록 비싼 관광비용을 지불하더라도 거기에서 높은 서비스 품질의 제공을 기대하고 자기만족을 최대한 느끼려는 고소득층 이용객을 흡수할 수 있는 강점이 있다.

즉, 이들이 이용하게 될 항공좌석과 호텔의 객실등급을 격상시켜 관광객들이 격조 높은 객실 분위기를 느끼도록 배려하는 한편, 각종 차별화된 개인 서비스(personal service)를 그들에게 제공하여 자기만족과 위상을 만끽하도록 하는 것이다.

그들에게는 관광서비스 상품의 품질이 1차적인 관심이고, 가격은 2차적인 관심이 되어 비교적 가격탄력성이 낮으므로 이 고가격전략은 그들에게 높이 소구될 수 있다.

관광기업이 고소득층 유치용 가격정책[13)]을 실행하면 다음과 같은 장점

---

12) 일반적으로 가격차별(price discrimination)이라 함은 세분시장의 성격에 따라 가격을 달리 설정하는 것을 의미한다. 이러한 가격차별은 실시에 앞서 선행되어야 할 조건이 있다. 첫째, 상이한 세분고객은 반드시 상이한 가격에 반응해야 한다. 즉 차별가격에 대해 구매하려는 고객이 없다면 그 가격차별정책은 성공할 수 없다. 둘째, 각 세분고객은 분리될 수 있어야 하며 활용하기에 충분히 커야 한다. 셋째, 소비자가 한 세분시장에서 상품을 구매하고 그것을 다른 세분시장에 재판매할 수 없어야 한다. 즉 A항공시장의 항공권은 10만 원인데, B시장에서는 11만 원일 경우, A항공권을 B시장에서 다시 팔 수 없어야 한다는 것이다. 넷째, 가격차별전략을 시행하는 데 소요되는 원가는 이로 인해 얻을 수 있는 수익의 증가분을 초과해서는 안 된다.

13) 위신가격결정(prestige pricing)으로 가격이 높은 경우에 그 서비스의 품질이 고급이라고 인식되

을 갖게 된다.

첫째, 고품질의 관광서비스 상품을 희구하는 고객에 대해 상품선택의 폭을 넓혀준다.

둘째, 고가격전략의 구사는 관광객에게 고품질의 관광서비스 상품이라는 인상을 강하게 주입시킬 수 있으며, 관광기업의 광고를 신뢰하게 만들고, 또 이를 정당화시킨다.

2) 관광시장의 지위에 따른 차별화 가격전략

관광기업의 가격전략은 시장에서 위치하는 시장지위에 따라 변화되어야 한다.

관광시장에 먼저 진입하여 타관광기업보다 상대적으로 유리한 입장에 있고, 또 가격결정면에서도 리더십(leadership)을 발휘할 수 있는 관광기업은 가격전략의 선택 폭도 상대적으로 크다. 그러나 시장에 늦게 진출하고 시장지위도 낮은 후발 기업은 목표시장에 대한 침투 기도와 시장점유율의 제고가 당면과제이므로 저가격전략을 구사하는 것이 효과적일 때가 많다.

관광기업이 이러한 저가격전략을 구사하면 가격인하에 민감한 관광목적의 여행객들을 유치하기 쉬운 장점이 있으나 싸구려 관광상품을 취급하거나 열악한 서비스를 제공하는 조악한 품질의 관광상품이라는 인상을 이용객에게 심어주기 쉽다는 단점도 아울러 갖는다.

그러나 이 저가격전략은 다분히 시장개척을 염두해두고 있기 때문에 지속적인 신규 고객의 확보가 전제되므로 결코 내용면에서 조악한 것이어서는 안 된다. 그리고 이 저가격전략은 관광기업이 일단 의도한 바의 시장확보가 어느 정도 달성되었다고 판단되면 경쟁가격의 수준으로 인상・조정하여야 한다.

어지는 경우이다.

3) 계절적 조건에 따른 차별화 전략14)

관광서비스 상품의 가격전략 전개는 관광시장의 규모나 계절적인 조건에도 부합되어야 한다. 가격 메커니즘(price mechanism)이 관광서비스 상품에서처럼 철저한 수급의 원리에 작용되는 경우도 드물 것이다.

관광수요의 계절적인 변동의 진폭을 감안하여 관광기업은 성수기에는 할인 없는 가격을 수령하고 비수기에는 탄력적인 가격을 설정·운영함으로써 관광수요를 환기시키는 차별가격 전략을 구사할 수 있다. 이것이 곧 계절에 따라 발생하는 불규칙적인 관광서비스 상품의 수요를 완화시키는 동시화 마케팅(synchro marketing)의 일환이다.

또한 관광시장만큼 기후조건과 기업들의 휴가시기, 그리고 전통적인 여행습관에 얽매이는 것도 그렇게 많지 않을 것이다. 관광시장은 성수기와 비수기가 확연히 구분되어 관광객들의 이동차이가 완연한데, 이러한 현상은 관광서비스 상품이 무한히 승수화할 수도 저장할 수도 없다는 이유 때문이라기보다는 오히려 제한된 수용력으로 인해 발생하는 현상이라 보는 것이 타당하다.

이렇게 보면, 성수기에는 수용능력의 부족현상이 일어나는 반면에 비수기에는 수용력이 남아돌아가는 수급 불일치 현상이 나타나게 된다. 그리하여 성수기에는 판매시장이 지배력을 발휘하는 반면에 비수기에는 구매시장이 지배하는 현상을 보여주게 된다. 이러한 상황에 처하면 성수기

---

14) 이는 관광서비스의 이용시간 및 구매시간에 따른 가격차별화이다. 관광서비스는 제품에 비해 고정원가의 비중이 상대적으로 크기 때문에 수요, 공급을 일치시키는 노력이 무엇보다 요구된다. 따라서, 수요에 맞게 공급능력을 탄력적으로 조절하는 것이 중요하다. 그리하여 관광기업은 비수기에 호텔객실, 항공권, 그리고 여행패키지의 요금을 할인하여 공급이 모자랄 때의 수요를 공급이 충분한 시간대로 이동시킴으로써 수요에 대한 공급량을 조정할 수 있다. 뿐만 아니라 여행객에 따라 관광서비스를 이용할 이용시간대가 상이하면 가격민감도도 다를 수 있기 때문에 여행객의 가격민감도에 따라 가격을 차별화하여 수요를 조절할 수도 있다. 그리고 예약 및 항공권 구매시가에 따른 가격차별화 전략은 전통적으로 호텔과 항공사가 이용하는 대안이다. 단체예약은 호텔과 항공사에게 확실한 수요를 보장하지만 저렴한 가격으로 좌석과 객실을 제공해야 하는 불리점도 있다. 예컨대, 호텔의 경우 워킹고객(walking passenger)에게는 객실요금 전액을 수령한 뒤에 객실을 대여해줄 수 있으나 미리 예약을 한 단체고객에게는 높은 가격을 요구할 수 없다. 그러나 단체예약의 경우 예약취소로 인해 수용가능 좌석과 객실을 쓰지 못할 수도 있는 위험성이 있다.

에는 이용객이 판매자의 가격을 수용하지 않을 수 없게 되고, 비수기에는 반대로 이용자의 가격이 도입된다.

이처럼 관광수요의 계절적 편재현상에서 나타나는 비수기에 대처하고 유휴시설(遊休施設)의 가동률을 높여 경영수익을 제고시키려는 것이 계절적 차별화 가격전략이라 할 때, 관광기업도 이 가격차별화 전략을 전개하면 성수기에는 수요와 공급의 조절이 가능해지고 비수기에도 수요를 환기시킬 수 있게 될 것이다.

5 호텔의 객실요금 결정방법의 사례와 대안

가격을 결정하여 운영해야 할 상황은 모든 관광기업에 동일하게 적용된다. 그러나 여기에서 호텔을 예로 들어 설명해보기로 한다.

(1) 객실요금의 결정요소

객실요금의 최적결정은 다음에서 자세히 설명될 내외적 요소를 충분히 반영하고, 그것들이 잘 조합된 형태의 것을 의미한다.

1) 내적 결정요소[15)]

내적 결정요소에는 호텔시설에 대한 투자이익(Return of Investment : ROI)의 달성률을 고려한 자본투하 원가, 수익을 발생시키지 않는 시설, 서비스 등의 경비회수, 간접비용, 그리고 고객에게 제시하는 할인요금[16)]

15) Tom Power, *Marketing Hospitality*(N.Y. : John Wiley & Sons, 1996), pp.201~202, 호텔 전체의 관리문제와 관련되는 인사, 기술부문의 경비, 판매촉진비 등이 여기에 포함된다.

16) 호텔이용객들의 대응조건에 따라 객실료가 결정되는 경우도 있는데 그것에는 단체요금(group plan rate), 패키지 요금(package plan rate), 가족할인요금(family plan rate) 등이 있다.

등이 포함된다.

① 자본투하 원가

호텔경영의 기본목표는 고객들의 만족에 의한 이용증대와 투하자본에 대한 만족스러운 수익획득이다. 이 수익획득이 바로 호텔의 목표수익 기준가격법[17]의 토대를 형성하므로 비록 판매고가 증가하더라도 투하자본에 대한 이익을 발생시키지 못한다면 그것은 아무 의미가 없다.

따라서 호텔의 건물, 정원, 주차장, 공공시설, 로비의 장식 등에 투입된 비용은 총투자액에 대한 적절한 보상체계로 객실요금에 산정되지 않으면 안 된다.

② 직접 수익을 창출시키지 않는 시설과 서비스

호텔 이용객들이 쾌적한 제재와 만족스런 경험을 갖게 하는 데 기여하는 각종 시설과 서비스, 즉 엘리베이터, 꽃장식, 경비(guard), 하우스키핑(house keeping), 그리고 호텔의 유지 및 관리 등으로부터 발생하는 원가도 당연히 객실요금에 반영되어야 한다.

2) 외적 결정요소

이 요소에는 시장점유율 및 경영정도 등을 포함하는 시장상황인 경쟁요인과 객실수요의 탄력성이 주된 관심사가 되는데 여기에서는 객실 수요의 탄력성[18]에 대해서만 검토한다.

미세한 객실요금의 변동이 객실 수요량에 상당한 영향을 미칠 때 우리는 객실수요의 탄력성이 있다고 말한다. 호텔에서 만약 객실요금을 인하한 결과 결실(결실)수요가 증대되면 탄력적인 수요가 발생한 것이 입증된다. 그러나 호텔 객실은 범위의 이동률이 적용되기 때문에 무한정 이

17) 이익지향성 가격설정 목표의 대표적인 이용공식이 후바트 공식(Hubbart Foumula)이다.

18) M.L. Kasanana, *Hotel Information System*(N.Y : CBI, 1997), pp.28~29.

러한 객실수요의 탄력성을 기대할 수가 없다. 이에 따라 객실요금의 수준은 계획적인 가격산정 방법에 의해 결정하는 것이 바람직하고, 그것은 호텔의 신뢰도와 이미지를 제고시키는 데에도 기여한다.

(2) 객실요금의 결정방법

과거에는 객실요금의 결정을 경쟁업자의 현재가격을 기초로 하는 경쟁업자 모방방법, 경영자의 직관에 의해 직관적 가격설정, 그리고 일정폭의 이윤추구 관습을 가격설정에 이용하는 주먹구구식 가격결정[19]에 주로 의존하였다.

1) 후바트 방식[20]

이 방식은 이익지향적 가격설정 목표에 기초한 것으로, 요구되는 투자이익(ROI)을 달성하기 위해 필요한 최소한의 평균객실요금을 산정하는 방법이다. 후바트 공식은 다음과 같다.[21]

$$\text{평균객실요금} = \frac{\text{예측되는 연간총경비} + \text{목표투자이익}}{\text{예측되는 판매객실수}(\text{객실수} \times \text{예측가동률}) \times 365}$$

즉, 이 공식은 기대되는 투자회수를 위해 객실요금은 어떤 수준에서 결정되어야 하는가를 구체화해주고 있다.

<사례 9-1>는 후바트 공식을 사용하는 절차를 보여주고 있다. 여기서는 여행상에 대한 수수료와 특별 목표시장에 대한 할인은 포함하고 있지 않으나 최종적으로 공시가격(published rate)을 설정할 때에는 이 두 요소

19) 이의 예로서 호텔 총공사비의 1/1,000이 일일 평균객실료가 된다는 하워즈 방식(Howarth Method)이 대표적이다.

20) Jerome J. Vallen, *Check In, Check Out, Principle of Effective From Office Management*(Iowa : Wm. C. Brown Publishers, 1995), pp.133～134.

21) M.L. Kasanana. *op. cit.*, p.32.

도 고려해야 한다. 그리고 목표수익률이 계산되었더라도 경쟁업자의 가격, 기업의 이미지, 그리고 포지셔닝의 목표에 따라 다소 조정될 수도 있을 것이다.

사례 9-1 후바트 공식의 기초과정

	기대되는 세후 투자회수
+	소득세
	이자
	보험료
	재산세
	감가상각비
	일반 관리비
	마케팅 비용
	에너지 비용
	설비운용 유지비
-	식음료부분 수익
	전화부분 수익
	기타부문 수익
+	식음료 지출
	전화비용
	기타부분 비용
	요구되는 객실이익과 일치
+	객실당 비용
	요구되는 객실수익
	총예정 판매객실 수
	할인 및 수수료 제공전의 평균객실요율

* 자료 : A.M. Morrison, *Hospitality and Travel Marketing* (New York : Delmar Publish), 1998, p.461

이 방식은 객실이용률, 임대료, 부대업장의 이익, 미래비용 등을 정확히 예측할 수만 있다면 가장 타당한 객실요금 산정방법이 된다.

2) 1,000달러에 대한 1달러의 가격 지도제[22)]

이 방법은 호텔건물을 짓는 데 소요된 투자액과 객실요금의 설정간에는 직접적인 관계가 있다고 보고 건물원가 1,000달러에 객실요금을 1달러로 책정하면 바람직하다는 경험법칙에 근거해서 적용하는 최근의 것이다.

그러나 이 경험적 방법이 정확히 활용되려면 다음과 같은 요건을 만족시켜야 한다.[23)]

첫째, 호텔규모는 몇 백 개 이상의 객실을 보유한 대형호텔이어야 한다.

둘째, 호텔 내부의 임대업소를 많이 배치하여 그곳으로부터 충분한 임대료를 수령함으로써 그 임대료로 호텔 신축에 소요된 자금, 즉 은행에서 빌린 융자금에 대한 이자 지불과 부동산 세금납부를 상당 부분 커버할 수 있어야 한다.

셋째, 식음료부서의 수익금이 전체 호텔운영에 필요한 비용을 상당 부문 커버할 정도로 많아야 한다.

넷째, 연간객실 점유율이 평균 70% 수준을 유지해야 한다.

이 방안도 전통적인 건축원가와 현재의 자산원가(資産原價)를 포함한 현재비용을 무시하고 객실요금을 설정하는 단점이 있다. 이에 따라 이 방법의 모든 결점을 보완하기 위해 수년 전 미국호텔협회에서 개발한 것이 역산방법(逆算方法 : bottom up)이다.

---

22) Jerome J. Vallen, *op. cit.*, pp.134～135

23) Janet D. Carrol, "Discounting Hotel Rack Rates", *Cornell Hotel & Restaurant Administration. Quartely*, August, 1986, pp.13～14.

3) 역산방법[24)]

사 례 9-2 역산방법에 의한 A호텔의 객실요금 책정

50개의 객실규모를 가진 휴양지 호텔인 A호텔이 총비용을 커버하기 위한 연간 총 판매 예상수익률을 600,000,000원, 그리고 예상 객실이용률을 80%로 하였다면 객실 판매 수는 50×80%×365 = 14,600이어야 한다. 이에 따라 A호텔은 객실판매 수에 근거해서 평균객실요금을 '예산판매액 600,000,000÷객실판매 수(14,600) = 41,096원' 41,100원으로 설정 · 제시하였다.

위 예와 같은 방법으로 객실요금을 설정하는 것이 역산방식(bottom up)이다. 위 등식에서의 41,100원은 평균객실요금이지 특정객실유형에 대한 요금은 아니다. 그러므로 호텔마케팅 책임자는 이 평균객실요금을 기초로 해서 객실의 규모 · 장식 · 전망, 그리고 위치에 따라 요금을 적절히 설정할 수 있을 것이다.

(3) 객실요금의 전략대안

호텔은 객실요금 전략으로 할인 및 차별요금을 설정하거나 촉진요금을 적용함으로써 시장상황에 적극 대응할 수 있다.

1) 할인요금 및 차별가격[25)]의 적용

호텔은 첫째, 선정된 고객집단, 예컨대 컨벤션(convention) 또는 인센티브 투어(incentive tour) 참석자들 및 노년층 고객들에게 보다 높은 할인율을 적용한다.

---

24) Besty Fay, *Essential of Tour Management*(N. J. : Prentice Hall, 1998), pp.123～134

25) 할인가격 설정(price discounting)은 관광·숙박업에서 흔히 행하여지는 가격관행의 하나로, 공표된 가격 이하로 상품을 판매하거나 서비스를 제공하는 것이다. 반면 차별가격 설정(discriminary pricing)은 특정고객들에게 보다 낮은 가격으로 상품과 서비스가 제공되는 것이다.

둘째, 리조트 호텔(resort hotel)에서 바다 쪽으로 창(窓)이 난 객실은 높은 요금을 부과하는 것처럼 호텔 시설물과 서비스의 입지에 따라 가격을 차별화시킨다.

셋째, 시간적 변동에 따라 요금적용을 차별화할 수 있다. 대부분의 호텔들이 제공하는 주말 패키지(weekend package)는 이의 전형적인 예이고, 비수기의 할인가격의 제공도 이에 해당한다.

호텔의 객실요금산정에 있어 비수기의 이용객은 단기한계비용만을 부담하게 하고, 성수기의 이용객은 성수기의 수요를 위해 필요한 장기한계비용을 부담하게 하는 피크 로드(peak load)[26] 가격방식도 할인 및 차별가격의 한 형태가 된다.

2) 초진가격의 운용

호텔은 일시적인 판매증대를 자극하기 위해 단기의 가격할인을 제공하거나 보통요금에 부차적 서비스 또는 판촉수단을 동원함으로써 실질적인 할인가격을 제공할 수도 있다. 이의 예로써 호텔은 객실요금과 별도로 이용료를 수령했던 사우나 및 헬스클럽의 이용비용을 일시적으로 무료로 하는 경우이다.

---

26) 피크로드(peak load) 가격결정은 재고가 불가능하고 수요가 유동적이며 높은 고정비율이 드는 제품에 대한 가격결정이론이다. 호텔의 객실은 이 이론의 적용대상에 부합되는 조건을 갖추고 있다. 호텔은 성·비수기의 수요에서 큰 차이가 나므로 비수기에 맞춰 객실을 준비하면 수요에 부응할 수가 없고 성수기에는 그 반대현상이 일어난다. 그러하여 성수기에 부합되도록 객실을 증설하면 고정비의 부담과 함께 비수기에는 기회비용을 감내해야 한다. 이 경우 성·비수기에 이용객이 부담해야 하는 가격은 상이해질 수밖에 없고 비수기에는 단기한계비용만 부담하게 되고 성수기에는 장기한계비용을 이용객이 부담해야 한다. 이 원리는 관리경제학에서 "효율적인 자원배분은 한계비용에 의해 이루어질 수 있다"고 한 논리에 부합된다.

chapter 10

관광상품의 촉진관리

- 1. 관광기업에서의 촉진의 의의 및 역할과 목표
- 2. 커뮤니케이션과 관광객의 구매과정
- 3. 커뮤니케이션의 관리과정

1 관광기업에서의 촉진의 의의 및 역할과 목표

(1) 관광기업에서의 촉진의 의의와 수단

관광기업이 아무리 좋은 서비스 상품의 개발과 매력적인 가격의 설정, 그리고 고객이 이용하기 편리한 유통경로를 형성해서 판매하더라도 이용객이 자기업(自企業)과 자사 상품에 대해 갖는 인상과 이미지를 관리하지 않으면 성공하기 어렵다. 그러므로 관광기업은 시장에 자사 상품뿐만 아니라 기업활동을 의도적으로 전달하는 촉진자의 역할을 수행해야 한다.

이러한 촉진자의 역할을 효과적으로 수행하기 위해 관광기업은 광고, 판매촉진, PR, 인적 판매 등 다양한 마케팅 커뮤니케이션 수단을 동원·활용하는데 이하에서는 그것들에 관해 논의할 것이다.

1) 광 고

광고는 관광기업이 서비스나 아이디어를 제시하거나 촉진하기 위해 비용을 지불하는 비개인적 형태의 커뮤니케이션을 총칭하는 말이다. 광고에는 인쇄 및 방송매체를 이용한 광고, 옥외광고 등의 다양한 유형이 있다.

2) 인적 판매

이것은 관광기업의 서비스 상품을 판매할 목적으로 기존 및 잠재관광객에 대한 판매 프리젠테이션(sales presentation), 또는 대화 등의 개인적 커뮤니케이션을 말한다. 관광기업은 이처럼 인적 판매를 통해 자사의 서비스의 내용과 특성을 잠재관광객들에게 이해시킬 수 있고, 관심을 증대시켜 구매상태까지 유도할 수 있다.

3) 판매촉진

판매촉진은 관광기업이 자사 상품에 대한 판매를 촉진시키기 위해 사용되는 단기적인 동기부여 수단의 일체를 의미한다.

4) PR

PR은 관광기업이 자사의 이미지를 제고시킨다든지, 자사에 대한 호의적인 평판을 얻거나 비우호적인 평판을 제거 내지 완화시키려는 커뮤니케이션 활동을 전개하여 자기업과 직·간접적으로 관련이 있는 여러 유형의 집단들과 좋은 관계를 유지해나가는 것을 말한다.

관광기업이 촉진활동을 전개해나가는 데에는 물론 효과적인 촉진믹스가 가장 중요한 요소이지만 마케팅믹스의 다른 요소들도 매우 중요한 커뮤니케이션 수단이 된다. 그 예로서 신라호텔은 신문광고나 판매원의 인적 판매 등이 촉진활동뿐만 아니라 호텔 서비스의 품질, 가격, 외교정상들의 숙소 및 회담장소로서의 사용 등에 이르는 모든 것들이 정보를 잠재 및 현재 이용객들에게 제공함으로써 촉진수단의 역할을 수행해주고 있다.

따라서 관광기업이 일정한 목표를 달성할 수 있는 효과적인 마케팅 커뮤니케이션 프로그램의 수립과 실행에 성공할 수 있으려면 촉진과 서비스·가격·유통의 마케팅믹스가 통합적으로 조화를 이룰 수 있도록 세심한 주의를 기울이지 않으면 안 된다.

(2) 관광기업의 촉진목표

이처럼 관광기업의 의도적으로 관광시장에 정보를 전달하는 활동을 촉진 또는 마케팅 커뮤니케이션이라 하고, 이 활동의 궁극적인 목적은 고객의 행동수정(行動修正)을 유도하여 판매촉진을 도모하는 데 있다. 그러므로 촉진의 본질은 정보전달에 있고, 광고, 인적 판매, 판매촉진, 홍보 등의 수단을 활용해서 공중(公衆)에게 알리고 설득하며 상기시킴으로써 목적 달성이 가능해진다.

1) 정보제공적 촉진

이상과 같은 관광기업은 촉진활동 목적 중에서 먼저, 정보제공적 촉진(information promotion)은 근본적으로 본원적 수요를 유발시키려는 데 있다. 관광객은 관광서비스 상품의 구매로부터 얻게 될 편익을 알아야만 그것을 구입할 것이므로 이 목적이 가장 기본이 된다. 이에 따라 이 촉진은 신규호텔의 경우, 자사가 여행시장에 알려지는 시기인 상품 수명주기상의 도입단계에서 중시된다.

2) 설득적 촉진

다음, 설득적 촉진(persuasive promotion)은 잠재관광객의 구매반응을 직접 유도하려는 데 있지 않고 장기적으로 그들의 행동에 영향을 미쳐 긍정적인 이미지의 형성과 구매의욕을 자극하려는 데 그 목적[27]이 있다. 따라서 이 설득적 촉진은 상품 수명주기상의 성장기에 효과적이다.

관광서비스 상품이 성숙단계에 진입하면 잠재관광객의 머릿속에 기업이름이나 상표 이름을 기억시켜야 하기 때문에 상기적 촉진기법이 효과를 거둘 수 있다. 물론 이때에는 목표 오디언스(target audience)가 설득되었다고 가정한 경우이다.

---

27) 이 경우 설득이라는 용어보다 관광객의 주체성을 감안해서 동조를 얻는 것이라 보는 것이 타당하다.

3) 행동수정의 유도

마지막으로, 촉진 메시지는 관광객의 행동과 생각을 수정하거나 기존 행동을 강화시키는 행동수정(behavior modification)을 유도하여 커뮤니케이션의 목적을 달성한다. 관광객이 특정 관광기업에 대해 좋은 이미지를 가지고 있거나 해당기업의 서비스 상품을 구매하려고 동기 유발된 경우가 해당된다.

〈표 10-1〉 관광기업의 촉진목표

정 보 전 달
-시장에 새로 도입된 서비스에 대한 인지 창조(예 : 신규 운항노선, 유람여행 패키지, 호텔 메뉴 등의 고지) -새로운 서비스의 특성 설명 -고객 및 기타 대중들에게 가격변경 사실을 고지 -제공 서비스에 대한 잘못된 인식 수정 -새로운 목표시장에 소구 -서비스의 구매에 대한 고객의 의구심과 두려움 해소 -관광기업의 이미지 구축 및 제고
설 득
-서비스의 대한 고객 선호의 증대 -기업이나 상표에 대한 고객 애호도(loyalty)의 증가 -경쟁업자의 서비스를 이용하는 고객들을 자사상표로 이용하도록 고무 -고객들로 하여금 서비스를 지금 또는 가까운 미래에 구매하거나 예약하도록 설득 -제공 서비스의 유형과 질에 대한 고객 지각의 변화
상 기
-고객의 서비스를 구매 또는 예약할 수 있는 장소를 상기시킴 -특정 시설이나 서비스가 자기 기업에만 고유하다는 사실을 상기시킴 -고객들이 언제 서비스를 예약해야 하는가를 상기시킴 -서비스의 존재 자체를 고객에게 상기시킴

* 자료 : A.M. Morrison, *Hospitality and Travel Marketing*(New York : Delmar Publishers, 1998), p.328.

2 커뮤니케이션과 관광객의 구매과정

(1) 관광객의 관광서비스 상품 구매과정과 관광지 선택

관광기업이나 관광지가 잠재관광객들에게 잘 알려져 있으면 판매하기가 훨씬 쉽다. 그것은 국제관광지로서 영국 런던과 우리나라의 부산과의 비교에서 잘 입증된다.

관광객은 여러 단계를 거쳐 관광서비스 상품과 관광지를 구매하거나 선택하는데 각 단계에서 촉진 또는 커뮤니케이션이 미치는 영향력과 그 관계를 살펴보면 다음과 같다.[28]

1) 관심과 인지

관광객의 관광상품 구매에는 여러 단계를 거치므로 현명한 관광기업 마케터는 그들의 구매과정 각 단계에서는 상이한 커뮤니케이션 전략이 요구됨을 인식하고 있다.

<표 10-2>는 관광객의 구매과정 각 단계에 관한 여러 학자들의 견해를 정리한 것이다. 예컨대, 잠재관광객이 전혀 정보가 없는 관광지를 방문할 것인가를 결정해야 할 때에는 그곳을 잘 알지 못하므로 주저할 것이다. 따라서 관광지는 이러한 잠재관광객들에게 존재를 알리고 관심을 유발시켜야 한다. 이때 커뮤니케이션의 1차적 기능은 잠재관광객의 관심을 환기시키는 데 있고, 이때 광고가 가장 효과적인 수단이 된다.

---

28) Crissy, W.J.E., R.J. Boewadt, and Dante Laudadio, *Marketing of Hospitality Services : Food, Lodeing, Travel*(East Lansing, MI, The Educational Institute of the American and Association 1995), p.95

〈표 10-2〉 관광객의 커뮤니케이션에 대한 반응체계

하워드 세스	맥다니엘 크리시	맥다니엘	AIDA	IUOTO
관 심	인 지	인 지	관 심	미 지
이 해	관 심	지 식	흥 미	인 지
태 도	평 가	좋아함	욕 구	이 해
의 도	시 도	선 호	구 매	확 신
구 매	채 택	확 신		구 매
		구 매		

＊자료 : John Howard and Jagdish N. Sheth, *Theory of Buyer Behavior*(New York : John Wiley & Sons, Inc., 1989), p.96. W.J.E. Crissy, Robert J. Boewadt, and Dante M. Laudadio, *Markertiong of Hospitality Service : Food, Loading, Travel*(East Lancing, MI, The Educational Institute of the American Hotel and Motel Association, 1995), pp.94~95. Carl Mcdaniel, Jr., *Marketing An Integrated Approach*(New York, Harper & Row, 1979), pp.170, 343~354. *IUOTO, Study and Analysis of the Long-Team Effectiveness of Promotional Campaigns and Other Tourists Publicity and Advertising*, undated.

2) 지식과 이해

구매과정의 다음 단계에서 촉진이 추구하는 것은 잠재관광객들이 목표지향적이 되도록 만드는 일이다. 촉진활동의 결과, 잠재관광객들의 관심이 자극되면 그들은 관광지에 관한 정보를 더욱 추구하게 될 것이다. 그들이 정보탐색에 열중하는 이유는 관광지를 방문하여 배울 것이 무엇이며, 또 그것이 자신에게 어떤 의미가 있는가를 파악하기 위함이다.

이때 커뮤니케이션의 강조점은 정보제공에 있고, 커뮤니케이션의 과제는 그들에게 직접적이며 충분한 정보를 제공하는 일이다. 광고는 이 단계에서도 역시 중요하며, 어떤 매체를 활용할 것인가에 따라 효과는 달라진다.

매체선정(choice of media)은 다양한 정보전달이 가능한 것이어야 하는데 브로슈어(brochures), 소책자(folder), 잡지, 그리고 신문은 대량정보의 전달수단이 되므로 유용하지만, 라디오와 TV는 이 단계에서는 효과적이지 못하다.

그리고 이 단계에서 관광지는 잠재관광객들에게 제공할 수 있는 편익을 구체적으로 제시하는 것이 중요하다. 왜냐하면 관광지가 방문예정자에게 전달될 편익을 강조하면 그들은 그것을 잘 지각하기 때문이다.

3) 태도와 선호

이 단계에서 잠재관광객들은 관광지에 대한 선호감의 형성, 관심표명, 태도 개발 등이 이루어지는데 이때 촉진의 목표는 다음에 모아진다.

첫째, 기존의 긍정적 태도는 더욱 강화시키고 부정적 태도와 이미지는 변화시킨다. 이럴 때 긍정적 태도는 부분적으로 특정관광지를 방문하려는 개인의 성향과 소질의 영향을 받는다.

둘째, 관광지의 편익이 잠재관광객의 욕구에 적합한 것인가를 결정하는 데 필요한 정보를 제공해주고 그들의 관심도 유도한다.

태도는 학습된 것이고, 그것들이 서로 응집되어 한 구조를 형성하기 때문에 장기적으로 안정성을 갖는 경향이 있으며, 그것이 오래될수록 보다 강력해지거나 변화에 대한 저항력은 더욱 심화되므로 촉진활동을 통해 잠재고객의 태도와 선호의식을 강화시켜야 한다.

4) 평가와 욕구

잠재관광객은 여러 대안을 평가한 후 관광지에 대한 선·불호감을 가지면서 욕구를 개발하는데 이 단계에서는 타인의 의견과 자신의 경험이 많은 영향력을 발휘한다.

<표 10-3>은 해외여행 조건을 갖춘 특정국의 국민들을 대상으로 해외여행 참여의향을 묻는 물음에 대한 대답을 백분율(%)로 나타낸 것이다. 따라서 이 자료는 바로 설문대상국 국민들의 해외여행 구매성향을 나타내준다.[29]

---

29) American Express "V.P. Delineates Profile of the International Traveler", *Travel Weekly*, April, 1999, pp.65~66.

〈표 10-3〉 해외여행 희망 퍼센트

국 가	해외여행 희망 퍼센트
프랑스·호주	89%
캐나다	87%
멕시코·영국	73%
미국	72%
독일	64%
브라질	56%
남아프리카	54%
일본	46%
인도	16%

＊자료 : *Travel Weekly*, May, 1999, pp.73～79

<표 10-3>에서 호주 및 프랑스의 국민 대다수는 구매과정에 접근해 있음을 확인할 수 있다. 이럴 때 광고주는 해당국 국민들이 지각하는 해외여행 방해요소가 무엇인가를 확인하고, 그들이 구매과정 초기단계에 있음이 입증되면 광고효과를 높일 수 있다. 그러나 경제적인 이유로 16%의 국민만이 해외여행을 희망하는 인도 등지에서는 장기간의 정보제공적 마케팅 캠페인을 전개해야 하고, 이때에는 증명광고(證明廣告 : testimonial ad)나 비교광고(比較廣告)가 효과를 거둘 수 있다.

만약 증명광고를 실시할 경우에는 목표 오디언스들이 행동을 모방할 것이라 예상되는 유명인(有名人)을 메시지 전달자로 활용하거나 관광지 방문경험자로서 신뢰성이 있는 인사를 등장시키면 광고효과를 높일 수 있다. 그리고 이 증명광고는 메시지 전달자와 관광지간에 관련성이 많을수록 효과는 증대된다.

그 대표적 예가 하와이(Hawaii)의 선전광고 모델인 제임스 미처너(James Michener)이다. 그는 하와이를 주제로 한 베스트셀러 작가이자 유명인으로, 메시지 전달자의 역할을 훌륭하게 수행했다. 또한 이 증명광고는 안내책자에 게재되어도 효과가 있다. 특정 관광기업의 시설이 신뢰할 수 있는 것이라면 그 시설의 등급과 내용을 안내책자에 광고하더라도 독자들의 이용욕구(利用慾求)를 유도해낼 수 있다.

한편, 비교광고는 특정관광지나 관광기업의 시설이 타관광지나 시설보다 우수하다는 내용의 메시지를 전달함으로써 판매촉진을 유도하려는 데 목적이 있다.

따라서 채택되는 메시지는 관광객들이 중시할 것으로 예상되는 속성에 기초해서 선정・전달하여야 한다. 관광지를 광고할 때의 초점은 경합관계에 있는 관광지보다 속성면에서 확실한 우위성을 확보하고 있다는 것을 명확히 제시하는 일이므로 이 비교광고는 이 단계에서 아주 유효하다.

5) 의도와 확신

이 단계는 잠재관광객들이 관광지나 제공할 편익이 자신들의 기대에 부합될 것이라고 확신하여 거의 구매시점에 와 있는 경우이다. 확실히 구매의도는 실제구매에 선행한다.

다음의 조사결과는 국가별 응답자들이 가장 방문하고 싶은 국가를 나타낸 것인데, 영국 국민의 13%와 이탈리아 국민의 10%가 미국 방문을 희망하였고, 라틴아메리카 국민들도 미국을 가장 가고 싶은 나라라고 응답함으로써 미국은 세계국민들의 제1여행 희망국임이 확인되었다.[30]

이 조사결과로 특정국의 잠재 해외여행 시장의 규모와 그들의 해외여행에 대한 긍정적인 태도를 확인할 수 있다. 이처럼 관광기업 마케터가 각국 국민의 희망여행국을 파악해낼 수만 있다면 개략적인 잠재시장의 규모가 파악되므로 거기에 적합한 커뮤니케이션 전략을 계획하고 실행할 수 있다.

---

30) Armstrong, G.W.A., "International Tourism-Going or Going : The Methodological Problems of Forecasting in Future", June 1992, pp.117～118.

6) 구매 시도, 그리고 실행

만약 잠재관광객이 구매과정의 확신단계에 위치해 있다면 비록 시간문제와 여행경비의 부족 때문에 고심하고 있을지라도 관광동기는 분명 유발되었다고 보아야 한다. 따라서 이때의 마케팅 역할은 이와 같은 제약 또는 방해요소를 식별해내고, 그러한 요인을 약화시키거나 극복할 수 있는 서비스 상품을 개발하는 일이다.

그래서 만약 그들이 경비문제로 어려움에 처해 있다면 저가격의 패키지 투어를 마련해서 제시하면 효과적일 것이다. 즉, 숙박일수를 줄이거나 저렴한 숙박시설의 이용을 내용으로 하는 스케줄의 제시가 효과를 거둘 수 있다.

프로그(Plog)는 후진국의 세분여행시장에 대한 연구로 명성이 높은 학자이다. 그에 따르면 여행사가 책정한 여행비는 실제가격의 두 배 수준[31]이라 지적하고 있어 그러한 성공 가능성을 기대하게 만든다.

또 만약 잠재관광객이 시간부족의 문제를 걱정한다면 여행기간을 최대한 단축시킨 여행상품을 마련하면 효과를 거둘 수 있다. 항공과 크루즈(cruiser)를 연계한 패키지 투어는 시간부족을 느끼는 이러한 계층에 부합되는 최적 여행상품이다.

7) 채 택

구매과정의 마지막 단계가 이 채택단계이다. 이 시점에서 관광객은 반복구매자가 된다. 반복구매가 이루어지도록 유도하려면 최초 관광 참여자들이 좋은 인상을 갖도록 만들어야 하는데, 이때 광고가 최적수단이 된다.

이 단계에서 관광기업이 관광객과 부단히 커뮤니케이션을 해야 하는 이유는 그들이 인지적 부조화(cognitive dissonance)를 느끼기 때문이다.

---

31) Plog Research, Inc, “Increasing Tour Sales to New and Existing Markets”, undated report.

여기서 인지적 부조화란 두 가지 이상의 선택안이 있을 때 한 대안이 선택된 후 일어나는 것으로, 그 선택이 최선이 아닐 수도 있다는 걱정 때문에 발생한다. 그러하여 인지적 부조화의 정도는 관광객의 의사결정에 많은 영향을 미친다.

관광객이 인지적 부조화를 느낄 수 있는 상황을 열거하면 다음과 같다.

- 기각된 대안, 즉 가지 않기로 결정한 관광지가 더욱 매력적일 때
- 관광지와 관광상품의 선택에 관한 의사결정이 매우 중요할 때
- 관광객이 선택한 방문지가 안고 있는 부정적이 특성을 인지했을 때
- 방문하고 싶지 않은 관광지의 수가 증가할 때
- 선택된 관광지가 방문하고 싶지 않은 관광지와 유사한 것으로 인지될 때
- 의사결정이 자신의 생각과 부합되지 않을 때
- 최근에 의사결정이 이루어질 때

휴가여행은 중요한 의사결정이다. 따라서 의사결정이 있은 후에도 이러한 인지적 부조화 현상이 일어날 여지는 많다.

더구나 관광객이 수많은 관광지 중에서 한 관광지를 선택했다면 그 가능성은 더욱 증대된다. 따라서 관광기업 마케터가 이러한 현상에 대처하려면 관광객의 의사결정이 합리적이었음을 빠른 시간 내에 확신시켜주어야 한다.

패키지 투어와 크루즈 여행이 관광객의 관심을 끄는 이유는 바로 여행의 가치와 만족을 확실히 보장하겠다는 광고를 대대적으로 하기 때문이다.

이처럼 광고는 구매를 확신시키는 메시지로서의 역할수행과 함께 관광객들이 관광상품의 구매를 정당화시키는 역할 수행과 함께 관광객들이 관광상품의 구매를 정당화시키는 역할도 수행해야 한다.

요약하면, 전술한 구매과정의 일곱 단계는 ① 인지적(認知的), ② 정동적(情動的), ③ 행동적(行動的) 단계로 단순화시킬 수 있다.

이처럼 여러 단계를 거쳐 관광객은 관광상품을 구매하거나 관광지를 선택할 것이므로 소비자 조사를 통해 대다수의 목표 오디언스가 어떤 상태에 있는가를 파악하고, 그들을 다음 구매단계로 옮기려면 어떤 커뮤니케이션 활동이 적합할 것인가를 결정해야 한다.

관광객은 인지→정동→행동의 순으로 옮겨가는가 하면, 인지→행동→정동으로, 또는 그 반대대로 행동→정동→인지로 옮겨갈 수도 있다. 이처럼 순서가 일정하지 않으므로 각 경우에 부응하는 마케팅 커뮤니케이션이 이루어져야 효과를 높일 수 있다.

어떤 경우든 관광객의 행동수정을 유도하기 위해 관광기업은 세 가지의 촉진기법을 사용할 수 있다.

> 정보제공적 촉진은 관심표명과 이해단계에서 중시되고, 설득적 촉진은 태도를 변화시키고 구매의도를 개발한 뒤에 실제로 구매행위가 이루어지도록 유도하는데 효과적이며, 상기적 촉진은 구매가 이루어진 후에 작용함으로써 관광기업을 재방문하여 서비스 상품을 재구매하도록 자극하는데 유효하다.
>
> 이와 같이 커뮤니케이션의 목표와 촉진목표 그리고 구매과정간의 관계를 나타낸 것이 [그림 10-1]이다.

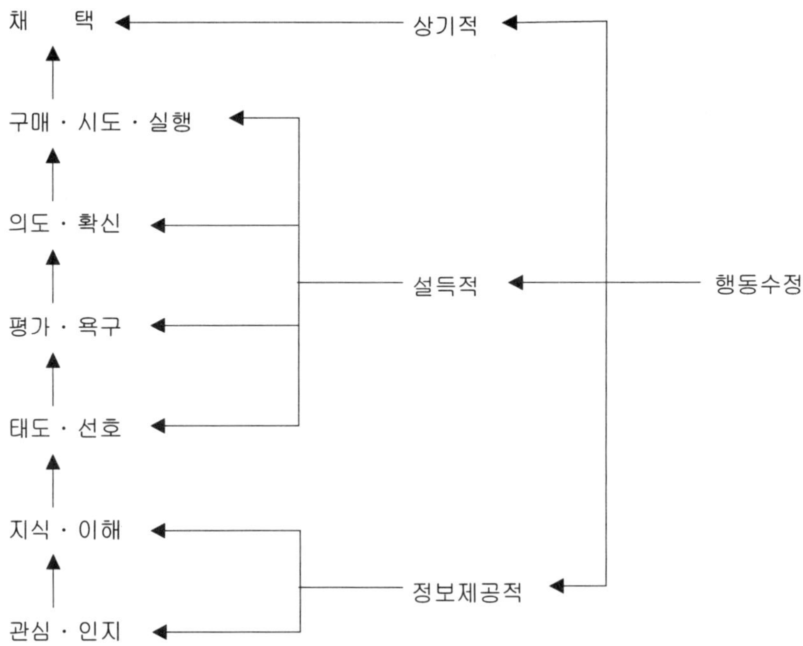

* 자료 : R.C. Mill, *The Tourism System*, p.447.

〔그림 10-1〕 촉진목표와 관광객의 구매과정

(2) 관광상품의 구매와 커뮤니케이션 과정과의 관계

관광객의 구매과정 각 단계에서는 그것에 적합한 커뮤니케이션 전략이 요구됨은 전술한 바와 같다. 이것은 관광기업 커뮤니케이션 캠페인의 필요성과 실행 이유를 밝혀주는 이유가 된다.

관광기업의 캠페인의 실패했음을 확인하는 일은 그리 어렵지 않다. 특정 관광지가 촉진활동을 전개했으나 방문객의 수가 증가하지 않으면 촉진활동은 실패한 것으로 간주할 수 있다. 이때 마케터의 관심을 촉진활동의 정보보다는 실패 원인이 어디에 있는가에 집중되어야 한다.

즉, 잠재관광객들에게 메시지(message)는 충분히 노출되었는가, 정보는 기억되었는가, 메시지는 기억하기 쉽도록 편성되었는가, 그들의 태도는 변화되었는가 등에 관심이 모아져야 한다.

1) 캠페인의 각 단계별 과제

캠페인의 실패 원인을 파악하기 위한 유용한 한 가지 방법은 마케터가 관광객의 구매과정을 각 단계로 구분해서 그 효과를 평가해보는 일이다. 이 과정에서 그가 수행해야 할 과제가 <표 10-4>이다.

〈표 10-4〉 관광상품 구매와 커뮤니케이션의 상호작용

구매과정	커뮤니케이션	목표 커뮤니케이션 측정
인지 · 주목	노출	메시지에 노출된 시청자의 수
지식 · 이해	정보의 전달	메시지의 핵심 부분을 기억하는 %
태도 · 관심 · 좋아함	태도 변화	변화 정도를 측정하기 위해 메시지 전달 전후의 태도조사
평사 · 선호 · 욕구	선호의식 창조	선호 정도를 측정하기 위해 메시지 전달 전후의 선호조사
의도 · 확신	행동 착수	메시지에 부응, 관광기업과 접촉 또는 예약 건수
구매 · 시도 · 조치 · 채택	구매 · 재구매	예약 건수, 재구매율

* 자료 : R.C. Mill, *The Tourism System*, p.108.

제1단계의 구매과정에서는 메시지를 특정한 잠재고객들에게 노출시키는 데 있다. 환언하면, 메시지에 노출된 오디언스나 시청자 수가 이 활동 목표에 부합되었는가의 여부를 측정하는 일이다.

다음 단계의 목표는 메시지에 노출된 오디언스들에게 정보를 전달하는 데 있다. 이때의 효과를 측정하는 위해서는 오디언스들이 메시지의 핵심 부분을 얼마나 기억하는가를 측정하는 일이다. 태도의 변화를 측정하려면 광고활동 전후를 구분해서 조사해야 하며, 선호의식이 개발되었는지의 여부를 측정하기 위해서도 동일한 조사가 요구된다. 한편 행동을 야기시키는 메시지의 효과는 특정한 광고활동에 반응하는 오디언스 수의

퍼센트나 관광기업을 방문하도록 충동시키는 퍼센트로 측정할 수 있다.

마지막으로, 관광상품의 채택단계에서 중요한 의미를 갖는 반복구매는 반복구매를 하는 방문객의 구성비에 의해 측정할 수 있다.32)

이상과 같이 잠재고객의 관광상품의 구매에 관한 다양한 단계를 이해하고 커뮤니케이션의 목적을 파악함 동시에 성과 측정을 위한 기법을 알게 되면 어디에 잘못이 있는가를 쉽게 발견할 수 있다. 그 원인을 찾게 되면 메시지가 필요한 잠재고객들에게 정확하고 다양한 메시지가 전달되어 메시지를 기억하는 사람들을 많이 창출해낼 수 있다.

2) 관광상품 구매과정 각 단계별 역할

메시지는 반드시 잠재고객이 태도를 모두 변화시킬 모두 변화시킬 만큼 강력한 영향력을 발휘한다는 보장은 없으므로 촉진담당 매니저는 목표시장에 메시지를 효과적으로 전달할 수 있는 미디어를 선정하는 일이 중요하다.

이와 함께 미디어 프로그램(media program)은 잠재고객은 태도변화를 야기시킬 만큼 강화되어야 한다. 이 경우 느닷없이 관광기업이 저렴한 패키지 투어를 제시하는 등의 전략수행은 오디언스의 마음이 이를 수용할 상태에 있지 않으므로 바람직하지 않다.

구매과정의 각 단계는 다음 단계의 전제가 됨과 동시에 환류효과(feedback effects)를 갖는다. 관광객이 특정 관광지를 선택하는 일은 그 곳에의 방문을 강화하고, 또 그곳을 관광지로 설정한 관광상품의 판매에 영향을 미친다.

구매는 자체가 긍정적이든 부정적이든 미래의 구매의도의 영향을 미친다. 그리하여 각 상위단계는 하위단계를 강화시킨다. 이는 예를 들어, 외국유학이 유학생으로 하여금 외국에 대한 태도변화를 초래시키는 데에

---

32) Medlik, S., and Meddleton, V.T.C., "The Tourist Product and It's Marketing Implications", in *Quarterly Review of Tourism*, No. 0, 1982, pp.27~29.

서 잘 증명된다. 그러므로 처음부터 관광객을 만족시키는 관광상품이 개발·판매되면 최초의 판매시보다 훨씬 반복구매를 쉽게 유도할 수 있다.

3 커뮤니케이션의 관리과정

마케팅 커뮤니케이션이 효과를 얻으려면 촉진자인 관광기업은 오디언스가 어떤 반응을 얻고자 하는지를 파악해야 하고, 목표 오디언스의 메시지 해석방법을 고려하여 메시지를 합리적으로 기호화33)해서 그것을 잘 전달해 매체를 선정, 활용해야 한다. 그 뒤에 관광기업은 메시지에 대한 오디언스의 반응을 알 수 있는 피드백 경로를 선정하여야 한다([그림 10-2] 참조).

다음에서는 각 단계에 따른 구체적인 실행내용을 살펴본다.

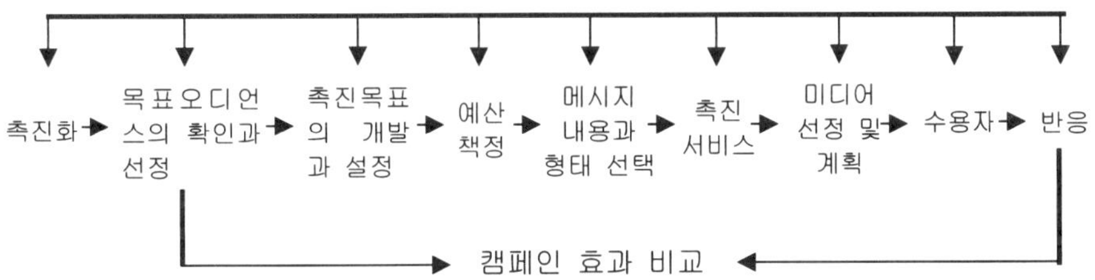

* 자료 : R.C. Mill, The Tourism System. p.448.

〔그림 10-2〕 관광 커뮤니케이션의 관리과정

33) 송신자가 매체를 통해 전달할 어떤 생각을 상징적인 형태로 변환하는 과정을 말함.

(1) 목표 오디언스의 선정

관광기업 마케터는 먼저 커뮤니케이션 대상을 명확히 파악해야 한다. 커뮤니케이션 대상은 현재고객, 잠재관광객 또는 구매 영향자일 수도 있고, 이들은 개인, 집단, 특정 공중 또는 일반 공중일 수도 있다. 목표 오디언스는 메시지의 전달내용, 전달방법, 전달시기, 전달장소, 전달대상 그리고 관련 송신자의 의사결정에 따라 영향을 받는다.

목표시장의 선정과정은 조사활동을 통해 구한 1차 자료나 공시자료(published market data)를 분석하는 절차를 밟아야 한다. 목표시장의 선정방법은 관광기업의 전략적 결정에 영향을 미친다. 즉, 소구 대상층을 누구로 할 것이냐에 따라 관광기업의 메시지 표현과 전략매체의 선정에 영향을 미친다.

관광기업은 시장세분화를 도모하지 않고 총시장(總市場)을 목표시장으로 생각할 수도 있으나 촉진효과를 제고시키려면 특정 세분시장만을 소구대상으로 하는 집중전략에 의존하든, 아니면 둘 또는 그 이상의 세분시장을 목표시장으로 삼고 각각에 상이한 마케팅 전략을 전개하는 차별화 전략을 수행할 수도 있다.

어떤 경우든 촉진활동의 대상이 될 세분 목표시장은 측정 가능성, 접근 가능성, 실질성, 그리고 활동 가능성 등의 조건을 구비해야 한다.

이상의 조건 중 커뮤니케이션 관점에서 중요한 것은 목표시장에 특정 매체 또는 한 가지 이상의 촉진믹스를 이용해서 접근할 수 있어야 한다는 것이다. 이처럼 목표시장에 접근이 가능하다는 말은 곧 인구통계적 요소(연령 · 소득 · 교육수준 · 가계유형과 규모)에 관한 정보를 확보하고 있어야 함을 의미한다.

목표 오디언스는 심리적 라이프스타일(psychographic lifestyle), 여행 목적, 관련상품, 행동, 그리고 이용 유통경로의 세분화 기준을 활용하면 더욱 세분화가 가능해진다.

목표 오디언스는 마케팅 조사의 결과나 과거 경험을 기초로 해서 유사한 특성을 가진 사람들이라고 분류되는 집단, 또는 촉진활동의 전개 결과 관광상품을 구매할 가능성이 가장 높은 집단으로 구성되어야 한다.

이처럼 커뮤니케이션 관리과정의 첫 단계는 시장세분화를 통해 점검·통제될 수 있다.

(2) 촉진목표의 개발과 설정

목표 오디언스들의 집단인 목표시장이 선정된 뒤에는 촉진 캠페인의 목표가 설정되어야 한다. 촉진 캠페인이 효율적이라면 촉진목표는 특정 목표시장 지향적이어야 하고, 바람직한 결과를 창출해낼 수 있어야 하며, 현실적으로 과업달성 가능한 것이어야 한다.

촉진목표의 설정시에는 관광지나 서비스 상품의 수명주기를 파악해야 함은 물론, 목표시장의 잠재관광객들이 처한 구매과정 단계를 고려해야 한다. 만약 목표시장이 관심표명 단계에 머물러 있다면 정보제공적 메시지는 시간과 예산낭비만 초래하게 될 것이고, 새로운 패키지를 이용한 촉진책도 효과를 기대하기 어렵다.

목표시장의 핵심 구성집단을 대상으로 한 인지연구(認知硏究)를 실시하면 목표집단이 처한 구매과정 단계를 명확히 파악할 수 있다. 그리하여 만약 잠재고객들이 관심 또는 인지단계에 있을 때의 촉진목표는 특정 기간 내에 그들에게 메시지가 노출되도록 정해야 하며, 만약 그들이 구매의도(동기유발, 필요의 느낌, 관습화 등)를 강하게 느낄 때에는 관광서비스의 구매량을 늘이는 데 두어야 한다. 목표 오디언스인 관광객이 누구이든 그들의 효과계층 모델(hierach of effects)[34]의 여섯 단계 구매준비 상태 중 어느 한 단계에 처해 있기 마련이다.

---

34) Lavidge, Robert J. and Gary A. Steiner, "A Model for Predictive Measurement of Advertising Effectiveness", *Journal of Marketing*, 25, pp.59~62.

(3) 촉진예산의 책정

관광기업 마케터가 촉진예산의 규모를 설정하는 데 어려움을 느끼고 있으나 일반적으로 활용되는 촉진예산 결정방법은 다음과 같다.

1) 목표과업법

목표과업법은 하한예산(下限豫算 : bottom-up)이라고 하는데, 구체적인 촉진목표의 달성을 위해 수행하여야 할 과업을 결정하고 그 과업수행에 소요되는 코스트(cost)를 측정, 합계함으로써 추정촉진예산(推定促進豫算)을 삼는 방법이다. 달리 말해 이 방법은 달성해야 할 목표를 확정짓고 그것에 소요될 비용규모를 예측하는 방법이다.

2) 지불능력 기준법

그러나 실제로 많은 경우, 재원을 먼저 조달한 후에 소요경비 규모에 따라 촉진목표를 정하는 경우가 허다한데, 이를 상한예산(上限豫算 : top-down) 또는 지불능력 기준법(affordable approach)이라 한다. 즉, 이 방법은 관광기업이 지불 가능한 자금 규모와 재무능력 범위 내에서 촉진예산을 책정하는 방법이다. 관광기업이 이 방법을 따르면 시장기회(市場機會)가 포착되더라도 촉진예산의 규모가 작아 장기적인 시장개발 계획을 수립하기 어려운 문제점이 있다.

3) 경쟁자 기준법

관광기업은 경쟁사와 대등한 지위를 유지하기 위해 경쟁업자의 촉진비 지출액에 상당하는 예산을 설정할 수도 있다. 이 방법은 경쟁업자와 촉진전쟁을 방지할 수 있는 장점이 있으나 그것은 꼭 합리적인 방안이라 볼 수 없다. 왜냐하면 경쟁업자의 촉진예산이 반드시 합리적인 방법을 사용해서 결정되었다고 보기 어렵고, 명성·자원·기회 및 목적 등도 서로 다르기 때문이다.

뿐만 아니라 이 방법을 따르면 관광업계의 촉진비 지출이 안정될 것이라는 보장도 없다. 그러므로 경쟁업자의 촉진비 수준을 파악하는 일은 필요하겠지만 그것을 맹목적으로 추종해서는 안 된다.

따라서 촉진예산은 관광시장의 조건과 경쟁 관광기업의 활동이 변동적으로 그러한 변화에 탄력적으로 적응할 수 있도록 신축적이어야 한다.

쉬몰(G.A. Schmoll)은 관광기업의 순판매액 퍼센트(percentage of net sales)를 기준으로 다음과 같은 촉진예산을 설정하는 것이 바람직하다고 했다.35)

- 투어 오퍼레이터 : 10～20%
- 여행사 : 5%
- 호텔 : 2.5～5%
- 항공사 : 3～7%

(4) 촉진 메시지의 내용과 형태의 선택

관광기업이 커뮤니케이션의 대상과 목표를 확정짓고 난 뒤의 과제는 효과적인 메시지를 작성하는 문제와 관련되는 일인데 이를 창조적 전략이라 한다.

이상적인 메시지란 목표 오디언스의 주의와 관심을 끌게 만들고 욕구를 환기시켜 마침내 행동하도록 유도하는 영향력을 가지는 것을 의미한다. 그렇게 하려면 관광기업 마케터는 메시지 내용·구조·형태와 원천을 합리적으로 결정해야 한다.

---

35) G.A. Schmol, *Tourism Promotion*(London : Tourism International Press, 1997), p.108.

1) 메시지의 내용

이것은 목표 오디언스에게 무엇을 말해야 할 것인가에 대한 문제로, 오디언스로부터 좋은 소구반응을 얻기 위해 무엇을 전달해야 할 것인가를 결정하는 문제와 관련된다. 때때로 이것은 소구, 주제, 아이디어, 고유판매 제언(USP : Unique Selling Proposition) 등으로 불린다. 이러한 소구는 오디언스가 왜 어떤 것을 생산하거나 행동을 하지 않으면 안 되는가 하는 어떤 혜택이나 동인 또는 이유를 나타내는 것이다.

관광상품에 관해서는 여러 방법으로 오디언스에게 소구할 수 있으나 촉진을 통해 정위화를 도모하려면 한 가지를 강조하는 것이 효과적이고, 촉진 아이디어를 얻는 방법으로는 다음 두 가지가 있다.

- 첫째는, 메시지 아이디어를 관광객, 중간대리점, 그리고 경쟁업자들과 만나 대화하는 과정에서 얻는 것이다. 사실상 관광객은 가장 좋은 아이디어의 원천이며 기존 관광상품의 강·약점에 관한 그들의 느낌과 평가는 표현전략을 구상하는 데 좋은 단서가 된다.
- 둘째는, 관광객이 관광상품으로부터 얻을 수 있는 합리적·감각적·사회적, 그리고 자아만족의 경험 등 네 가지 보상에 근거해서 수구전략을 구상하는 방법이다.

이상의 두 가지 방법 중 어떤 것을 이용하든 이 단계에서의 통제목적은 목표 오디언스에게 가장 적합한 소구를 개발하는 데 두어져야 한다.

2) 메시지의 구조

이는 메시지 내용을 논리적으로 어떻게 말할 것인가 하는 문제와 관련된다. 메시지 효과는 그 메시지의 구조에 따라 상당한 차이가 나는데 이와 관련해서 다음 세 가지 문제가 있다.

- 첫째, 결론을 먼저 도출할 것인가 아니면 그것을 오디언스에게 맡길 것인가에 대해 결정해야 한다. 신뢰성 있는 관광기업이 자신 있는 서비스 상품을 제공할 때에는 전자가 유리하다.
- 둘째, 관광상품의 장점만을 열거할 것인가, 아니면 단점도 동시에 언급할 것인가의 문제이다. 일반적으로 지적 수준이 낮은 세분시장의 관광객을 대상으로 할 때에는 장점만 제시하는 것이 효과적이고, 교육수준이 높고 반대주장이 노출될 가능성이 큰 오디언스들에게는 단점도 제시하는 것이 효과적일 수도 있다.
- 셋째, 제시순서(offering order)이다. 이것은 메시지의 강조점을 먼저 내세울 것인가, 아니면 뒤에 둘 것인가를 결정하는 문제이다. 예컨대, 여행사가 패키지 투어를 촉진할 때에는 여러 설명이 필요 없으므로 주의와 관심을 끌기 위해 먼저 두는 것이 유리하다.

3) 메시지 형태

관광기업 마케터는 효과적인 메시지의 전달을 위해 오디언스의 주의를 끄는 강력한 형태를 사용해야 한다. 신문과 잡지 같은 지면광고의 경우라면 표제(headline), 문안(copy), 도안(illustration) 및 색채를 결정해야 한다. 오디언스의 주목을 끌기 위해 관광기업은 눈길을 끄는 표제나 그림, 특징적인 형식 등의 주의집중 수단을 사용할 수 있을 것이다.

그리고 라디오 광고의 메시지라면 용어, 음절(속도・리듬・억양) 및 발성 등을 고려하여야 하며, TV광고는 이러한 요소 외에도 출연자의 얼굴 표정, 자세, 복장, 헤어스타일 등에 주의하여야 한다.

4) 메시지 원천

메시지를 누가 전달하느냐에 따라서도 메시지의 효과에 영향을 미친다. 관광에 많은 관심을 갖는 오디언스는 대체로 다음 속성을 많이 갖춘 사람이 메시지를 전달할 때 메시지를 신뢰하는 경향이 높다.

- 첫째, 관광전문지식을 가진 사람이 메시지 전달자가 될 때 메시지 효과는 달라진다. 즉, 관광학을 전공하는 대학교수나 관광 컬럼니스트 등이 등장하는 경우가 이에 해당한다.
- 둘째, 여행을 좋아하는 인기 연예인이나 의사, 변호사 등의 전문적인 메시지 전달자가 되면 매력이 은연중에 관광서비스 상품에 전이되어 궁극적으로 오디언스들의 구매를 유도하는 데 효과를 나타낼 것이다.

(5) 촉진형태의 결정

1) 촉진믹스의 선택

관광기업은 광고, 인적 판매, 판매촉진, 홍보, 그리고 머천다이징[36]을 이용해서 촉진활동을 할 수 있다. 그러나 중요한 것은 관광기업이 어떤 반응을 사용하든 촉진믹스가 강조해야 할 내용은 관광시장의 특성, 관광서비스의 유형, 관광기업이 이용할 수 있는 촉진예산의 규모에 따라 상이해진다는 점이다.[37]

이것은 마치 여행사가 "주말에는 부부가 리조트로 가서 휴가를 즐깁시다"라고 광고를 함으로써 몇몇 부부를 유치할 수는 있겠지만 50명 규모의 크루즈 여행객을 확보하려 할 때에는 이 광고가 부적합한 경우이다. 오히려 이때에는 인적 판매가 성공을 거둘 가능성이 더 크다. 따라서 관광기업은 <표 10-5>와 같이 잠재관광객과 여행중개업자 지향적인 촉진활동을 전개하여야 한다.

36) 관광기업에서 머천다이징(merchandising)은 브로슈어, 간판, 포스터(posters), 디스플레이(display) 등 판매를 자극할 점내촉진자료를 말한다.

37) Alstair M. Morrison, *Hospitality and Travel Marketing*(Albany, New York : Delmar Publishers, 1998), pp.310~318.

〈표 10-5〉 촉진활동과 커뮤니케이션 경로

목표 : 잠재관광객	목표 : 중개업자
일반적인 매체광고 (인쇄매체, TV, 라디오, 영화) 옥외광고(포스터) 카탈로그 등을 직접우 송 여행영화 상영 특별할인 거래처와 협조한 촉진활동 판매시점광고 관광전시회 및 관광축제 참여 정보제공 서비스	인쇄광고 뉴스레터(소식지) 홍보자료 배포 (카탈로그, 브로슈어, 시청각 쇼) 서비스 매뉴얼 제공 스케줄 및 가격표 판매요원을 위한 세미나 및 강습회 친교를 위한 방문 판매경연 및 특별 상여금
목표 : 방문객 · 관광객	**목표 : 일반매체기관**
환영서비스 지방관광에 관한 관광정보서비스 방문객 조사 방문객 지원	기자회견 편집자료 제공 친교를 위한 방문

* 자료 : R.C. Morrison, *The Tourism System*, p.453.

쉬몰(Schmol)은 목표시장간의 차이를 아래와 같이 구별하였고[38] 촉진활동에 관한 일반적인 사항을 다음과 같이 도출해내었다.[39]

- 신문 및 잡지 광고비용은 모든 촉진비용의 절반 이상을 차지한다.
- 판매활동을 지원하는 관광객 안내책자는 대부분 투어 오퍼레이터가 발행한다.
- 대부분의 촉진예산은 모든 촉진믹스와 결부되어 있다.
- 다양한 촉진요소에 할당되는 예산비율은 매년 안정되어가고 있다.

38) G.A. Schmoll, *op. cit.*, p.121.
39) *Ibid.*, p.125.

2) 촉진예산의 선정

그러면 촉진 메시지는 어떤 매체를 통해 어떤 타이밍으로 오디언스들에게 전달할 것인가? 이와 관련한 계획을 수립하고 거기에 기초해서 구체적으로 매체기관을 선택하는 것이 바로 이 과제의 주제이다.

촉진매체를 선정한다는 것은 바로 목표 오디언스에게 소구하는 회수의 노출을 주기 위한 가장 비용효율적인 방법을 찾는 문제이다. 관광관련기업이 주로 이용하는 매체는 신문, 잡지, TV, 라디오 및 옥외 간판이다.

항공기업은 여타 여행소재 공급업자들보다 광고비용을 두 배 이상 사용하며, 광고 대부분은 신문광고이고, 광고비의 1/4 수준이 TV광고에 소요되는 것으로 밝혀지고 있다. 그리고 항공사 광고에서 잡지광고는 신문광고 다음으로 중시되는 매체이고, 라디오 광고는 거의 하지 않는 것으로 확인되고 있다.

한편 호텔과 리조트산업 등의 광고비 총액은 전 관광업계 광고비의 1/5 수준이며, 여행자 수표(traveler's check) 회사 등 여행서비스회사의 광고비도 동일한 수준에 이르는 것으로 조사되고 있다.

촉진매체 선정의 핵심은 의도하는 바의 오디언스에게 잘 보여지고 읽혀지며, 또 듣게 하는 데 있다. 이에 따라 TV사와 신문사 등에서는 오디언스의 특성에 관한 자료를 획득하기 위해 빈번히 시장조사를 한다.

매체가 적절한 메시지 전달기관인가를 판단하는 데에는 다음 기준이 유용하다.

- 1인당 접촉비용(cost contact), 총비용(total cost)
- 시장 선택성(market selectivity), 지역 선택성(geographic selectivity)
- 메체의 신뢰성(source credihility), 시각적 질(visual quality)
- 노이즈 수준(noise level)

(6) 촉진효과의 측정

관광기업이 커뮤니케이션 효과를 측정하는 방법으로는 객실이용률, 예약건수, 입장객, 항공기 탑승률, 그리고 매출액 증가를 기준으로 측정하는 방법과 목표고객의 인지도를 측정하는 방법 등 두 가지가 있다.

전자는 다른 마케팅믹스나 돌발적인 상황변화에 영향을 받을 수 있으므로 모든 영향요인들을 통제하고, 촉진믹스의 영향만을 순수하게 측정해낼 수 없기 때문에 사용하기 어렵다. 따라서 관광기업의 일반적인 커뮤니케이션의 효과는 촉진활동 후에 목표고객이 메시지를 식별 또는 상기하는가, 얼마나 많이 노출되었는가, 어떤 점을 상기하고 있는가, 메시지에 대해 어떤 느낌을 갖는가, 서비스 상품에 대한 태도는 어떠한가 등의 요인들로 측정하는 것이 합리적이다.

1) 상기법

상기법(想起法)이란 매체기관을 정기적으로 접촉하는 사람을 발견하고 그들로 하여금 조사하려는 광고주와 관광서비스 상품을 상기하도록 하는 방법이다. 다시 말해 그들에게 광고로 나간 내용을 무엇이건 기억하고 있을 것을 상기하게 하거나 재현하게 한다. 이때의 상기득점(想起得點 : recall scores)은 이들의 반응에 따라 측정되는데 이는 광고의 주의력과 기억력을 나타낸다.

2) 재인조사법

재인조사법(再認調査法)의 예로서, 특정호의 잡지 독자를 표본으로 해서 그들이 보았거나 읽었다고 인식하는 것이 무엇인가를 지적하도록 요구하는 방법이다. 이러한 재인자료를 통해 아래의 세 가지 다른 스타일 열독득점(閱讀得點 : starch readership scores)이 측정된다.

그 첫째는 주의(注意)로서, 특정잡지의 광고물을 과거에 보았다고 해답한 잡지 구독자의 비율이고, 둘째는 주목과 연상이다. 이것은 광고주와 관광서비스의 이름을 명확히 지적한 광고의 일부를 보았거나 읽었다고 대답한 독자의 비율이다. 그리고 셋째는 정독(精讀)으로, 이것은 광고를 보았을 뿐만 아니라 광고문안을 반 이상 읽었다고 해답한 독자의 비율을 말한다.

chapter 11

광고 캠페인의 관리

- 1. 관광기업과 광고 캠페인

1 관광기업과 광고 캠페인

(1) 관광기업에서의 광고의 의의와 광고 캠페인의 성공을 위한 조건

광고란 명시된 광고주가 유료의 광고대금을 지불하고 제품이나 서비스 또는 아이디어를 비인적 판매(non-personal selling)를 통해 제시하고 촉진하는 모든 형태의 커뮤니케이션 수단이다.[40] 이와 같이 우리가 광고를 정보교환의 마케팅 관점에서 인식한다면 관광기업은 광고정보를 최종고객인 관광객에게 전달하는 과정에서 어떤 정보를 전달해야 하고, 또 어떤 정보와 경쟁해야 하는가를 이해할 수 있게 된다. 관광기업이 광고 캠페인을 통해 지향하는 궁극적인 목표는 경쟁우위를 차지하는 자사상품에 대해 합(合)마케팅적 광고 캠페인, 즉 마케팅 전략에 근거한 일관성 있는 광고를 함으로써 기업 애호도를 높이고 기업 위상을 향상시켜[41] 장기이익을 추구하려는 데 있다.[42]

따라서 관광기업 광고에 이러한 합(合)마케팅성이 결여되면 궁극적인 마케팅 성과는 달성하지 못한 채 현상유지 또는 상황악화를 회피하기 위해 광고비만 계속 증대시키는 악순환에 빠질 우려가 있다.

광고는 전술한 바처럼 마케팅 관리 중에서도 커뮤니케이션 기능을 수행하는 마케팅 활동이므로 관광기업이 효과적으로 광고 캠페인을 전개하려면 바로 효과적인 의사전달 기술이 요구됨과 동시에 경험적 지식을 바탕으로 한 창의정신과 과학적인 수행 및 평가가 뒷받침되어야 한다. 여

---

40) P. Kotler, *Marketing Management*, p.587.

41) SAS항공사 및 힐튼호텔이 비즈니스맨 지향적인 서비스 시스템을 완벽하게 구축해두고 "SAS is Business mans's Airline", "비즈니스맨이 외국 출장을 떠나면 항상 머무는 호텔, 힐튼호텔"이라고 광고함으로써 항공업계와 호텔업계에서 기업위상을 확고히 유지하고 있는 경우이다.

42) 광고가 직접적으로 판매를 촉진시키는 것이 기본기능이나 그 외에도 소비자를 교육하는 기능, 상품가치를 증대시키는 기능 내부마케팅을 강화하는 기능, 유통측면에서 판로확보에 도움을 주는 기능 등 파생적인 마케팅 기능도 아울러 수행한다.

기에서 광고의 경험성이란 곧 관광기업의 광고 실무자들이 경험을 통해 쌓아온 지식이 광고관리의 정보로서 체계적으로 활용되어야 한다는 의미이며, 창의성은 획기적인 아이디어나 예술성이 성공적인 광고의 핵심이 된다는 뜻이다. 그리고 광고의 과학성이란 정보가 최대한 창출되어야 함과 동시에 광고관리가 논리적이어야 한다는 것이다.

결국 관광기업의 성공적인 광고는 경험성·창의성·과학성이 조화를 이루고 그것이 극대화될 때 보장된다.

(2) 매체의 선택과 광고기획

관광기업이 광고목표를 달성하려면 광고주제와 내용, 광고매체 믹스 그리고 광고의 양과 스케줄을 합리적으로 결정해야 한다. 그 중 광고매체 믹스는 전달하려는 광고주제와 내용을 목표 오디언스에게 도달하게 하는 데 사용될 매개수단을 어떻게 구성할 것인가에 관한 것이다. 그러므로 관광기업 마케터는 각 광고매체의 특성과 효과를 정확히 이해해야만 합리적인 매체의 활용이 가능해진다.43)

> 효과적인 광고매체 전략을 수립할 때 고려해야 할 요소로 웰바처(W.M. Weilbacher)는 다음 다섯 가지를 지적하고 있다.
>
> · 첫째, 목표 오디언스의 결정과 이해 및 그들에게 도달할 수 있는 매체계획의 수립
> · 둘째, 선정된 목표 오디언스에 도달해야 할 광고의 폭과 넓이의 선택
> · 셋째, 계절 및 지역 상이성에 따른 노출정도의 확정
> · 넷째, 광고매체의 역할 명확화
> · 다섯째, 광고매체 선택권을 광고문안 작성자(copy writer) 또는 광고매체 담당자 중 누구에게 부여할 것인가에 대한 결정 등이다.

43) Wellbacher, William M, *Advertising*, 5th ed.(N.Y. : Macmilan Publishing, 1998), pp.126~132.

1) 인쇄매체

인쇄매체는 오디언스의 자발적이고 적극적인 정보처리를 필요로 하므로 방송매체와는 다른 광고방식이 요구된다. 그런 점에서 어느 정도 고관여 광고매체라 할 수 있다.

보베(C. Bovee)와 아렌(W.F. Arens)은 인쇄매체광고의 주요 체크 사항을 <표 11-1>과 같이 제시하고 있다.[44]

① 신문매체

신문은 대표적인 대중매체로서 짧은 시간에 가장 광범위한 도달률(reach rate)[45]을 이룩하는 매체이자 현재 광고금액 기준으로 볼 때 우리나라 관광기업들이 가장 비중을 두고 있는 광고매체이다.

따라서 신문광고는 이미 오랫동안 잠재관광의 마음에 확고한 이미지를 확립한 관광기업에 대해 많은 사람의 기억과 태도를 효율적으로 강화하는 데 요긴하다.

또한 특정 관광기업의 서비스에 관한 정보를 추구하는 소수의 잠재관광객에게도 신문은 중요한 정보원천이 된다.

이러한 오디언스를 위해서는 광고가 길고 복잡해도 관광정보로서 가치가 있는 한 읽혀진다.

이처럼 신문독자들이 광고를 읽을 때 높은 관여도를 보이는 특징은 신문게재광고의 제작시 관광기업이 창의성을 폭넓게 발휘할 수 있는 요인이 된다.

---

44) Bovee, courtland, and William F. Arens, *Contemporary Advertising*, 4th ed.(Irwin : Homewood Illinois, 1998), pp.438~439.

45) 도달률은 일정기간 동안 광고에 노출된 목표고객의 비율로 측정할 수 있다.

〈표 11-1〉 인쇄매체 광고의 확인사항

확인사항	내 용
레이아웃을 단순하게 하라	커다란 한 개의 그림은 여러 개의 작은 그림보다 효과적이다.
사진 밑에는 반드시 표제를 붙여라	사진 밑의 글은 일반적인 광고 메시지보다 두 배 이상 읽힌다. 사진표제 자체를 광고로 활용한다.
광고문을 길게 써도 좋다	헤드라인을 일단 읽은 독자는 예상고객이며 이들은 정보를 요구한다. 필요한 경우 많은 정보와 설득 내용을 과감하게 제공하도록 한다.
긍정적이고 매력적인 말을 헤드라인(head Line)에 사용하라	사람들은 부정적인 내용만 기억할 수 있으므로 헤드라인에는 긍정적인 말, 감성적이고 동기를 자극하는 말만 사용하고 부정적인 뜻의 말은 가능한 사용을 억제한다.
긴 헤드라인을 두려워 말라	긴 헤드라인이 더 효과적이라는 연구결과가 있다.
이야기 소구방법(story appeal)을 시도하라	헤드라인 다음에 그림을 넣어 독자의 관심을 끌고 "이것이 무엇인지?"라는 질문을 유도하도록 한다.
실제로 신문이나 잡지에 나오는 광고물을 파악하라.	광고문을 반드시 독자가 보는 그대로 파악해야 한다. 좋은 종이에 잘 만든 광고시안은 판단을 오도한다.
그림보다 사진을 활용하라.	사진이 그림보다 기억률을 높인다는 연구결과가 있다.
통일된 광고 형식을 개발하라	모든 인쇄매체에 통일된 광고형식을 쓰면 인식도가 배가된다.
가능하면 사용전후의 그림을 대비하여 보여주라	상품의 우월성을 눈으로 볼 수 있게 한다. 또 가능하면 소비자가 변화하는 것을 보게 한다.
독자가 읽기 어려운 형식은 사용하지 말라	그림 위에 읽기 어려운 메시지를 넣는다거나 읽기 어려운 활자형태를 사용하지 않는다.
광고물 하나하나를 완전한 광고로 제작하라	시리즈 광고의 경우도 광고 하나하나가 모든 내용을 갖춘 완전한 광고가 되어야 한다.

* 자료 : Bovee, Courtland, and William F. Arens, *Contemporary Advertising*, 4th ed. (Irwin : Hmewood Illinois, 1998), pp.438~439.

〈표 11-2〉 신문매체의 장·단점 비교

장 점	단 점
광고비에 비해 광범한 노출가능. 크기, 색깔, 광고시기, 표적에 융통성. 자발적으로 독자의 관심을 유도. 장문의 광고문안의 전달가능	대부분의 광고가 잘 읽혀지지 않음. 독자수에 비해 광고비 상승이 빠름. 표적의 선별력이 비교적 낮음. 젊은 독자의 무관심이 현저함.

* 자료 : S.W. Dunn, *Advertising*, 6th ed.(N.Y. : The Dryden Press, 1998), pp.547~578.

관광기업 마케터는 <표 11-2>와 같은 신문매체의 특성을 감안, 다음에서 지적하는 요소를 활용하면 광고효과를 크게 높일 수 있을 것이다.

- 첫째, 신문광고의 목적을 자사(自社) 우호적(友好的)인 관광객의 태도강화, 광범위한 잠재관광객에 대한 정보제공, 그리고 일부 정보추구자에 대한 정보제공 중 어디에다 둘 것인가를 명확히 해야 한다. 그것이 결정되면 광고문안의 길이와 내용, 헤드라인, 오디언스의 관심을 유도하는 기술의 사용정도 등이 달라질 것이다.
- 둘째, 신문에 수많은 광고가 게재되므로 독자들의 주목을 끌기 위해서는 헤드라인의 작성에 유의하고 관심을 끌 수 있는 사진이 게재되는 것이 좋다.

② **잡지매체**

신문매체 다음으로 우리나라 관광기업들의 활용도가 많은 매체가 잡지매체이다. 대중마케팅에서 표적마케팅으로 전략을 전환해가고 있는 현대 관광기업들에게 특정한 목표고객에게 광고를 도달하게 하는 이 잡지는 중요한 전략수단이 된다. 더구나 잡지는 독자의 선별성(selectivity)을 분명히 가지므로 목표 오디언스들이 애독하는 잡지에 광고를 게재하면 광고효과의 증대를 기대할 수 있다.

잡지광고는 우수한 인쇄와 색상도가 돋보이는 대표적인 광고이고, 잡지에 게재된 광고는 잡지가 몇 달간 폐기되지 않고 여러 사람에게 읽히며, 경우에 따라서는 반복적으로 읽히기도 하므로 광고수명이 장기간이라는 특성이 있다. 특히 잡지는 독자들의 높은 관여도를 보이는 매체이므로 잡지의 특성과 조화되는 광고는 독자들의 많은 관심을 광고로 유도할 수 있다는 장점이 있다. 그러나 잡지광고는 이러한 장점에도 불구하고 광고 제작기간이 오래 걸리고 제작비용이 많이 소요되는 단점이 있는데 잡지광고의 장단점을 요약, 정리한 것이 <표 11-3>이다.

〈표 11-3〉 잡지매체의 장단점 비교

장 점	단 점
비교적 잡지수명이 장기적임. 목표 오디언스의 선별력이 강함	광고기획에서 노출까지 장기간 소요. 지나친 오디언스의 세분가능성
우수한 인쇄와 색상도. 품위 있는 이미지 제공가능. 유명잡지와 제휴가능.	도달 오디언스 1인당 제작비용 높음. 낮은 발행빈도.

* 자료 : S.W. Dunn, *Advertising*, pp.593~595.

관광기업 마케터는 이러한 장단점을 가진 잡지광고의 효과를 증대시키려면 잡지광고의 단점을 커버하면서 장점을 강화시킬 수 있는 대안을 모색하여야 하는데 그것을 정리하면 다음과 같다.

- 첫째, 유명잡지를 선택한다.
- 둘째, 목표 오디언스의 차별화가 명확한 잡지를 선택한다.
- 셋째, 목표 오디언스의 정확한 겨냥이 가능하고 그러한 오디언스의 중복이 적은 잡지를 선택한다.
- 넷째, 색상(色相)이 잘 나오고 인쇄도가 우수한 잡지이어야 한다.
- 다섯째, 구체적이고 객관적인 판매부수가 제시되는 잡지여야 한다.

2) 방송광고매체

관광기업이 활용할 수 있는 방송매체는 TV와 라디오 두 종류이다. 라디오 매체의 활용도는 경미하므로 논의를 생략하고 TV매체를 중심으로 설명하기로 한다.

최근 TV 광고의 환경은 급속도로 변화하고 있다. 보고 세분화된 목표 오디언스에게 광고 도달을 가능하게 하는 강력한 선별력을 지닌 유선 TV 방송의 도입으로 기존 TV방송 과점체제가 약화될 징후가 있다.

또한 정보통신기술의 발전으로 TV에 잡지형태의 정보를 화상(畵像)으로 제공할 수 있는 정보서비스가 현실화됨으로써 가까운 장래에는 개인용 PC를 이용한 통신망이 주요 광고매체로 등장할 가능성이 커지고 있다.

더불어 VTR의 급속한 보급 확대로 시청자들은 TV프로그램을 녹화해서 시청하는 경향도 증가해감에 따라 TV광고가 건너뛸(zipping) 가능성이 보다 커지는 등 새로운 광고환경이 전개가 예상되고 있다.

따라서 관광기업 마케터는 이러한 TV광고환경의 변화에 주목하면서 TV광고의 효과를 극대화시킬 방안을 모색하여야 하는데 그렇게 하려면 무엇보다 TV광고의 특성과 장단점을 이해하여야 한다.

① TV광고의 특성과 장단점 비교

이제 우리나라 모든 가정에서는 거의 TV가 보급되어 있고 2~3대 TV 보유가구 수도 상당수임을 감안한다면 TV는 총광고비[46]가 비록 많이 소요되지만 노출되는 인구 천명당 광고비 측면에서 보면 비교적 저렴한 매체이다. 그리고 TV는 어느 매체보다도 오디언스에게 가장 강력한 영향력을 발휘할 수 있는 매체이다. 이에 따라, 호텔의 경우 자사의 차별화된

46) 광고의 총매체비용과 광고제작비용 측면에서는 TV가 가장 비싼 광고매체에 속하다. 특히 TV 광고는 수요가 큰데 비해 광고를 보낼 수 있는 시간이 제한된 우리나라 현실에서 TV광고는 특히 비싼 광고이므로 이를 이용할 때에는 비용대비효과 측면에서 신중한 판단이 요구된다. 그러나 관광전용 CATV방송의 개국으로 이러한 문제점은 상당부분 해결될 것이다.

서비스에 관한 정보를 구체적 또는 시각적으로 전달하려면 이 매체가 효과적이다. TV에 노출된 오디언스는 격조 높은 서비스를 받고 있는 호텔 투숙객들이 마치 자신인 듯 감동하여 강한 느낌을 받을 것이기 때문이다.

그런 점에서 TV는 관광기업의 창의성을 가장 융통성 있게 최대한 담아낼 수 있는 매체이다.

이처럼 관광기업이 TV광고의 이점을 활용하면서 자사의 품위 있는 이미지를 여과 없이 그대로 오디언스에게 전달할 수 있고 자사에 대한 고객의 따뜻한 감정을 자연스럽게 유지할 수 있다. 그러나 이러한 가능성은 관광기업 마케터가 광고의 클러터(clutter) 현상[47]을 극복하고 짧은 TV 광고 시간을 감안하여 효과적으로 오디언스의 관심을 유발할 때에만 실현된다.

관광기업 마케터 TV매체를 이용할 때 확인해야 할 장단점은 <표 11-4>와 같다.

〈표 11-4〉 TV광고의 장단점

장 점	단 점
-수많은 오디언스에게 동시노출 가능함. -반복적인 광고가 용이함. -창의성을 최대한 발휘가능. -색상·방법·목표에 최대한 융통성. -실연(demonstration)이 가능하여 감상적 영향을 제고시킴.	-광고비 부담이 큼. -수많은 광고 사이에 삽입됨. -반복광고가 아니면 쉽게 망각. -광고시간의 제한성. -VTR·유사광고 등의 경쟁요소 등장. -신뢰성 저하.

* 자료 : S.W. Dunn, *Advertising*, pp. 607～609

47) 대단히 많은 광고가 일정한 광고시간대에 집중되어 방영되는 현상을 클러터(cluter) 현상이라 하고, 특히 경쟁관계의 있는 관광기업들이 이 시간대에 경쟁광고 또는 유사광고를 하면 전자가 후자의 기억을 방해하는 전동적 간섭현상(proactive interference)이나 또는 후자가 전자의 기억을 방해하는 반동적 간섭현상이 일어나 그만큼 광고효과가 저하된다.

② TV **광고효과 제고방안**

그렇다면 관광기업이 TV광고의 장점을 살려 효과를 높이려면 어떻게 해야 할까? 이에 관해 보베(Bovee)와 아렌(Arens)은 <표 11-5>와 같은 견해를 표명하고 있다.

〈표 11-5〉 TV광고의 확인사항

체크사항	구체적 내용
그림으로 말함	시청자는 말보다 그림을 더 잘 기억한다. 소리와 설명 없이도 메시지를 알게 한다.
핵심장면의 삽입	모든 것을 집약하는 한 장면이 있어야 한다. 이 장면을 단순하게 처리해서 시청자가 쉽게 이해하도록 해야 한다.
시청장의 주목 집중	첫 5초가 결정한다. 이 이후로는 시청자의 관심이 계속 감소한다.
쉽게 처리	시청자가 많이 생각하지 않게 해야 한다. 상표명-혜택-증명의 내용을 간단히 한 주제로 제시해야 한다.
상표명 인지	특히 신상품의 경우, 시청자가 상표명을 쉽게 기억하도록 노력을 기울여야 한다.
상표개성의 확립	신상품 도입기부터 가능한 한 일관성 있는 이미지의 광고를 유지하여 상표의 개성을 확립하고 유지하여야 한다.
수다스런 광고는 회피	가장 단순하고 기억하기 쉬운 단어 몇 개만 사용한다. 각 단어는 의미가 있어야 하며 발음도 하나하나를 힘있게, 그리고 정성들여 해야 한다.

* 자료 : S.W. Dunn, *Advertising*, pp.611～619.

3) 옥외광고

관광기업에서 옥외광고(屋外廣告)의 중요성은 TV광고와 인쇄광고 못지 않다. 도시화의 진전, 매일 유동하는 도시 인구의 계속적인 증가, 차량의 급속한 증대에 따른 교통사정의 악화, 그로 인한 출퇴근시간 지연 등의 현상은 도시인에게 거리의 광고물 노출 정도를 그만큼 증대시켜주고 있다.

이에 따라 도시의 옥외광고는 호텔, 항공사, 여행사 등 모든 관광기업에 유용하다. 특히 이 옥외광고는 일정 위치에 계속 설치되어 있어 지속적·반복적인 노출이 가능하며, 대형 광고물인 경우 시야를 지배하는 극적인 시각효과를 유도할 수 있는 장점이 있다.

그러나 대개의 통행인들은 옥외광고물을 보는 시간이 짧기 때문에 광고는 두드러진 색상을 사용하면서 간결하고 분명한 아이디어 한 가지만 담고 있어야 효과가 난다. 뿐만 아니라 옥외광고는 사람들이 함께 사는 공간의 주요 부분에 커다란 광고물이 들어선다는 점에서 다른 공간 시설물과 옥외광고물이 들어설 건물과 조화를 이루어야 한다.

마치 도시계획가가 환경을 고려하고 건축가가 도시계획을 의식하듯 옥외광고 관계자는 광고가 설치될 건물 및 주변 환경과의 조화문제를 심도 있게 고려해야 한다.[48]

---

48) Bovee, Courtland, and William F. Arens, *op. cit.*, p.420.

chapter 12

판매촉진의 관리

- 1. 관광기업의 판매촉진 관리
- 2. 관광기업의 판매촉진 대안

1 관광기업의 판매촉진 관리

(1) 판매촉진의 의의와 절차

1) 판매촉진의 의의와 역할

판매촉진(sale's promotion)이란 소비자나 유통경로 기관들로 하여금 특정 제품 또는 서비스를 보다 신속히, 그리고 보다 많이 구매하도록 고무하려는 목적으로 고안된 주로 단기적인 다양한 유인수단의 집합을 말한다.[49)]

오늘날 관광기업은 광고활동의 전개와 함께 이 판매촉진 활동을 수행하지 않는 업체가 없을 정도로 일반화되고 있다. 이처럼 관광기업이 판매촉진을 활발히 전개하는 이유는 최고경영층의 판매촉진에 대한 인식제고, 마케팅 담당자들의 판촉활동 능력향상 등의 내적 요인 성숙, 경쟁업체의 촉진 지향성의 강화, 이용객들의 특매지향 증대, 그리고 광고효율의 상대적 저하와 같은 외적 요인이 있기 때문이다.

따라서 관광기업은 신규고객의 창조, 고객의 인지 및 자극 유도, 비수기의 수요증대, 경쟁업자로부터의 고객확보, 시장점유율의 제고, 그리고 경쟁업자의 판매촉진 실시에 대한 방어를 위해서도 판매촉진을 실시해야 한다.

관광기업 마케터가 촉진활동을 전개할 때 유념해야 할 사항은 자사의 우월한 서비스의 특성과 연계시키고, 좋은 타이밍(timing)을 선택하여야 하며, 장기적 수행이 요구되는 촉진책 외에는 단기간이어야 효과를 발휘할 수 있다는 점이다.

---

49) P. Kotler, *op. cit.*, p.645.

2) 판매촉진의 전개 필요성

관광기업에 판매촉진이 요구되는 구체적 이유를 열거하면 다음과 같다.50)

① 새로운 서비스의 시험구매 유도

예로서, 항공기업이 신규노선을 개설, 운용하거나 유명호텔의 레스토랑이 새로운 메뉴 품목을 개발해내었을 때 많은 수요를 발생시키는 기업체 중역진들에게 무료항공권을 제공하여 시승회(試乘會)를 갖게 하거나 시식회(施食會)를 가지는 등 고객의 시험구매를 고무하기 위해 판매촉진을 활용할 수 있다.

② 주요행사 또는 특별한 계기가 일치되는 시기에 판매고 증대

사람들이 해마다 맞는 특별 기념일, 축제일 그리고 공시적인 휴가시즌은 관광기업에 기회가 되며, 월드컵 경기, 올림픽 그리고 국제회의 개최 등의 이벤트(event)도 관광기업의 판매를 증대시킬 수 있는 호기가 된다. 그러나 이 시기에는 모든 관광기업이 판매력을 총동원하여 경쟁을 벌이므로 고객에게 보다 매력적으로 소구되기 위해서는 기발한 아이디어가 뒷받침된 판매촉진이 요구된다.

③ 비수기의 판매증대

관광기업이 당면하는 가장 어려운 점은 계절적 수요변동에 따른 비수기의 판매저하 현상이다. 따라서 항공기업과 호텔기업들은 고정비 비율이 높으므로 이용률과 가동률을 높이는 문제가 최대관건이 된다. 따라서 연간 평균적인 수요발생과 비수기의 판매증대를 위해 특단의 판매촉진책이 요구된다.

---

50) Alastair M. Morrison, *op. cit.*, p.430.

④ 자사 서비스의 판매향상을 위한 유통기관과의 협력 제고

관광기업은 자사 서비스를 대리판매하는 여행사 등 유통경로 기관의 조력 없이 기대하는 판매목표를 달성하기 어렵다. 따라서 호텔이나 항공사들은 무료숙박권의 제공, 초대비행(招待飛行 : inaugural flight), 시찰, 인센티브(sales incentive) 등의 촉진책을 동원하여 그들로 하여금 자사의 서비스 시스템을 직접 경험하도록 조치하는 한편, 판매노력의 결과에 대해 상응하는 보상책을 제시하면 자사 서비스를 고객에게 권유·판매하는 데 더욱 노력해야 할 것이다.

⑤ 유통경로 기관의 판매 용이화 유도

관광기업과 관광목적지는 브로슈어, 포스터, 전시물 등의 다양한 점포 내 촉진물을 제공함으로써 자사상품을 취급하는 유통경로 기관의 판매 용이화를 유도할 수 있다.

3) 판매촉진의 실행절차

전술한 판매촉진의 효과를 도출해내려면 다음과 같은 일련의 판매촉진 실행절차를 거쳐 계획적으로 추진되어야 한다.

① 판매촉진 목표의 설정

관광기업이 판매촉진 활동의 실행에 앞서 검토해야 할 사항은 판매촉진 목표를 설정하는 일이다. 판매촉진 목표는 기업 전체가 추구하는 마케팅 목표와 촉진목표에 부합되어야 하고, 목표시장에 적합해야 하며, 결과 지향적이고 실행상 일정한 시간범위를 가져야 한다.

이때 관광기업은 일반기업들이 추구하는 판매촉진 목표와 동일하게 최종 이용자의 수요자극, 유통기관의 마케팅 성과개선, 광고와 인적 판매활동의 지원과 조정[51]에 목표를 두어야 한다.

---

51) W.J. Stanton and Futrell, *Fundamental of Marketing*, 8th ed. (N.Y. : McGraw-Hill, 1987), p.477.

② 판매촉진 예산의 책정

판매촉진 활동은 예산의 뒷받침 없이는 실행 불가능하므로 판매촉진 예산은 마치 전쟁에서 실탄과 같다. 판매촉진 예산이 과도하게 책정되어도 소비를 위한 촉진수진이 선택되어 예산낭비만 초래할 가능성이 있고, 과부족이면 판매촉진 프로그램을 개발할 수 없는 한계점에 당면한다. 따라서 적정수준의 예산이 요구되는데 이때에는 기대판매 촉진 정도에 기초해서 예산을 설정하는 것이 합리적이다.

③ 판매촉진 수단과 프로그램의 개발

이것은 판매촉진 관리의 핵심적 요소로서 관광기업의 판매촉진 목표를 달성하기 위한 구체적 수단의 선정과 프로그램의 개발 및 선택과 관련되는 문제이다. 이때 고려해야 할 사항은 다음과 같다.

- 판매촉진 수단의 제공대상 선정
- 판매촉진 실시 타이밍(timing)의 확정
- 판매촉진 실행기간의 결정
- 판매촉진 수단을 전달할 매개체의 설정

④ 판매촉진의 실행과 평가

광고를 실행한 후 그 효과를 측정해보듯 판매촉진도 그 효과를 분석하고 평가해보아야 한다. 대부분의 관광기업들은 판매촉진의 결과를 평가하지 않거나 평가를 한다 하더라도 형식적으로 실시하는 경우가 많다. 그러나 판매촉진의 효과가 정확하게 측정되지 못하면 판매촉진 예산이 적절하게 사용되었는지 알 수가 없을 뿐만 아니라 다음번 판매촉진 프로그램을 실시한 때에도 주먹구구식의 계획이 될 가능성이 높다.

판매촉진의 효과를 측정하기 위해 관광기업들은 다양한 평가방법을 사용할 수 있는데, 가장 일반적인 방법이 판매촉진 프로그램 실시 전과 실시 후의 객실 및 항공좌석 이용률, 예약건수, 시장점유율 등을 비교·분석하는 일이다.

또 관광기업은 고객조사를 통해 판매촉진의 결과를 평가할 수도 있다. 판매촉진이 관광객들에게 자사상표를 얼마나 잘 기억하게 하고, 자사의 서비스 내용과 특성을 얼마나 제대로 알게 만들었으며, 관광객들의 구매의사 결정에 어떻게 영향을 주었는가를 설문을 통해 평가하여 판매촉진 프로그램의 효과를 측정할 수도 있다.

2 관광기업의 판매촉진 대안

판매촉진의 대상은 관광기업의 이용객과 유통경로 기관임은 전술한 바와 같다. 따라서 관광기업은 고객지향적 판매촉진과 유통경로 기관 지향적인 판매촉진을 전개해야 하는데[52] 이때 활용 가능한 대안은 다음과 같다.

(1) 고객지향적 판매촉진 방법

1) 로열티 마케팅의 실천

관광기업은 개개 관광객이 자사상품에 대한 애호도를 지속적으로 가지고 사용하도록 유도하기 위해 로열티 마케팅(royalty marketing)을 전개할 수 있다.

52) 이외에도 사내종사원을 위한 사내 판매촉진 수단, 즉 내부마케팅(internal marketing)도 필요하나 이것에 관한 것은 제17장 종사원 관리에서 논의한다.

사 례 12-1 다빈도 탑승계획 실시에 의한 로열티 마케팅

A항공사는 신규고객의 창조와 기존고객의 유지를 위해 다빈도 탑승자 계획(frequent flier plan)을 실시하기로 하고 이 계획에 참여하는 고객에게는 여행거리를 합산하여 무료항공권의 제공, 체크인 우선권, 공항 라운지 특별사용 등과 같은 혜택이 제공되도록 하였다. 뿐만 아니라 A항공사는 주요 호텔체인과 렌터카 회사들과도 파트너십을 체결하고 비즈니스를 하고 있기 때문에 회원들은 A항공사의 다빈도 탑승계획에 추가적인 신용을 쌓아감에 따라 계약호텔의 객실과 렌터카의 요금도 할인받는 혜택이 주어지도록 조치하였다.

위 사례는 항공사가 고객들로 하여금 지속적으로 자사기를 이용하도록 유도하면서 이용정도의 차이에 따라 고객이 향유하는 편익에 차이가 발생하게 한 대표적인 고객지향적 판매촉진 대안이다.

2) 복권과 선물의 제공

사 례 12-2 한시적인 판매증대를 위한 촉진책

마이애미에 본사를 둔 J크루즈선사는 비수기인 2월 한 달 동안 자사의 패키지 프로그램을 구입하는 모든 여객에게 무료로 여성용 대형백을 제공하기로 결정하고 이를 신문광고를 통해 공지하기로 하였다.

한편 영국 국적항공사인 B항공은 자사기를 이용하는 영국행 여행객의 감소추세를 감지하고 2001년 2월 1일부터 동년 3월 1일까지 한 달 동안 자사기의 런던행 항공권을 구입한 모든 여객에게 세계 최고급 승용차인 롤스로이스를 가질 수 있는 복권당첨권을 제공하기로 결정하였다.

위 사례처럼 관광기업은 복권이나 값비싼 무료경품을 선물로 제공함으로써 신규고객의 주목을 끌고 해당기간 동안은 계속 이용객을 늘여나갈 수 있다. 그러나 이 판매촉진 프로그램은 단기간이어야만 효과가 높다.

3) 무료 여행상품의 제공

사 례 12-3 H호텔의 무료편익 서비스의 제공

세계적 체인호텔인 서울 H호텔은 비수기에 장기투숙자의 유치를 위해 1주일 이상 체류자에 대해서는 1일 숙박료를 무료제공하기로 결정함과 동시에 호텔투숙객로 하여금 호텔과 공항간의 교통편익을 제공할 목적으로 무료 셔틀버스 서비스를 제공하기로 하였다. 이러한 판매촉진책을 마련한 H호텔은 촉진책 시행 후 1개월이 지나자 예약건수가 늘어났고, 서울의 교통체증과 택시잡기에 어려움을 느낀 외래객들이 H호텔이 제공하는 무료 셔틀버스 서비스에 만족한 결과 투숙객의 지속적인 증가와 함께 예약률도 향상되고 있는 것으로 분석되었다.

이처럼 관광서비스 이용자는 비할인상품(非割引商品)의 구매시에 제공되는 무료상품에 긍정적으로 반응하여 서비스 상품의 구매를 지속적으로 확대해나가려는 성향을 가지고 있다.

(2) 유통경로기관 지향적 판매촉진 방법

관광기업은 서비스 상품 판매에서 유통경로기관이 차지하는 역할과 중요성은 크다. 따라서 관광기업은 그들과 효과적인 의사소통 관계를 형성·유지하고 그들의 애호도를 제고시키며, 자사 서비스 상품에 대한 그들의 강한 흥미를 유발시키기 위해 다양한 판매촉진책이 동원·활용되어야 한다. 그러나 관광기업이 판매촉진을 전개할 때에는 유통경로기관들이 자사상품에 친숙하여 효과적으로 판매할 수 있도록 자극함과 동시에 그들이 주어진 판매목표량을 달성했을 때에는 이를 만족스럽게 보상해주어 보다 많은 판매가 이루어지도록 유도해야 한다.

이러한 두 가지 목표에 접근하기 위해 관광기업이 활용할 수 있는 대표적 판매촉진 대안은 다음과 같다.

1) 시찰 및 리셉션에의 초대

사 례 12-4 신축 S호텔의 여행사 직원초대와 환영 리셉션 개최

최근 서울에 신축된 특급호텔인 S호텔은 전관 오픈(open)을 앞두고 고객으로서는 처음으로 서울의 유명여행사 경영진 및 호텔예약 담당자 100명을 초대하여 1박2일 동안 호텔의 모든 시설과 음식을 사용, 경험하게 하는 프로그램을 마련하였다. 물론 이 초대식에는 호텔사장이 현관에 직접 나와 그들을 맞았고, 초대 당일 저녁에는 사장이 여행사 직원과 호텔직원간에 격의 없이 담소할 수 있는 뷔페식 만찬을 마련하여 우의를 다지기도 했다.

이 프로그램을 준비한 호텔측은 자사의 유통경로 기관 중 가장 중시되는 여행사 직원들로 하여금 호텔의 모든 것을 알고 경험하게 함으로써 호텔에 대한 친숙감을 갖게 하는 한편, 호텔의 특징을 이해시키고 애호도를 제고시키려는 데 목적을 두었다.

2) 초대여행의 실시

사 례 12-5 신규노선 개설 항공사의 시승비행 실시

최근 한·중간에 항공협정의 체결로 서울↔북경간 신규항공노선이 개설되어 잠재력이 무한한 중국행 항공시장의 공략이 가능해진 K항공사는 공급좌석 수가 모자랄 정도로 예약이 폭주하는 가운데에서도 전국의 일반 및 국외여행사를 대상으로 중국여행전문 취급 여행사 직원 50명을 초대, 시승비행(試乘飛行 : inaugural flight)을 가졌다.

이 초대비행은 물론 항공요금, 현지 숙박비, 식사대 등 모든 비용을 K항공사가 부담하는 조건이었고, 인솔자는 K항공사의 영업부장이 직접 맡았다.

중국 북경에 그들이 체류하는 동안 자금성, 이화원, 만리장성 등을 둘러보는 관광스케줄과 함께 중국의 문화와 역사를 소개하는 재중(在中) 한국역사학자의 강연도 곁들여졌다. 뿐만 아니라 K항공사 북경지점도 방문하여 지점장의 따뜻한 환대를 받음과 함께 인근의 북경(北京)이란 유명한 중국음식점에서 전통북경요리를 즐길 수 있는 기회도 가졌다.

중국여행이 처음인 모든 여행사 직원들은 K항공사의 사려 깊은 일정의 준비와 정성, 그리고 따뜻한 보살핌에 만족하여 '중국행 항공 스케줄은 K항공사'라는 생각이 머리에 각인되게 되었다.

3) 세일즈 인센티브 제공

사 례 12-6 탄력적인 인센티브 적용

금년 상반기의 영업목표로 '미주노선 50% 판매증대'를 정한 N항공사는 강력한 판매력을 가진 서울소재 20개 여행사에 대해 금년 1월부터 6월까지 월간 미주행 항공권 판매실적이 US$ 기준, 400,000만 달러 이상이면 종전 국제선 판매액 기준 9%의 수수료를 지급하던 방침을 변경하여 5%가 추가된 14%로 정리해주겠다는 문서약정을 전달하고 판매를 독려하기도 하였다.

이와 같은 초과수수료(overriding)를 지급하기로 방침을 정한 N항공사는 소규모 여행사들의 반발을 우려하여 그들 여행사에 대해서도 이 판매촉진이 발효되는 시점기준으로 종전의 미주행 항공권 판매액을 50% 수준 초과할 때에는 수수료 지급수준을 탄력적으로 적용할 것도 구두 통지하기로 하였다.

chapter 13

PR의 관리

1 관광기업과 PR

(1) 관광기업에서의 PR의 의의

촉진을 유도하는 또 하나의 방법은 관광기업에 대한 호의적인 이미지를 개발, 유지하고 자기업에 대한 비호의적인 소문이나 이야기 등을 고객의 기억 속에서 희석시키려는 노력인 PR이다. 그러므로 이 PR은 홍보(publicity)보다는 훨씬 넓은 개념이라 할 수 있다.

홍보는 관광기업이 비용을 들이지 않고 자기업이나 서비스 상품을 매체의 기사나 뉴스를 통해 일반인에게 알리는 것을 일컫는 반면에 PR은 이러한 홍보활동 이외에도 자기업의 대언론관계 활동, 자기업에 대한 이해를 돕기 위한 사내·외적인 커뮤니케이션, 입법활동과 정부관료들의 규제에 직간접적인 영향을 미치기 위한 합법적인 설득 활동, 경영층에게 사회적인 이슈나 기업이미지에 관하여 조언하는 일 등을 모두 포함한다.

오늘날 관광기업간의 경쟁이 심화되어가는 상황에서 이처럼 중요한 PR의 기능과 역할을 감안하면 이를 효과적으로 활용하여 자기업에 유리한 환경을 조성하게 하는 한편, 공중 사이에서 호의적인 구전과 이미지가 형성되도록 유도하여야 할 것이다.

(2) 관광기업이 채택할 수 있는 PR수단

관광기업이 PR에 사용할 수 있는 수단은 여러 가지이다. 예를 들면 최고경영자가 연설이나 간담회를 통해 자기업의 미래설계를 밝히거나 자기업과 관련된 특정한 이슈에 대해 기업의 입장을 밝히는 기자회견이 활용될 수도 있다. 뿐만 아니라 자기업의 정체성(identity)을 나타내는 자료를 통해서도 PR활동이 가능하다.

예를 들면 자기업의 로고(logo), 사인, 건물, 직원 유니폼 등은 관광기업 이용객들로 하여금 자기업을 차별적으로 기억하게 하는 데 유용한 수단이 될 수가 있다. 또한 관광기업은 지역사회나 교육기관에 대한 기부금의 출현 및 기타 사회봉사 활동 등을 통해 자기업의 호의적인 이미지를 대중에게 각인시킬 수 있을 것이다.

2 PR의 관리

다른 촉진활동에서와 마찬가지로 관광기업 마케팅 관리라는 효율적인 PR의 관리를 위해 PR의 목표를 설정하고, PR메시지와 전달수단을 선택하며, PR계획을 수행함과 동시에 PR의 결과를 평가해보는 단계를 거쳐야 한다.

(1) PR목표의 설정

관광기업이 PR을 위해 가장 먼저 해야 할 일은 PR의 목표를 설정하는 일이다. 그렇게 하기 위해 PR담당자는 PR을 통해서 궁극적으로 얻고자 하는 것이 무엇인가를 상세히 결정할 필요가 있다.

대체로 PR의 목적에는 자기업 및 상품에 대한 인식제고, 이미지 및 신뢰성의 향상, 판매요원의 의욕고취 등이 포함될 수 있다. 예를 들어 어떤 여행사가 해외여행 상품의 판매확대를 위해 홍보를 하기로 결정하였다면 공중에게 "해외여행은 생활의 질을 높이는데 중요한 한 부분일 뿐만 아니라 해외문화를 경험하고 이해할 수 있는 소중한 기회가 된다"는 내용의 인식을 심어주기 위한 하나의 목표와 함께 자사의 여행상품은 타여행사의 그것보다 일정과 내용, 그리고 품질면에서 우수하다는 것을 전달하는 또 하나의 목표를 수립할 수 있을 것이다. 이러한 목표는 보다 상세한 세부목표에 의해 구체성을 띠게 되는데, 이를테면 관광기업 PR담당자는 구독자 수가 많은 신문의 '여가와 관광'란에 기사화하는 것을 목표로 해외여행의 즐거움과 가치, 그리고 자사의 여행상품의 우수성 등을 뉴스로서 가치가 있도록 이야기를 만드는 일이다.

이와 같이 결정되어진 PR의 목표는 뒤에 그 달성여부가 평가될 수 있도록 다듬어져야 한다.

(2) PR메시지 및 전달수단의 선택

일단 목표가 설정되면 관광서비스 상품에 대한 흥미로운 이야기거리를 찾아야 한다. 예로서 말레이시아의 콘다카나발루 등정의 해외여행 상품을 개발·판매하고 있는 여행사에서 자사의 임직원 중 "에베레스트의 등반에 성공한 사람이 안내하여 산에 오른다"는 등의 뉴스거리가 될 만한 일들을 찾아내어 언론매체에 제공하는 일이다. 만약 이야기거리가 충분하지 않으면 관광기업은 뉴스로서 가치가 있는 행사를 주최하거나 후원하는 방법을 사용할 수도 있다.

(3) PR계획의 실행

PR계획은 기술적으로 실행에 옮겨져야 한다. 보통 화제가 될 만한 중요한 이야기들은 매체가 취급하기 쉽지만 대부분의 이야기는 그렇지 못하다. 그러므로 관광기업은 PR담당자는 매체담당자와의 친분관계가 매우 중요하다. PR담당자들은 매체종사자들을 항상 만족시켜야 할 고객으로 여겨야 하며, 그들이 자기업의 이야기들을 뉴스나 기사로 취급해줄 수 있도록 호의적인 관계를 형성·유지할 필요가 있다.

(4) PR결과의 평가

가장 손쉬운 PR효과의 측정방법은 매체에 자기업의 이야기나 서비스 상품의 내용이 노출된 횟수를 측정하는 것이다. 그러나 이 방법은 매체가 메시지를 서로 중복해서 전달할 수도 있기 때문에 목표 오디언스에 대한 순도달률을 측정할 수가 없어 만족스러운 방법은 못 된다. 이 방법보다 개선된 방법은 관광기업과 상품에 대한 이용객들의 인지도, 지식, 그리고 태도가 PR캠페인의 결과 어떻게 변화되었는가를 측정하는 일이다.

즉 PR캠페인 전의 그것들과 실시 이후 그것들에 대한 것을 측정해서 그 변화를 PR의 효과로 보는 방법이다. 판매액과 이익의 변화추이를 조사해보는 것도 좋은 방법이 될 수 있다.

chapter 14

관광 유통경로의 관리

- 1. 관광 유통경로의 개요
- 2. 관광마케팅 믹스에서의 유통경로의 역할
- 3. 관광 유통경로 시스템의 형태
- 4. 관광 유통기구의 구성요소

관광상품은 서비스 상품이므로 보존할 수가 없어 이를 생산, 판매하는 소재공급업자는 유통경로 전략을 수립할 필요가 없다고 생각하는 사람이 많다. 그러나 관광상품의 시스템을 보면 그것의 유통과정이 분명히 존재하고, 또 사회적 유통과정을 담당하는 주체도 존재하므로 관광 유통경로를 관리하는 일은 중요하다.

무형상품으로서의 관광상품은 가시적인 유통은 없고 정보와 경험, 그리고 만족의 흐름이 주가 된다. 이에 따라 관광기업과 이들의 서비스를 이용하는 관광객간에 정보의 흐름을 원활하게 만드는 것이 관광 유통경로의 관리목표가 된다.

관광기업은 관광서비스를 이용객에게 제공하려면 적절한 곳에 점포를 마련하여야 하며, 해당 점포별 관광서비스의 상품, 가격, 촉진 등 기본적인 마케팅믹스와 물리적 환경, 내외부 고객의 관리 등 확장 마케팅믹스를 적절히 사용하여 통합적인 마케팅 활동을 수행하여야 한다.

이를 위해 관광기업은 효과적으로 서비스를 전달할 수 있는 시스템을 설계·구축해야 하는데 그렇게 하려면 이용 가능성과 접근 가능성이 보장되는 유통경로를 수립해야 한다. 여기서 이용 가능성이란 이용객이 관광서비스를 필요로 할 때 이용할 수 있게 설계한 것을 말하고, 접근 가능성이란 이용객이 거래를 수행하기에 편리하도록 한 것을 의미한다.

이처럼 관광기업이 유통경로 전략을 수립할 때에는 관광상품을 취급할 유통업자를 선택하는 일이 중요하다. 이때에는 몇 개, 또는 단 한 개의 업자를 결정할 수도 있고, 또 많든 적든 유통업자끼리 강력한 연합을 형성시킬 수도 있으며, 때로는 여행도매업자나 특별중개업자에게 유통시킬 수도 있을 것이다.

그러나 관광기업이 판로를 선택할 때에는 관광시장과 자사가 기대하는 목표가 무엇인가에 따라 조정할 것이겠지만 관광시장에 주안점이 주어지지 않으면 안 되고, 관광시장에서의 자사 지위, 판매비용, 판매지역, 고객구조 등도 깊이 고려하여야 한다. 그런 뒤에 자사가 이용객을 직접 대상으로 삼는 직접 유통경로를 설정할 것인가 아니면 간접 유통경로를 택할 것인가를 결정해야 하는데 이러한 논의점들을 이 장에서는 논의하기로 한다.

1 관광 유통경로의 개요

(1) 관광 유통경로의 필요성

사회의 발전은 여러 분야의 분업의 결과라고도 할 수 있는데 관광기업의 발전도 예외가 아니다.

관광이 적었던 과거에는 관광 유통경로의 문제는 제기되지 않았지만 오늘날처럼 관광서비스의 생산이 전문화되고 그것의 생산과 이를 소비하게 될 관광객간에 관념적·지리적·시간적 간격이 넓어지게 되자 그 간격을 좁혀줄 기구가 요청되었다. 그 결과 관광서비스의 순환이 생산·유통·소비의 세 과정으로 나누어지게 되었고, 그 중에서도 유통은 다시 내부적으로 사회적 분업이 진행되어 관광기업에서도 여러 형태의 유통기관이 등장하기에 이르렀다. 이에 따라 오늘날의 관광 유통기구는 복잡한 형태를 띠고 있다.

한 나라에서 관광서비스 상품을 취급하는 유통구조의 발전 정도는 곧 그것의 원활한 유통을 통한 관광객의 만족 제고와 관광기업의 발전에 지대한 영향을 미친다.

(2) 관광 유통경로의 특성

1) 간결한 전달과정과 다양한 전달방법

관광기업이 판매하는 서비스 상품은 대체로 무형성이므로 물리적인 유통현상은 없고 정보에 의해 간결히 처리되는 전달과정을 밟는다. 즉 관광상품은 일반제품과 상이하므로 관광서비스의 이용에 관한 정보전달, 예를 들면 예약 및 수배, 그리고 약속대로의 서비스만 착실히 제공되면 된다.

이 과정에서 관광객에게 여행소재를 공급하는 호텔과 항공사는 여행사와 같은 중간 전달경로를 개입시킨다. 다양한 형태의 중간업자가 관광서비스의 전달과정에 개입되는 이유는 다음과 같다.

- 첫째, 관광기업의 입장에서는 호텔의 객실과 항공좌석 그리고 크루즈(cruiser)의 선실(船室) 등은 당일 또는 당해 운항편에 판매되지 않으면 재판매 기회가 상실되고 마는 소멸성이 있으므로 기간 내에 모두 소화시키려면 다양한 형태의 유통경로의 개입이 요구되기 때문이다.
- 둘째, 중간업자는 정보만 정확히 전달하면 되므로 관광상품의 취급이 쉬운데다가 참여가 용이하고 수익 또는 크기 때문이다.

2) 관광객의 구매의사 결정과정에 영향력 발휘

전술한 다양한 중개업자는 관광객의 구매의사 결정과정도 영향력을 미친다. 여행중간업자의 역할은 다양하지만 중요한 것은 관광객들에게 많은 여행 경험을 알려주는 일과 그들을 만족시키기 위해 여행소재와 서비스를 조합하는 패키징(packaging)을 마련하는 일이다.

즉, 그들은 항공좌석과 호텔객실의 예약, 그리고 관광일정을 마련해서 패키지화된 휴가상품을 관광시장에 제시함으로써 일괄구매를 유도하는 영향력을 발휘한다.

2 관광마케팅 믹스에서의 유통경로의 역할

관광경로 믹스는 관광마케팅 믹스의 한 구성요소이다. 따라서 경로믹스를 결정할 때에는 마케팅 믹스를 통합하는 한 부분을 마련한다는 인식에서 신중을 기하여야 한다.

관광기업이 목표시장을 선정하고 마케팅 목표가 설정된 뒤에는 이를 효과적으로 달성하는 데 사용될 마케팅 믹스가 선택된다. 이 경우 마케팅 믹스의 지향성은 목표시장에 잘 도달해서 판매량을 증대시키려는 데 있다. 이렇게 해서 선택된 경로 시스템은 여타의 마케팅 믹스에도 영향을 받을 수도 있다는 뜻이다.

그것의 한 예로 전세항공(charter flight)업자가 항공좌석이 판매권을 여행도매업자에게 위임하기로 계약하였다면 항공 스케줄과 운항루트도 그들의 요구대로 조정되어야 하는 경우이다.

촉진방법 또한 경로채널과 중간업자의 선택에 맞추어 조정될 필요가 있다. 왜냐하면 중간상들은 관광서비스를 판매촉진하는 데 유리한 조건으로 사용할 아무런 장려책을 갖고 있지 않기 때문이다. 이에 따라 촉진비용은 대체로 관광서비스 제공업자들의 몫이 되고, 항공좌석과 호텔객실 등의 관광서비스 소재를 일괄적으로 대량구입하는 여행도매업자는 소재 공급업자들과 촉진비를 분담해서 공동광고를 전개하거나 기타 촉진활동을 벌여나가고 있다.

관광서비스 공급업자의 가격정책은 중간업자를 통해 간접 판매하느냐 또는 직접 관광객들에게 유통시키느냐에 따라 변한다. 예컨대 여행도매업자가 3개월간 특정호텔의 객실을 매월 300실을 이용하기로 계약하였다면 그들은 저렴한 조건의 객실료를 제시받을 수 있게 된다.

3 관광 유통경로 시스템의 형태

관광서비스의 중간상 유형에는 일부 호텔이 프랜차이징 형태를 띠는 것을 제외하고 대부분은 대리점이다. 따라서 여기에서는 대리점을 중심으로 살펴보기로 한다.

관광기업에서는 관광서비스의 생산자와 이용객간에 관광서비스의 전달과 매개역할을 생산자가 직접 담당할 때도 있고, 중간상인이 대리점을 통하는 경우도 있다.

(1) 관광 유통경로의 유형

관광 유통경로란 관광서비스의 생산자로부터 이용객에게로 서비스가 이전되어가는 사회·경제적인 노선을 말하며, 이 과정에서 관여하는 자가 중간상임은 전술한 바이다.

그런데 이 관광 유통경로에는 크게 보면 수집과정(여행소재 구매과정), 중계과정(수배 및 알선과정), 분산과정(관광상품 판매과정)의 세 단계가 있으나 관광서비스의 종류에 따라 그 가운데 어느 하나가 빠지거나 혹은 더 세분되기도 한다. 그래서 경로의 길이란 개념이 대두된다.

경로의 길이란, 마케팅 당사자이며 유통경로의 기점과 종점격인 관광서비스의 생산자와 여행객 사이에 게재하는 전문적인 유통기관의 수를 일컫는다. 즉, 중간업자의 수가 많아지면 단계수도 많아지고, 따라서 유통경로도 길어지게 된다.

관광기업에서는 관광서비스의 생산자와 여행객간에 관광서비스 상품의 전달과 매개역할을 생산자가 직접 담당할 때도 있고, 중간업자를 경유하는 경유가 있는데 이것을 경로길이로 기준해서 유형화하면 [그림 14-1]과 같다.

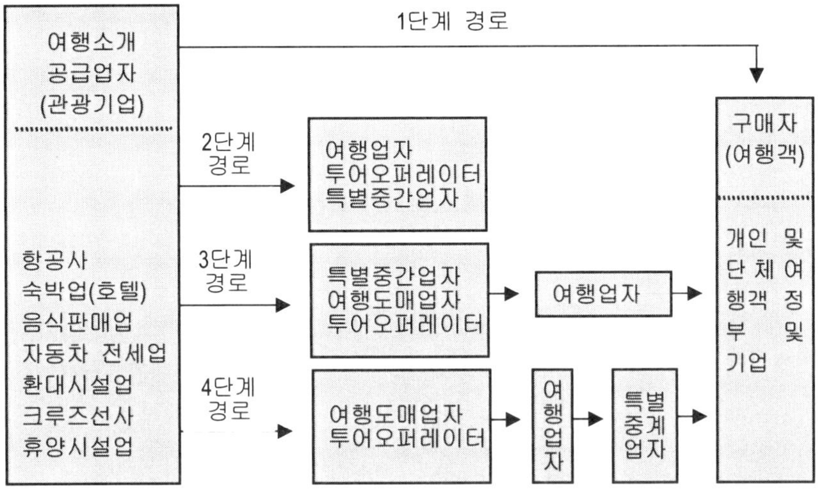

* 자료 : C.Y. Gee, *The Travel Industry*(N.Y. : Van Nostrand Reinhold, 1989), p.178.

〔그림 14-1〕 관광 유통경로를 형성하는 각 기구와 경로유형

이처럼 관광서비스 상품은 직간접적인 관광유통 시스템을 거쳐 관광객들에게 전달된다. 이 시스템은 관광상품을 편리한 판매단계를 통해 관광객들에게 제시하거나 판매하기 위해 조직되고 유지된다.

그런 점에서 관광유통 시스템의 주요 기능은 여행소재 공급업자가 관광상품을 잠재관광객들에게 용이하게 전달하거나 또는 그로 인해 관광상품의 판매를 증대시키는 일이라 하겠다. 관광기업에서는 이를 위해 두 가지의 기본적인 유통시스템에 의존한다.

그 첫째는 공급업자가 관광서비스를 직접 관광객들에게 판매하는 직접유통(direct distribution)이고, 둘째는 한 명 이상의 중개업자가 공급업자와 관광객 사이에 게재되어 관광상품을 연계시키는 간접유통이다.

(2) 관광 유통경로의 유형별 장단점

1) 직접 유통경로

사 례 14-1 직접 유통경로를 이용하는 A교수

미국의 유수한 한 대학에서 경영학박사 학위를 취득하고 현재 동아대학교 경영대학에서 마케팅을 강의하고 있는 A교수는 최근 미국 마케팅학회로부터 겨울방학 기간 동안에 뉴욕에서 개최될 학회에서 논문발표를 의뢰받고 자신이 이용하게 될 부산↔서울↔뉴욕간의 왕복 항공편과 학회기간 중 머물게 될 호텔예약을 위해 직접 대한항공 부산지점에 전화를 걸어 이를 요청하고 예약을 확약받았다. 해외여행 경험이 많은 A교수는 항공좌석과 호텔객실의 예약에 관한 한 항상 항공사를 통해 수배하고 본인이 직접 항공사 카운터까지 가서 항공권 구입과 동시에 호텔예약 확인서를 교부받는 교수로 알려져 있다.

위 사례는 여행중간상이 일체 개입되지 않고 여행소재 공급업자 대한항공이 직접 여행객을 대상으로 여행서비스를 판매하는 대표적인 직접 유통경로의 형태이다. 그렇다고 모든 항공사가 항상 이 경로패턴을 선택하는 것이 아니라 비용효과면에 기초하여 간접 유통경로 형태를 취하는 경우도 있다.

여행소재 공급업자와 구매자가 이 경로형태를 취하면 다음과 같은 이점이 있다.53)

2) 직접유통시 공급자의 이점

여행소재 공급업자가 직접 유통경로를 설정해서 운용할 때에는 다음과 같은 이점이 발생한다.

---

53) R.C. Mill, *Tourism : The International Business*(N. J. : Prentice-Hall, 1990), pp.145~147.

① 단순성의 유지와 오류의 최소화

직접유통이란, 관광상품의 거래과정에 유통기관을 일체 개입시키지 않는 것을 뜻하므로 판매는 아주 단순하게 이루어진다. 그 과정에서 공급업자는 관광객으로부터 직접 상품판매의 대금을 수령하므로 중간업자에게 수수료(commission)를 지불할 필요가 없으며, 거래와 관련되는 사무절차의 간소화와 업무시간의 단축을 가능하게 해준다. 뿐만 아니라 중간상이 개입되어 될 수 있는 예약과 수배의 오류를 최소화할 수 있다.

② 융통성의 발휘

이 시스템을 운용하면 공급업자는 시장 상황의 변동과 관광객의 욕구변화에 신속히 대응할 수 있다. 예컨대, 호텔이 대규모 회의모임이 많이 개최될 것으로 예상되는 기간에는 일반 투숙객의 예약을 가급적 억제하고 회의기획가가 요청하는 수의 객실을 대량 할애함으로써 식음료와 객실판매의 수입을 획기적으로 증대시키는 경우이다.

③ 이윤 증가

공급자가 관광객에게 직접 여행소재를 판매하면 중간상들에게 수수료를 지급할 필요가 없어지므로 이윤폭은 그만큼 증대된다. 그러나 이 시스템을 유지하면서 사무실 관리비와 운영요원의 인건비 지불이 불가피하므로 그 금액과 수수료를 비교한 후에 선택하는 것이 바람직스럽다.

④ 통제력 보장

이 시스템을 운용하면 소재공급업자가 관광객들에게 직접 자사상품에 대해 설명할 수 있으므로 통제력을 충분히 발휘할 수 있고, 자사의 이익을 최대한 확보하려는 중간상인들의 개입도 제도적으로 막을 수 있어 설득력을 발휘할 수 있다. 뿐만 아니라 관광객과 직접 접촉이 가능하여 자사상품의 품질을 고객의 사정에 맞추어 조정할 수도 있다.

3) 직접유통시 관광객의 이점

직접유통이 이루어지면 소재공급업자와 마찬가지로 이를 이용하는 관광객에게도 이점이 발생한다.

① 시간절약

간단한 여행스케줄일 때에는 중개상을 통하는 것보다 소재공급업자로부터 직접 구입하는 것이 시간절약이 될 뿐만 아니라 관광선택안(觀光選擇案)도 다양해질 수 있다.

② 정확성의 확보

관광상품의 거래과정에 중간상이 많이 개입되면 예약과 수배사항의 정확성이 그만큼 결여될 수도 있지만 이 시스템에서는 공급업자가 직접 구매자에게 확인해주므로 정확성이 그만큼 보장된다.

(3) 간접 유통경로

사 례 14-2 간접 유통경로를 이용하는 김철수 부부

올해 육순을 맞이하는 부모를 모시고 사는 김철수씨 부부는 친지들로부터 전달받은 축하금 중 일부를 부모님의 해외여행에 사용하기로 의논하고 부모님의 승낙을 얻은 후 부모님이 가장 여행하고 싶어하시는 중국행 패키지 투어(package tour)를 전문으로 취급하는 A여행사를 신문광고를 통해 확인한 뒤 두 분의 예약을 의뢰하였다.

김철수 부부는 부모님이 연로하신데다가 중국어를 구사할 수도 없고, 해외여행 경험도 전무하여 인솔자가 동반하는 패키지 투어가 가장 적합한 여행형태가 될 것이라고 판단하였고, 더불어 여행비용의 저렴성도 패키지 투어의 참여결정에 영향을 미쳤다.

위의 예와 같이 이 경로 시스템은 하나의 중간상이 개입하거나 두 개

이상의 경로기관이 개입하는 유형이다. 즉, 여행도매업자 등의 중간상들은 관광 수요량과 관광시장의 욕구를 미리 예측·파악하고 호텔의 객실을 확보하거나 항공기를 전세내는 등의 예약과 수배조치를 취해 관광객들에게 선호되는 패키지 투어 상품을 생산, 이를 여행소매상을 통하거나 관광객에게 직접 판매하는 유통경로를 형성한다. 이처럼 경로단계가 많으면 많아질수록 상품 마케팅의 관리문제는 그만큼 복잡해진다.

그러면 관광 유통경로의 길이와 유형을 결정짓는 요인은 무엇인가? 그것은 관광상품의 특성, 관광수요의 특성, 관광상품의 생산과 공급의 특성인 것으로 밝혀지고 있다. 예를 들면 관광객이 광역지역에 거주하고 있고, 또 그들의 관광상품 구매빈도도 빈번할 때에는 긴 유통경로가 형성되며, 그 반대 경우에는 짧은 유통경로가 형성된다.

직접유통시에서만 공급업자와 관광객에게 이점이 발생하는 것이 아니라 간접유통시에도 다음과 같은 이점이 부여된다.

1) 간접유통시 공급자의 이점

① 판매고의 확대

이 시스템에서는 관광상품을 취급하는 중간상의 수가 그만큼 증가하므로 판매량의 증대를 기대할 수 있다. 더구나 잠재관광객은 광역지역에 거주하고 있으므로 이를 커버할 적정수의 간접 유통경로를 개설하여 운용하면 그들은 관광관련 정보의 획득과 예약도 용이해질 것이므로 판매고의 확대를 기대할 수 있다.

② 초과판매량에 대한 공급업자의 부담제거

이상과 같이 이 간접유통은 공급자의 판매력을 증대시키지만 판매경로를 유지하는 데 소요되는 관리비는 공급자의 일반경비에 일절 추가되지 않는다. 더구나 공급업자가 중간상의 판매액을 기준으로 지불하는 수수료는 대부분 중개상의 점포관리비와 판매요원의 급료에 충당되므로 여행소재 공급업자는 판매고의 확대를 위한 일정금의 지원만 해주면 된다. 따라서 초과판매량에 대한 공급업자의 부담은 일체 발생되지 않는다.

2) 간접유통시 이용객의 이점

관광객은 직접유통시와 마찬가지로 간접유통시에도 아래와 같은 이점을 누릴 수 있다.

① 선택대안의 다양성

먼저 관광객은 직접유통시와는 다르게 다양한 선택안을 가질 수 있다. 그것은 중간상들이 한 종류의 관광상품만을 취급하지 않고 경합관계에 있는 공급자들의 소재도 취급하기 때문이다. 또 때로는 특정 공급업자의 소재를 취득하기 어려울 때에는 대체소재(對替素材)를 그들이 제시해주므로 선택대안이 넓어진다.

② 가격의 저렴성

유형재는 소비자가 생산공장에서 직접 구입하면 어느 정도 절약이 가능해지지만 서비스가 주인 관광상품의 경우에는 그렇게 되지 않는다. 그것은 중간상은 여행소재 공급업자로부터 소재를 대량구입하여 판매하므로 할인이 가능하며, 공급업자가 자사상품의 소멸성 때문에 중간상의 조력을 구하기 위해 요금을 탄력적으로 운용하기 때문이다. 이러한 예는 투어 오퍼레이터(tour operator)가 염가의 패키지 투어 상품을 제시하거나 또는 티켓 컨설리데이터(ticket consolidator)가 저렴한 가격으로 항공권을 판매하는 경우이다.

③ 서비스의 다양성과 일괄구입 가능

관광객은 중간상이 다양한 여행소재를 분리해서 판매하거나 때로는 일괄해서 판매하므로 다양한 서비스를 제공받을 수 있는 한편, 단 한번의 중간상 방문으로 필요한 여행소재를 일괄 구입할 수 있는 편익을 누릴 수 있다. 특히 이것은 패키지 투어의 구입시에 확연히 나타난다.

4 관광 유통기구의 구성요소

우리가 보통 유통기구라 칭할 때에는 상품별 기구를 가리키며, 특수분야의 유통기구는 그의 부합되게 호칭을 하는 것이 통례이다. 그래서 관광 유통기구의 구성요소의 범위도 광의와 협의 두 가지로 나누어진다.

우선 협의의 것은 본질적 유통기능을 수행하는 담당자에 한정하여 상업자에다 중점을 두지만 광의적인 것은 <표 14-1>에서와 같이 관광객인 소비자, 관광보조기관, 그리고 통제기관 모두를 포함한다.

〈표 14-1〉 관광 유통기구의 구성요소

- 소 비 자 : 관광객(개인), 업무용 소비자(기업), 정부
- 중 간 상 : 상업자(여행도매업자, 여행소매업자, 투어 오퍼레이터)
- 생 산 자 : 여행소재 공급업자(항공사, 크루즈 선사, 호텔, 관광지)
- 보조기관 : 통신, 금융, 보험, 광고대리점, 시장조사기관
- 통제기관 : 공적 기관(정부 및 지방공공단체), 사적 기관(업체)

이 가운데 보조기관은 어디까지나 독립적인 산업의 성격을 띠지만 관광 유통기구의 구성요소면에서는 보조적 위치가 된다. 위와 같은 구성요소들이 수평적 또는 수직적으로 결합되어 관광 유통기구를 형성한다.

(1) 여행업자

여행업자는 항공사, 크루즈 선사, 철도 및 버스회사 등의 교통기관과 호텔 그리고 관광용역업자(sightseeing operator) 등과 같은 여행소재 공급업자들로부터 각종 여행관련 서비스를 구입, 조립해서 관광객에게 판매·제시하는 자를 말한다. 일반적으로 여행업자(travel agency)라 하면 여행도매상과 여행소매상을 일컫는다.

1) 여행도매업자

여행도매업자(wholesaler)란 판매경로를 통해 항공사 및 운송수단과 지상서비스 공급업자의 서비스를 공중에게 판매하는 기업 실체를 의미한다.[54] 때때로 이 여행도매업자와 투어 오퍼레이터는 동일한 것이라 잘못 이해되고 있으나 양자는 구분된다.

즉, 여행도매업자는 여행의 기획과 준비, 마케팅, 예약, 그리고 투어를 직접 운영하는 업자를 말한다. 이에 반해 투어 오퍼레이터는 투어를 일반대중에게 직접 판매하지 않고 일반여행사와 항공권 판매점 등의 여행중간업자들로부터 예약을 접수하여 이를 처리하는 업자를 의미한다.

관광 유통경로상에서 차지하는 여행도매상의 중요성을 감안해서 세계관광기구는 "관광수요를 미리 예상하여 관광목적지에서의 수송과 객실, 그리고 기타 관광에 필요한 서비스를 준비하여 이를 완제품으로 만들어 여행사 또는 자사영업소를 통해 개인과 단체에서 일정가격으로 판매하는 기업이다"라고 정의한 것은 적절한 표현이다.

---

54) *Tour Wholesaler Industry Study*, Touche Ross & Co., 1976, p.68.

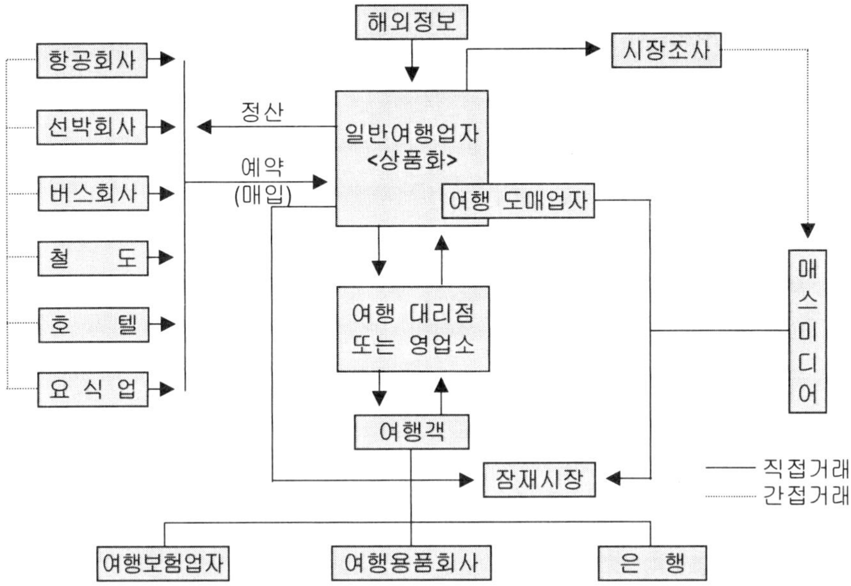

* 자료 : WTO

〔그림 14-2〕 관광상품 유통경로상에서 차지하는 여행도매상의 위치

[그림 14-2]는 WTO가 정의하는 여행도매업자의 기능과 역할, 그리고 이들이 기획·생산한 상품이 어떠한 유통경로를 거쳐 흐르는가를 일목요연하게 보여주고 있다.

2) 여행소매업자

여행소매업자(retailer)란 패키지 투어, 항공권, 호텔 객실, 임대 자동차, 그리고 여행보험과 같은 서비스의 판매와 예약 업무를 주업으로 하는 중간업자로서, 일반적으로 여행사가 이에 해당된다. 그들은 여행소재 공급업자와 운송업자들로부터 객실과 항공권 등의 판매액에 대한 일정률의 수수료를 수령하여 그것을 주된 경영수입으로 삼는다. 여행소매업자가 존재함에 따라 쉽게 관광상품에 접근할 수 있고, 다양한 관광정보도 확보할 수 있다.

(2) 투어 오퍼레이터

투어 오퍼레이터는 여행사가 광고로 관광여행객들에게 제시한 패키지 투어의 내용이 성실히 제공되도록 책임을 지는 중간상이다. 투어 오퍼레이터 중에는 버스회사와 호텔을 소유하고 패키지 투어를 취급하는 경우도 있고, 때로는 호텔 등의 계약자로부터 지상 서비스의 제공 업무를 위임받는 경우도 있는데, 어떤 경우든 투어 오퍼레이터는 출발지에서 관광목적지까지의 왕복운송 서비스, 목적지에서의 식사 수배, 그리고 관광 프로그램을 진행하는 등의 업무를 수행한다.

(3) 특별 중간업자

이것에는 포상여행 기획회사, 회합기획회사, 그리고 모터 코치 브로커(motor coach broker) 등이 포함되는데 이들은 여행소재 공급업자가 여행업자를 대리하기 때문에 유통경로상에서 영향력은 크다.

오늘날 관광산업이 전문화되어가고 있는 추세를 감안하면 이들의 존재의의는 매우 크다.

1) 포상여행 기획가

이것은 특정기업이 판매목표를 달성했을 때 사내 종사원 및 판매경로요원들의 사기앙양을 위해 포상여행을 실시하려 할 경우 여행계획의 입안과 실행을 하는 업자를 말한다. 이런 종류의 여행을 빈번히 실시하는 구미제국의 대기업들은 포상여행 계획가를 고용하여 업무를 일임시키고 있으나 우리나라에서는 그러한 기업이 아직 없다. 그 이유는 포상여행이 아직 우리나라에서는 일반화되어 있지 않기 때문이다.

포상여행은 최상급의 교통편과 숙박시설을 이용하는 디럭스(deluxe) 상품이라는 점이 특이하며, 대체로 이때에는 배우자도 동반한다. 그런 점에서 배우자를 위한 프로그램의 개발이 포상여행의 성공을 결정짓는 관건이 된다.

2) 회의 기획가

회의산업은 미래에 발전 가능성이 큰 산업으로 평가받고 있다. 회의기획가는 회의의 원활한 개막과 진행을 위해 참가자들이 이용할 교통수단의 수배, 식사 주문, 숙박시설의 예약, 그리고 편의시설의 준비 등을 책임지는데 이때에는 가용예산과 예상 참석인원 등을 감안하여 회의장소를 물색·결정한다.

3) 기업 내 여행부서

비즈니스맨의 해외출장이 많은 대기업들은 사내에다 여행담당 부서를 개설하는 것이 유익할 것이라는 생각에서 직접 이를 운영하고 있는 기업수가 늘어가는 추세에 있다. 이 경우 여행담당자는 급료를 받는 피고용인의 입장이므로 중간상이라 부를 수 없지만 소매형태의 여행사와 동일한 업무를 수행한다는 점에서 그렇게 간주되어 취급되고 있다.

그들에게는 효율적인 여행경비의 집행이 가능한 여행계획의 작성이 1차적인 관심사이고, 일반여행사와는 달리 소재공급업자들과 할인계약을 체결하는 일 외에는 일체 수수료를 지급받지 않는다.

4) 티켓 컨설리데이터

여행상품의 소멸성을 극복하기 위해 개발된 유통경로 중의 하나가 티켓 컨설리데이터(consolidater)이다. 우리나라에서는 아직 이 제도가 없으나 구미지역에서는 매우 활성화되어 있다. 해외여행량이 더욱 증가하여 항공수요가 확대되면 우리나라에서도 곧 도입되어 활용될 것으로 기대가 된다.

이 컨설리데이터는 여행소재 공급업자가 정상적인 유통경로를 통해 자사의 서비스 상품을 완전히 판매하지 못했을 때 중개상으로서의 활동을 시작한다. 예로서, 항공사가 특정 운항편의 좌석을 완전히 판매하지 못했거나 또는 투어 오퍼레이터가 규정된 인원을 확보하지 못하였을 때 그들을 대리하여 대폭적인 할인요금을 제시함으로써 판매에 임하는 자들이다.

이 경우, 그들은 신문광고나 전화를 통해 판매하는 경우가 대부분이며, 출발일이 임박해서 판매가 이루어지므로 이용객은 관광목적지와 출발일자를 임의대로 선택할 수 없는 제한점이 있다.

chapter 15

관광 유통경로의 전략

- 1. 관광 유통경로의 설계
- 2. 효율적 유통경로 관리전략

1 관광 유통경로의 설계

(1) 관광 유통경로의 설계와 그 결정요소

유통경로의 설계란 목표시장의 고객이 원하는 유통서비스를 제공받을 수 있도록 유통경로 요소를 적절히 배열·구성하는 것을 말한다.

따라서 관광기업 마케터의 주요 과제는 잠재관광객들에게 효과적으로 메시지가 도달되고, 또 그들로부터 예약을 유도해낼 수 있는 경로믹스 전략을 고안해내는 데 있다. 경로믹스 전략을 결정할 때에는 다음 요소를 고려해야 한다.

1) 관광시장의 범위

여행도매업자, 여행소재 공급업자, 그리고 관광지 등이 지금까지 이용해오던 소매업자의 네트워크(network)를 더이상 이용하지 않기로 결정을 내린다면 그때에는 당연히 대안유통(代案流通) 네트워크가 개발되어야 한다. 선진국에서 여행소매업자는 단일 조직이 수행해내기 어려운 시장범위를 커버해준다.

2) 관광 유통경로의 관리

직접 유통경로의 설정시에 소요되는 비용은 대부분 고정비이다. 판매의 발생여부와 판매량의 대소에는 무관하게 종사원의 급료는 지불되어야 하고 판매점포도 유지되어야 한다. 왜냐하면 판매원 급료가 수수료의 형태로 지불된다면 그런 조건에서 일하려는 사람은 거의 없을 것이기 때문이다. 이와 반대로 중간업자를 통해 판매업무를 수행하면 수수료 등의 비용은 판매가 이루어진 뒤에 지급되므로 가변비용만 발생되고, 그 결과 고정비는 최저수준으로 줄어든다.

3) 포지셔닝 및 이미지

유통경로의 선택대안은 여행소재 공급업자들의 포지셔닝과 이미지에 부합되는 것이어야 한다. 이럴 때 공급업자가 만약 서비스의 질과 수준 높은 세분시장을 목표시장화하려면 마케팅은 당연히 고급여행객을 취급하는 중간업자 지향적인 모습으로 바뀌어야 한다.

4) 여행중간상의 동기

<표 15-1>에서 보듯이 관광유통 시스템에 속하는 단체나 개별조직은 각각 나름대로의 독특한 목표와 동기를 가지고 있다. 이러한 목표와 동기는 항상 상호부합되지 않으므로 가끔 유통시스템 내부에서 갈등을 야기시킨다.

〈표 15-1〉 각 경로상에서의 요구와 욕구

관광서비스 생산자	여행도매업자
-판매량 -충성스런 반복구매자 -투자액에 대한 최대수입 -저렴한 유통경로비 -유통경로가 최대한 자사상품에 주의력 집중	-판매량 -높은 매매차익 -생산지의 신뢰성 -낮은 위험부담 -여행소매업자를 동기 부여할 수 있는 상품
여행소매업자	**고 객**
-판매량 -높은 매매차익 -이미지 -상품의 주기적 혁신 -생산자의 훌륭한 서비스 -고객이 최대한 자사취급상품에 관심 표명	-기대와 자극을 부추김 -상품지식 -상품 다양성 -신상품 출현 -대체상품 평가와 의사결정시 조력 -유능한 직원 -유쾌한 서비스 -자신을 인정해줌

* 자료 : Salah Wahab, L.J. Crampon and L.M. Rothfield, *Tourism Marketing* (London : Tourism International Press, 1996), p. 102.

관광과 관련되는 각 집단의 목표와 동기는 다음과 같이 분류할 수 있다.

- 첫째, 관광객은 여행과 휴가경험을 가장 잘 만족시켜주리라 기대되는 서비스를 선택하며 다양한 서비스와 재화를 희구한다.
- 둘째, 여행소매업자는 관광객을 위해 다양한 관광지와 기타 여행서비스를 수배함과 동시에 충분한 이윤을 창출해주는 관광믹스(mix of travel)를 판매하려 한다.
- 셋째, 여행도매업자는 대량판매와 높은 이윤의 획득을 희망하지만 여행소매업자들에게 최소한 위험부담을 주면서 관광객들에게 환영받을 패키지투어를 개발하는 데 관심을 쏟는다.
- 마지막으로, 소재공급업자 운송업자들은 서비스가 최대한 노출되기를 기대하면서 유통비용은 최소화되기를 원한다. 이와 같은 그들은 노출을 극대화하여 교통 수요량의 최대화와 목적지 방문 관광객 수를 증가시키고 동시에 그들의 재방문 기회가 확대되기를 기대한다.

유통경로 내부의 통합 정도가 강화될수록 종사원들은 더욱 특정 서비스와 관광지를 판매하려 할 것이다. 그러므로 직접 유통경로의 개설이 적절하지 못한 지역에서는 취급점에 대해 초과 수수료의 지급, 상품지식을 높이기 위한 친화여행(親和旅行)의 실시, 수신자 부담전화(toll-free telephone) 등을 운용하면 판매고의 증대에 기여할 것이다.

5) 경제적 집중도

마지막으로 고려해야 할 요소는 유통경로 내의 영향력과 관련되는 사항이다. 유통경로 내에서의 영향력은 특정한 관광기업 영역간에 형성된 경제적 집중도에 따라 변한다.

예컨대, 특정관광 목적지를 취급하는 여행도매업자의 수가 적으면 적을수록 그들은 목적지에 대한 영향력이 그만큼 확대되고, 그것으로부터

보다 많은 이익도 확보할 수 있게 된다. 이와 반대로 관광목적지가 많은 여행도매업자들과 관계하면 그들을 관리하는 데 비용이 많이 소요된다. 그런 점에서 독일은 철저히 여행을 통합하고 수직적 경로(垂直的 經路)를 통해 관광상품을 유통시키는 대표적 나라이다.

여행소재 공급업자들의 희망은 판매량의 최대화인데, 이것은 여행도매업자들에게도 예외가 아니다. 그들이 그러한 결과를 얻으려면 많은 여행소매업자와 비즈니스 관계를 맺어야 하겠지만 정도가 지나치면 판매금의 회수문제 등에서 위험이 제고되고, 관리비용이 많이 소요되는 불리점이 있다. 따라서 공급업자는 판매업적이 뛰어난 소매업자 몇 사를 통합하여 운영하면 기대하는 효과를 거둘 수 있을 것이다.

(2) 관광경로 설계의 주체

그렇다면 이러한 관광경로의 설계는 누구에 의해 이루어지고 주도되어야 할 것인가? 관광경로의 설계는 경로상의 문제를 해결하고 공동의 이익을 제고할 수 있는 집단이나 개인에 의해 이루어져야 한다. 이는 권력으로부터 가능한 것인데 유통경로라는 조직에 있어서 권력의 원천은 보상능력, 전문성, 그리고 합법성에 의해 가능해진다.

그러나 이러한 권력이 적절히 사용되지 못하면 갈등이 야기될 수 있으므로 기존과 미래의 갈등을 협조정신으로 이끌어나갈 수 있는 리더십을 구비한 개인 또는 집단이 관광 유통경로 설계의 주체가 되는 것이 바람직하다.

(3) 관광경로 설계의 대안

관광기업은 자사의 여행소재와 서비스를 유통시키기로 결정한 뒤에는 집중도, 즉 중간상인의 수를 확정지어야 한다. 우리나라에서도 여행소매업자와 여행도매업자 수가 증가해감에 따라 이에 관한 의사결정의 중요성은 가중되어가고 있다.

비용문제가 제기되지만 시장에 최적유통을 시키기 위해서는 가능한 한 많은 중개업자들을 이용하려 한다. 그러나 서비스와 목적지의 이미지를 잘 유지시켜나가고 잠재관광객들의 동기를 효과적으로 개발하기 위해서는 수직적 통합체제의 도입이 바람직하다는 주장도 없지 않다. 그러나 유통 집중도의 문제를 결정하는 유통경로 믹스전략에는 다음 두 가지의 방안이 고려될 수 있다. 어떤 방법이 선택되든 그것은 관광기업의 목표를 용이하게 달성할 수 있는 경로, 자사에 지속적인 경쟁우위를 제공할 수 있는 경로, 그리고 관광기업의 전체적인 마케팅 활동과 중간상, 그리고 관광객간의 적합성 여부를 종합적으로 고려한 경로의 설계이어야 한다.

1) 전속적 판매경로

이는 여행소재 공급업자가 여행도매업자를 전속화해서 자사의 관광상품만을 취급하도록 하고, 한 지역 내에 한두 곳을 한정하여 독점적 판매를 도모하려는 방안이다. 이 전략은 대체할 만한 관광상품이 없거나 극히 적은 경우에 해당하는 것으로, 대리점이나 중간상들이 제공하는 서비스를 고품질로 유지시키려 할 때 사용하는 것이다. 이는 해외 크루즈 선사가 전국에서 특정여행사 몇 곳만 선정하거나 특정지역에 전속적 대리점을 선정하여 판매책임을 지게 하는 경우이다.

2) 개방적 판매경로

이 판매경로는 여행소재 공급업자가 모든 여행도소매업자로 하여금 자사상품을 취급, 판매하도록 하는 선택전략이다. 이 방법을 운용하면 마케팅 비용이 증가되는 단점이 있으나 광범한 지역에 확대시킬 수 있어 판매기회가 증대되는 효과가 발생한다.

이때 여행소재의 특성에 부합되는 판매촉진 활동을 전개해나간다면 계열화에 상응하는 판매 강화책이 될 수 있다. 이 전략은 항공사들이 많은 여행사들과 판매대리점 계약을 체결하고, 그곳을 그들의 매장으로 삼으려고 노력하는 경우에서 발견할 수 있다.

2 효율적 유통경로 관리전략

관광서비스가 아무리 독창적이고 효과적인 광고를 통해 매력적인 가격임을 알리더라도 이용객이 거기에 접근하기 어려우면 그 가치는 발휘하기 어렵다.

따라서 관광기업에서는 이러한 이용객의 접근용이성을 항상 염두에 두어야 하고, 이용객의 서비스 시설에 대한 접근용이성을 제고시켜준다는 의미에서 접근이라는 개념은 그 자체로서도 하나의 유통전략상의 대안이 될 수 있다.

예컨대, 잠실에 위치한 롯데월드에서는 유원지에서나 볼 수 있는 놀이기구를 실내(롯데월드 어드벤처)에 배치함은 물론, 다양한 메뉴의 음식점과 극장에 이르는 여러 볼거리를 제공함으로써 이용객들의 휴일을 책임지고 있는 경우이다.

이러한 접근용이성의 개념은 관광기업과 이용객 사이에 시간 및 공간적인 차이를 극복하게 하는 입지와 관련된 내용이다.

(1) 입지선정

관광기업에 있어 입지는 단순히 넓은 주차장을 확보하여 이용객을 맞이한다는 정도의 차원을 넘어 다양한 전달방법을 이용하여 자사의 서비스를 이용객의 상황에 가장 적절한 시간 및 장소에 제공할 수 있어야 함을 의미한다.

그리고 이 입지는 관광기업의 유통전략상 중요한 의미를 가진다. 왜냐하면 좋은 입지는 고객의 접근가능성을 높여주고, 반복구매 등으로 구매패턴을 변화시킬 수 있을 뿐만 아니라 고객에게 유쾌한 경험을 갖게 해서 관광기업 자체나 서비스에 대한 애호도를 유발시킬 수 있기 때문이다.

관광기업의 입지선정시 고려 사항은 다음과 같다.

- 접근용이성 : 대중교통 이용가능성 여부, 교통량과 방향, 신호등, 사거리, 평균 교통량
- 가시성 : 도로 옆 위치, 인근빌딩, 간판의 크기, 점포형상, 점포대와의 수평각, 점포면적, 점포방향, 점포 좌우 건널목 여부
- 주차 : 적정수준의 전용주차장 확보 여부
- 확장성 : 필요시 시설의 확정여지
- 주변환경 : 관광서비스를 보완해주는 인접 분위기

(2) 입지계획

관광기업의 입지계획은 사업의 성격과 입지측면의 필요를 바탕으로 단계적인 목표수립 및 실행계획을 준비하는 일이다.

그러므로 이 입지계획은 시장기회를 나타내는 사업계획과 관광기업의 사업의지를 담은 전략계획과의 상호연계성을 파악한 이후에 가능한 입지를 탐색하고, 이를 평가하여 최종 선택하는 다음과 같은 과정을 밟아야 한다.

- 첫째는 사업계획을 검토하는 일이다. 사업계획은 관광기업이 통제하기 힘든 시장환경을 파악한 후에 만들어지며, 제공하고자 하는 서비스의 유형, 사업의 규모, 전체 시설 수, 관광시장 유형 및 위치, 그리고 기타 주요 입지요인을 고려한다. 따라서 관광기업이 이 사업계획을 검토하면 사업의 성격과 입지측면에서의 요구사항을 일치시킬 수가 있다.
- 둘째는 전략계획을 반영하는 과제이다. 여기에서는 관광기업이 관광상품과 관광시장의 지향점, 즉 틈새시장, 경쟁우위, 전략실행에 필수적인 특유능력, 가능한 위험부담 정도, 기존 경영자원 개발 및 할당계획을 반영한다.
- 셋째는 가능한 입지를 탐색하는 일이다. 입지의 사전탐사는 가장 주요한 결정요인에 비중을 두고 진행하여야 하고, 입지에 관한 주요 정보는 다양한 원천에서 구할 수 있다.
- 넷째는 대안을 평가하고 선택하며 실행하는 일이다. 대안의 평가는 일반적이니 입지 평가기준을 참고로 하여 자사의 특유한 상황을 반영한 기준을 추가하거나 수정하여 이용할 수 있을 것이며, 대안의 선택과 실행에는 자본 및 기타 자원의 투입과 인적 노력이 필수적이다. 신중한 선택과정을 거친 후 실행과정은 신속한 것이 바람직스럽다. 특히 점포입지와 같이 경쟁에 민감한 결정은 정보유출로 입지에 차질이 생길 수 있으므로 신속히 실행에 옮기는 것이 좋다.

chapter 16

패키징과 프로그래밍

1 패키징과 프로그래밍

(1) 패키징과 프로그래밍의 의의와 성격

패키지(package)란 용어는 원래 소비재의 매매와 운송과정에서 상품의 내용과 외형을 보호하기 위한 포장업의 기술과 작업이 완료된 상태를 의미하는데 오늘날에는 이것이 상당한 판매력을 발휘하고 있다.

그러나 이 장에서 우리가 취급할 관광기업의 패키지는 이러한 일반상품에서의 포장 개념과는 상이하지만 상품내용이 잘 표출되어 판매경쟁에서 우위를 차지함과 동시에 이용률도 제고시킬 수 있도록 꾸며져야 한다는 포장 원칙론에서는 동일하다.

관광기업에서 패키징(packaging)의 개념은 다양한 서비스를 고객에게 소구력 높게 제시되도록 묶고 관광객들이 이용하기 편리한 제공물이 되도록 결합하는 것을 의미한다.

즉, 관광기업들이 상호관련되거나 보완관계에 있는 서비스를 단일가격체계 내에 결합하는 활동을 패키징[55]이라 부르고, 이를 관광객에게 제시하여 관광행동을 구체적으로 일으키게 하는 상품을 패키지 상품이라 한다.

일반적으로 여행사는 관광안내, 관광목적지까지의 수송, 호텔의 객실, 레스토랑의 식사, 그리고 쇼핑 등을 결합해서 패키지 투어 상품의 형태로 고객에게 제시하고 있다.

또한 호텔은 객실과 식음료, 그리고 기타 시설의 이용을 묶는 패키지를 판매하고 있어 이제 이 패키지는 모든 관광기업의 전략상품으로 자리잡고 있다.[56]

---

55) A.M. Morrison, *Hospitality and Travel Marketing*(N.Y. : Delmer Publishers, 1998), p.246.

56) 호텔마케팅에서 패키지가 잘 되어 있다는 말은 고객의 욕구에 대해 개개의 서비스와 제품이

관광서비스를 구매하는 관광객은 여러 가지 개별적 서비스를 따로 구입하는 것보다 포괄적인 시스템으로 구입하는 경우가 많다[57]. 그러한 요구에 부응하기 위해 패키지 상품에 어떤 서비스를 포함시킬 것인가 하는 문제는 관광기업의 성패를 좌우할 정도로 중요하다[58]. 그 이유는 패키지 상품에 내재된 특정 서비스에 관광객이 불만족하면 패키지 전체에 대한 불만으로 비화되어 반복구매를 회피함으로 물론, 부정적인 구전(口傳)의 형성에 참여할 가능성이 크기 때문이다.

그리고 특히 이 패키지는 관광객의 구매선택에 소요되는 시간절약의 욕구와 결합되어 점차 그 이용 규모가 확대되고 있으므로 관광기업에서는 그것을 체계적으로 기획·고안·평가하기 위한 노력을 기울여야 한다.

한편, 프로그래밍(programming)도 관광기업에서 중요하다. 이것은 현재 관광기업이 제공하는 서비스에 추가적인 소구가 부여되도록 특별히 기획된 행사나 활동을 뜻한다. 따라서 이 프로그래밍은 관광객의 구매를 자극하는 한편 그들이 특정 서비스나 서비스 패키지에 지속적인 관심을 갖도록 만드는 데 유용하다.

이상의 논의에서 상당수의 패키지는 프로그래밍 요소를 자체에 포함하고 있음이 밝혀졌으므로[59] 패키징과 프로그램은 불가분의 관계에 있음을

전체로 잘 조합되어 있다는 것을 의미한다. 이처럼 하나의 조합된 상품으로 개개 요소를 통합하는 것을 패키지라 부를 때, 호텔경영에서 이러한 패키지의 존재 필요성은 호텔마케팅의 여러 측면에서 인식되고 있다. 호텔에서 본 전체적 패키지란 호텔건물의 외관, 정원의 꾸밈새, 내장, 팸플릿, 호텔 종사원의 유니폼과 서비스, 그리고 요리 등을 의미하는데 이 호텔상품을 구성하는 여러 요소는 하나의 주제(theme) 아래 통합되어야 한다. 그러므로 호텔에서의 패키징이란 객실과 식음료 및 이용시설의 일치된 통합이라 정의할 수 있다.

57) 공업사회에서 풍족한 단품수요(單品需要)를 경험한 현대인들에게는 단품제품의 정보가 정보를 통해 시스템적으로 조립되어 제시되는 시스템 제품의 가치를 더욱 중시하는 경향이 있다.

58) 그러므로 여행사의 패키지 투어의 경우, 그것이 관광시장에서 관광객들로부터 지속적인 사랑을 받는 매력적인 상품으로 조립하려면 기획력뿐만 아니라 호텔객실과 항공좌석을 확보할 수 있는 능력, 관광상품의 품질을 유지할 수 있는 수배와 알선력, 판매력, 여행정보 수집 및 제공능력을 구비해야 한다.

59) 물론 프로그래밍을 포함하지 않는 패키지도 있게 되는데 단순한 숙박과 식사만을 제공하는 경우가 이에 해당한다.

알 수 있다. 이를테면 여름방학 때 대학생들의 해외 어학연수여행에는 항공편 예약, 현지 관광, 숙박 수배는 물론이고 항상 현지의 유명대학 어학연구소에서 어학 공부를 몇 주간 하는 특별활동 프로그램이 포함되어 있기 때문이다.

이러한 패키징과 프로그래밍의 관계를 도식하면 [그림 16-1]이 된다.60)

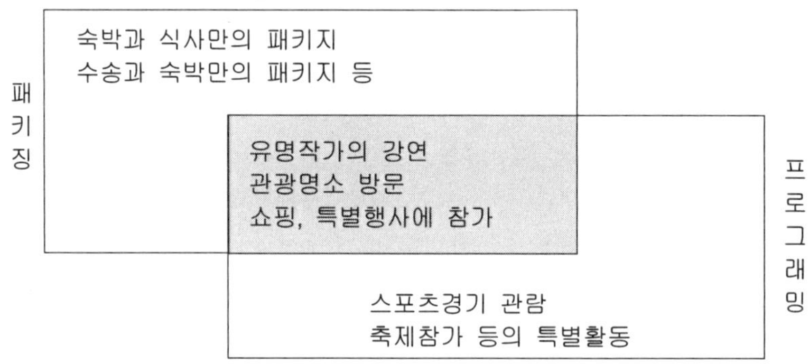

* 자료 : A.M. Morrison, *Hospitality and Travel Marketing*, p.271

〔그림 16-1〕 관광마케팅의 영역

[그림 16-1]에서 두 개의 박스(box) 중 좌측 상단부문은 순수한 패키징이고 가운데의 패키징과 프로그래밍이 중첩된 중간부분은 패키징에 프로그래밍 요소가 추가된 것을 나타내는데 이를 분석해보면 패키징의 소구력이 한결 높아진 것이 발견된다. 한편, 우측 하단부문은 순수한 프로그래밍만을 의미한다.

(2) 패키징과 프로그래밍의 결합을 통한 이점

패키징과 프로그램이 관광기업 마케팅에서 차지하는 역할과 중요성은

---

60) A.M. Morrison, *op. cit.*, pp.270～271.

막대하다. 그것은 오늘날 관광서비스의 수적 증가로 인해 서비스의 개별적인 제공은 원가 상승을 유발시켰으며, 과거 부수적 서비스로 인식되던 것이 이제는 핵심서비스의 위치에 서게 됨으로써 관광객을 위한 서비스와 관광기업 이익이라는 차원에서 패키징과 프로그래밍이 일반화되고 있는 추세에서 유래한다.

패키징과 프로그래밍이 상호결합되면 관광기업은 다음과 같은 이점이 있다.

- 첫째, 서비스 제공자는 핵심서비스의 수요 증대와 함께 부수적 서비스의 수요도 창출시킨다. 묶음가격을 통한 원가의 절감으로 관광수요를 자극한다.
- 둘째, 이러한 묶음가격을 통해 시너지 효과(synergy effect)를 발생시켜 저렴한 가격으로 관광서비스를 제공할 수 있다.
- 셋째, 관광기업은 성수기와 비수기의 수요를 균등화시킬 수 있으며, 1인당 소비액을 증대시킴은 물론 반복구매를 유도하여 수익성을 향상시킨다.
- 넷째, 다양한 욕구를 가진 특정 수요집단에 적합한 시장세분화 전략을 구사할 수 있으며, 서비스를 보완하여 매력적인 서비스 상품을 창출시킨다.

이처럼 패키징과 프로그래밍이 결합되면 다양한 효과를 발생시키므로 이하에서는 패키지 프로그램이란 용어로 통일해서 서술한다.

2 패키지 프로그램의 성행이유

패키지 프로그램은 고객의 수요를 예상하며 미리 구성소재를 대량으로 구입·결합·판매함으로써 관광기업의 생산체제를 종전의 주문생산 체제에서 기성 생산체제로 변환시켰다. 이 과정에서 관광기업의 생산성은 크게 향상되었고, 패키지 프로그램의 범위도 확대되었다.

그리하여 오늘날에는 패키지 프로그램 상품이 관광기업의 주된 수익상품, 또는 일반인의 이용도 보편화된 관광기업의 주력 상품으로 정착되기에 이르렀다.

이처럼 패키지 프로그램 상품이 성행하게 된 이유를 다음 두 가지 측면에서 생각해볼 수 있다.

(1) 패키지 프로그램 참여업체의 측면

패키지 프로그램은 관광객들의 요구에 의해 기획되기보다는 관광기업 자체가 갖고 있는 문제점 때문에 요청된다고 보는 것이 옳다. 이것을 항공사의 경우를 예로 들어 설명하면 다음과 같다.

항공기 제조기술의 발달은 제트항공기의 출현을 가져왔으며, 그것은 항공운송의 최대특징의 하나인 스피드의 실용화를 가능하게 하였다. 이에 부수하여 항공기의 대형화는 비행의 쾌적성과 안락성을 향상시켰음은 물론, 장거리 비행과 함께 대량운송시대를 도래시켰다.

이처럼 항공기의 대형화에 의한 운송력의 비약적인 증대는 항공사로 하여금 신규여객의 창출 문제와 함께 비수기에 발생하는 수급 불균형현상이 좌석공급의 과잉문제를 야기시켰다.

이러한 상황에 처한 각국 항공사들은 여행을 전문적으로 기획하고 판매를 전담하게 될 자체 여행사(inhouse travel)를 설립하여 패키지 투어 상품을 기획하게 함으로써 자항공사의 좌석 일부를 소화하도록 조치하였다.

즉 모회사(母會社)에 해당하는 항공사는 항공좌석의 공급과 선전활동을 담당하고, 자회사(子會社)격인 여행사는 브랜드 상품인 패키지 투어 상품을 기획・판매하는 입장에서 서도록 하였는데 대한항공 여행개발주식회사의 KALPAK이 그 사례가 된다.

관광기업이 패키지 프로그램을 적극 추진하는 구체적인 이유는 다음과 같다.

- 첫째, 여행소재 공급업자인 항공사와 호텔 등은 수요의 편재성으로 남아도는 적재력과 공실(空室)을 해결할 수 있어 자본의 유휴성을 방지할 수 있기 때문이다. 특히 교통운송업과 호텔은 총비용 중에서 감가상각비, 유지관리비, 보수비 등의 고정비 비율이 높으므로 조업도(操業度)가 증가할수록 평균비용의 절감효과를 기대할 수 있다.
- 둘째, 관광기업의 상품판매 방법을 개선시키는 효과를 가져오기 때문이다. 즉 관광기업은 관광객을 기다리는 소극적인 판매방식에서 적극적·능동적인 태도로 관광객을 향해 나감으로써 판매방법을 일대 전환시키는 효과가 발생하기 때문이다.

(2) 패키지 프로그램을 구입하는 여행객의 측면

- 해외여행 패키지 투어 상품의 사례를 들어 이것을 설명하면 독자들의 이해에 도움을 줄 것이다.
- 해외여행 패키지 프로그램은 그것을 구매하는 관광객의 입장에서는 관광객 스스로가 여행일정의 작성, 숙박시설의 선정과 수배, 교통기관의 선택과 예약 등을 해야 하는 번거로움을 덜어주고, 해외여행 중에 외국어를 구사해야 하는 어려움을 해결해줌과 동시에 여행경비의 저렴화를 가능하게 해주면서, 혼자서도 참가할 수 있는 편리성 등이 관광객의 요구에 부합됨으로써 단기간에 광범위하게 보급되고 있다. 즉 관광객과 관련하여 패키지 프로그램이 널리 이용되는 이유는 다음과 같다.

- 첫째, 관광객의 구매행위를 단순화시켜주고, 다수의 서비스를 단일가격으로 구매할 수 있다.
- 둘째, 비용절약이 가능한 경제적인 이익과 함께 여러 구성요소를 선택해야 하는 어려움과 번거로움을 해결시켜준다.
- 셋째, 관광객은 다양한 패키지 프로그램의 내용과 품질을 상호 비교할 수 있어 선택폭이 넓어진다.

〈표 16-1〉 패키지 프로그램의 성행 이유

고 객 측 면
- 편리성 - 경제성 - 서비스 품질의 지속성 확보가능 - 특화된 관심사항을 만족시킴 - 관광효과의 제고
참여 관광사업체의 측면
- 비수기의 업무량 증대 - 특별한 목표관광시장에 대한 소구력 향상 - 업무량의 예측가능과 효용성 개선 - 시설물, 매력물, 그리고 행사자원의 완벽한 사용 - 새로운 시장성향에 관한 정보파악의 가능과 융통성 확보 - 빈번히 여행하는 관광객에게 대한 자극효과 증대 - 체재일수 및 관광소비량의 증대 - 관광객의 만족도 향상 - PR 및 홍보효과 제고

chapter 17

패키지 프로그램의 개발

1 패키지 프로그램 개발시 기획력의 역할

이상에서 우리는 관광기업이 사회발전을 선도해나가는 책임 있는 사업 분야로서의 위치를 굳건히 다져나가려면 패키지 프로그램 상품이 관건이 됨을 이해하였다. 동시에 우리는 이처럼 관광기업 경영에서 중요한 부분을 차지하는 패키지 프로그램 상품이 관광기업의 발전과 성장을 뒷받침해주는 대들보 역할을 수행함도 확인하였으므로 앞으로 관광시장에서는 패키지 프로그램 상품을 둘러싸고 경쟁이 격화될 것임을 예상할 수 있다.

이에 따라 관광객에게 소구되지 못하는 패키지 프로그램 상품은 관광시장에서 도태를 면하지 못하게 될 것이다[61].

이 상품이 시장에서 성공하려면 많은 조건이 구비되어야 하겠지만 특히 기획력이 강조된다. 왜냐하면 이 상품의 최대 특징은 실제의 고객 규모가 정확히 파악되지 않은 상태에서 상품을 구성하는 각종 요소를 조정·결합해야 하기 때문이다.

이를 극단적으로 표현하면, 어디에 사는 누구인지도 잘 모르는 불특정 다수를 대상으로 방대한 양의 기획상품을 준비해야 하기 때문이다. 그런 만큼 위험부담 또한 크므로 관광기업은 시장조사를 철저히 하고, 거기에서 얻은 자료를 잘 분석해야 하며, 광고선전 활동도 충실해야 할 뿐만 아니라 때로는 대담한 발상도 요구된다.

패키지 프로그램 상품의 개발에 있어 이처럼 기획력이 요구되는 만큼 기획맨은 여행시장에서의 판매경험, 치밀한 분석능력, 아이디어의 창출

61) 우리가 해외여행시장에로 눈을 돌려보면, 여행시장의 환경은 정체되어 있다는 사실이 여러 통계자료에 의해 확인되고 있다. 그러나 다행히 우리나라는 해외여행 자유화가 실현된 시기가 얼마 되지 않아 당분간은 해외여행자 수가 지속적으로 증대해나갈 것으로 전망되어 낙관적이다. 그러나 해외여행 경험자가 증대해가고 그들의 식견이 점차 넓어진다면 현재까지는 그런대로 설득력을 발휘하여 판매되어왔던, "해외여행 패키지 상품은 만들기만 하면 판매된다"는 상품지향적인 사고는 더이상 소구력을 발휘하지 못하게 될 것이다.

력, 그리고 오랜 경험에서 터득한 육감(六感)도 갖추어야 하는 슈퍼맨(superman)이어야 한다.

2 패키지 프로그램의 개발전략

(1) 성공적인 패키지 프로그램 구성을 위한 요건

패키지 프로그램은 여러 가지 관광과 숙박서비스 요소들이 결합된 구성체이므로 대부분 하나 이상의 참여업체들에 의해 제공된다는 의미에서 요리에 비유될 수 있다.

만약 양질의 요리 재료나 양념이 조리시(調理時)에 사용되면 음식 맛과 향기가 빛나듯 패키지 전체의 이미지를 제고시켜 이용증대를 도모하려면 무엇보다 패키지 구성요소의 품질을 유지하는 일이 필요하다. 따라서 성공적인 패키지 프로그램을 구성하려면 다음 사항에 유념해야 한다.62)

- 첫째, 모든 패키지 프로그램에는 반드시 하나 이상의 매력적인 조건이나 관광수요를 창출시킬 수 있는 내용 및 장소를 포함시켜야 한다.
- 둘째, 관광객에게 가치를 부여할 수 있는 패키지 프로그램이어야 한다. 여기서 관광객이 느끼는 가치란 가격의 저렴성, 패키지의 다양성과 품질, 무료제공의 선물 등이 포함될 수 있다.
- 셋째, 패키지 프로그램의 구성요소는 일관된 품질과 조화로움을 유지해야 한다. 만약 그렇지 못하고 어느 한 요소가 불만족스러우면 전체 패키지의 이미지와 경험은 나쁘게 평가된다.

---

62) A.M. Morrison, *op. cit.*, pp.263～266.

- 넷째, 패키지 프로그램은 잘 계획되고 조정되어 가능한 한 모든 관광객의 욕구에 부응되게 편성되어야 한다.
- 다섯째, 패키지 프로그램은 개별관광객들이 쉽게 얻을 수 없는 편익과 접할 수 없는 프로그램이 포함되어야 한다.
- 여섯째, 패키지 프로그램은 무시할 가능성이 있는 점들을 배려했을 때 성공적인 패키지로 전환될 가능성이 크다. 따라서 패키지 프로그램의 기획자는 모든 발생 가능한 세부사항에 대한 준비에 철저해야 한다. 특히 계약금의 취소와 반환에 대한 명확한 기준설정, 고객이 계약시에 선택할 수 있는 다양성과 신축성의 제공, 그리고 기타 패키지 요소에 포함되는 세부사항에 대한 정보제공 등이 요구된다.
- 일곱째, 패키지 프로그램은 관광기업의 수익을 창출시킬 수 있어야 한다. 따라서 수익을 저해시키는 요인이 개입되지 않도록 신중을 기해야 한다.

(2) 패키지 프로그램의 구체적 개발사례

전술한 요건을 구비한 패키지를 관광기업이 프로그래밍하려면 어떻게 하여야 할까? 이 과제의 해결을 위해 여행사가 패키지 투어 상품을 개발할 경우를 사례로 들어 설명한다.

1) 패키지 투어 상품의 개발목표 설정

여행사는 무엇보다 패키지 투어 상품의 개발목표를 명확히 설정해야 한다. 상품개발의 목표설정 방안으로는 먼저 계획안을 중심으로 장·단점으로 구분, 설정할 수 있다. 이럴 때 단기계획은 1년 기준의 회계년도에 일치시키고, 장기계획은 2년 이상을 목표로 삼으면 된다.

단기계획은 시장점유율의 확보차원에서 수립되는 경우가 일반적이고 계획기간 중에는 여행시장의 호황과 불황[63]에 따라 그 목표는 조정되며,

63) 해외여행은 경기변동의 영향을 많이 받는다. 특히 해외여행 패키지 투어 상품의 경우에는 이러한 현상이 더욱 현저하게 여행상품 소비지출과의 관계가 탄성식2.0(이는 소비자지출이 10%

장기계획은 이 단기계획의 토대 위에서 수립된다.

한편 여행사는 상표중심으로 개발목표를 설정할 수 있다. 이 방법은 관광목적지별로 구획하여 패키지 상품의 목표를 설정하는 것이다. 이를 테면 미주지역, 동남아지역, 유럽지역 등으로 관광목적지를 대별하고 각 지역별 전년도 판매실적을 감안해서 새로운 목적지가 추가되는 상품을 개발해나가면서 개선책을 강구하는 것이다.

2) 패키지 투어 상품의 경쟁력 분석과 기획

이상과 같이 개발목표를 설정한 관광기업의 다음 과제는 자사 패키지 투어 상품의 경쟁력을 분석하는 일이다. 관광시장에 유통되고 있는 패키지 상품들은 상호경쟁 관계를 유지하면서 판매되고 있다. 그러므로 여행사는 자사상품이 관광시장에서 경쟁력 우위를 점하고, 그 결과로 자사가 지도적 입장에 위치할 수 있도록 노력하여야 한다.

여기에서 경쟁력[64]은 패키지 투어 상품의 종류, 서비스 품질, 그리고 관광시장에 대한 영업활동의 침투 정도에 의해 결정된다. 관광시장에의 참여 용이성과 관광상품의 모방 용이성 등을 감안할 때, 특정 관광기업 상품이 지속적인 경쟁력의 유지와 함께 자사시장의 계속적인 견지를 기대하기 어렵게 되었다.

따라서 여행사는 경쟁조건의 변화를 부단히 조사·분석하는 한편 경쟁 여행사의 시장전략 등을 확인하면서 이에 대처해나갈 수 있는 패키지 투어 상품을 개발·판매하여야 한다. 이때에는 시장세분화를 통한 각 세분시장의 소구점을 기초로 상품가격, 내용, 품질, 그리고 차별성을 강조하

신장하면 해외여행 패키지 투어 상품의 판매는 20% 신장된다는 것을 뜻함) 이상이 된다는 사실이 조사결과 확인되고 있다.

64) 경쟁력은 시장에서 고객을 흡수할 수 있는 피아간의 역관계(力關係)를 나타내는 지표로 관계식은 상품공급력비(商品供給力比) 경쟁력×시장점유율로 표시된다. 이를 쉽게 설명하면, 타여행사보다 자사가 먼저 새로운 상품을 개발, 판매함으로써 여행객 흡인력을 강하게 발휘한다든지 또는 상품에다 자사만의 특성을 가미한 결과로 발생하는 경쟁 여행사에 대한 상대적 우위 정도를 말한다.

면 소구력을 발휘할 수 있을 것이다.

① 관광객 대체별 패키지 투어 상품의 개발

이것은 관광객의 연령, 성별, 교육수준에 기초하여 투어 상품을 개발하는 방법이다.

- 첫째, 호기심 많고 지식욕이 강하면 자발적인 행동을 하려는 청년층 관광객을 위해서는 저렴한 패키지 투어와 목적지에서 자유스런 행동이 보장되는 자유관광 패키지의 개발이 바람직할 것이다.
- 둘째, 안정성과 안락하고 편안한 관광을 기대하는 장노년층 관광객을 위해서는 안내원이 동반하는 보양관광여행과 효도관광의 개발이 바람직스럽다. 특히 이들 관광객은 건강에 관심이 많으므로 온천지 체류형일 때에는 한의사(韓醫師)를 동반하는 것도 효과적인 것이다.
- 셋째, 감정적이고 온유하며 미적 탐구에 관심이 많은 여성들만을 위한 것으로 세계유명 미술품과 각국 전통요리, 의상, 그리고 다도(茶道)를 감상하고 경험하며 비교할 수 있는 패키지를 준비할 수 있을 것이다. 이때 해당분야의 전문가가 동반하는 여행이라면 소구력이 더욱 제고될 것이다.
- 넷째, 열정적이고 새로움을 추구하며 시각적인 체험(visual experience)을 일반적으로 즐기는 남성들을 위해서는 레저 활동 중심의 패키지 투어 상품이 바람직할 것이다.
- 다섯째, 관광을 통한 다양한 지식과 정보의 확보에 관심을 두는 지식층을 위해서는 동류집단(同類集團 : affinity group) 중심으로 해외연수 및 국제세미나 프로그램의 개발이 고려될 수 있다.

② 소재별에 따른 패키지 투어 상품의 개발

유형물이든 무형물이든 그것이 관광객을 유인할 수 있는 매력성을 갖는다면 관광자원으로 충분한 가치가 있다. 따라서 관광객의 성향과 기호를 바탕으로 문화·역사 자원 및 산업자원을 소재로 한 패키지 투어 상품을 개발할 수 있다.

- 첫째, 인간은 문화·역사적인 가치를 지닌 관광대상을 접함으로써 신선한 충격과 역사에 동화되는 계기를 마련하여 과거의 사회상, 인간상, 그리고 예술세계의 이해와 함께 오늘을 재인식하게 하고, 미래 예측력을 갖게 해 준다. 따라서 유명 사적지, 고적(古蹟), 그리고 사찰(寺刹)을 순방하는 프로그램과 전통문화 행사 중심의 패키지 투어 상품의 개발도 연구하여야 한다.
- 둘째, 특정국의 특정 산업분야의 선진기술과 경영기법을 연구하는 연수 프로그램과 영농기법(營農技法)을 배우기 위한 패키지의 개발도 수요창출에 기여할 것이다.

chapter 18

파트너십의 관리

- 1. 파트너십의 전개 필요성과 배경
- 2. 파트너십의 형성동기
- 3. 전략적 제휴의 근거

1 파트너십의 전개 필요성과 배경

관광기업에서 파트너십(partnership : 전략적 제휴 또는 제휴 마케팅)이란 공동목적을 가지고 부분적으로 사업영역과 특정자원을 공유하고 있는 몇 개의 자율적인 관광기업에 의해 이루어지는 유연한 결합을 의미한다. 이러한 결합은 경쟁관계가 날로 심화되어가고 있는 오늘날의 관광업계에서 영역이 다른 관광기업의 자원을 활용함으로써 마케팅 비용을 절약하고 이용객의 유치를 더욱 적극화하여 수입증대를 도모하므로 유용한 대안으로 평가받고 있다.

이에 따라 항공사, 호텔, 그리고 카드사 등은 회사 내에 제휴팀을 발족시켜 이 부서로 하여금 파트너십 형성 대상기업의 탐색과 유리한 입장에서 파트너십 관계가 맺어질 수 있도록 조치하고 있는 것이 일반적이다.

이처럼 관광기업들이 파트너십의 형성에 주목하는 이유는 관광업계를 지배하고 있는 이와 같은 열풍에 자사가 소외되면 경쟁적 열세를 면하지 못할 것이라는 위기감이 팽배해 있기 때문이다.

더욱 구체적으로는 관광기업 각자의 경쟁 우위적인 요소를 바탕으로 상호보완적이고 지속적인 협력관계를 구축하여 업무영역의 확대, 자사에로의 이용객 유인력 제고, 시장점유율의 확대 등의 편익을 기대하려면 파트너십의 형성이 최적대안이라는 인식이 지배적이기 때문이다.

2 파트너십의 형성동기

최근 관광업계의 분위기는 경쟁심화와 더불어 경쟁에서 살아남기 위한 관광기업간의 협력을 불가피하게 만들고 있다. 즉, 글로벌화되어 가고 있는 관광업계 내의 경쟁에서 생존전략 방안으로 외부 관광기업과의 협력관계의 구축을 도모하도록 부단히 압력을 받고 있다. 이러한 현상은 관광시장의 개방화와 함께 전산예약 시스템의 첨단화, 그리고 관광객 욕구의 다양화 등으로 인해 단일 관광기업의 자원과 기술력만으로는 격화되는 경쟁에서 생존할 수 없다는 위기감에서 비롯된 것이다.

항공사를 예를 들어 이를 설명하면, 항공사는 자본집약적이며 정보집약적인 사업이므로 정보의 중계능력과 자원확보의 능력이 무척 중요하다.

그런데 이러한 능력을 확보하는 데 소요될 막대한 자본과 노력을 감안한다면 제휴 파트너의 능력을 활용하는 것이 효과적이라는 점이다. 이를 통해 제휴항공사 모두는 신규 운송서비스의 개발과 사업화, 신규 항공시장에의 참여, 항공시장의 변화에 신속히 대처할 수 있는 장점이 발생하게 된다.

3 전략적 제휴의 근거

이 전략적 제휴 또는 파트너십의 형성은 게임이론(game theory)에 근거한 경영기업이다. 이 게임이론은 갈등상황하에서의 의사결정 방법인데 노이만(J. Noeuman)과 뫼겐쉬텐른(O. Mögenstern)에 의해 개발된 이론이다. 여기에서 갈등상황이란 두 사람 이상의 결정자가 서로 상충되는 목적을 추구하면서 경쟁적 대립관계에 처한 상태를 의미한다.

이 게임이론은 원래 군사전략에서 널리 이용되었다. 그러나 그 상황이 기업 사이에 이루어지는 경쟁과 아주 흡사하므로 기업이 취할 수 있는 전략에 대응한 행동개발에 중요한 정보를 제공하여 상대방의 전략에 변화가 가해지더라도 자신의 이익을 최대화할 수 있는 전략을 선택적으로 사용할 수 있다는 점에서 기업이 경영전략을 수립할 때 자주 활용되고 있다.

전략적 제휴 또는 파트너십은 제휴참가 관광기업들로 하여금 각종 자원의 상호보완을 통해 다양한 이익을 창출시킨다. 기술과 정보의 공유, 위험 분산, 규모의 경제성, 그리고 관광기업의 조직 활성화를 통해 자기업의 비용구조와 수요구조에 유리한 영향을 미친다.

이 게임이론에 따르면 제휴에 의한 비용구조와 수요구조의 변화는 제휴참가 관광기업의 수입에 직접적으로 영향을 미칠 뿐만 아니라 경쟁 관광기업의 기대에 영향을 가져오고, 또한 게임의 균형을 이동시켜 전략적 효과를 발휘함으로써 결국에는 게임구조 그 자체를 변화시켜 경쟁 관광기업보다 우위에 설 수 있게 만들어준다.

그러나 이 게임이론에도 한계점이 있다. 그것은 실제 관광기업이 활동상황에서 흔히 발견할 수 있는 다양하고 복잡한 변수를 고려하고 있지 않다는 점이다.

따라서 제휴참가 관광기업은 전략대안을 모색하기 위한 도구로서 이 기법이 갖는 유효성에 한계가 있으므로 성공요건을 강화하여야만 파트너십의 관리의 효과를 최대화할 수 있다.

chapter

19

전략적 제휴의 유형과 성공요인

1 전략적 제휴의 유형과 성공요건

관광기업간에 이루어지는 전략적 제휴는 이제 관광업계에서 일반화된 현상이다. 그것은 관광기업간의 제휴가 관광기업의 성장과 성장방향을 결정짓는 경영현상일 뿐만 아니라 관광기업의 진로 설정, 또는 수정을 가능하게 해주는 수단이 되기 때문이다.

관광시장의 범세계화 추세에 부응하려면 당연히 관광기업은 세계적인 경영활동에 필요한 자원과 지식을 보유해야 하는데 그러한 관광기업을 발견하는 일은 말처럼 쉽지 않다. 이러한 환경을 반영하여 최근 관광업계에 나타난 새로운 변화와 경향이 곧 전략적 제휴의 추구이다. 관광기업간의 전략적 제휴는 제휴참가 관광기업 수에 따라 단일형 · 복합형 · 그룹형으로 구분되며, 그 특징과 목적을 나타낸 것이 <표 19-1>이다.

그리고 이 전략적 제휴를 가장 활발히 전개하고 있는 기업이 항공사이다.

2 전략적 제휴의 성공요건

치열한 생존경쟁을 벌이고 있는 관광업계는 마케팅상의 이점을 확보하고 경쟁력을 강화하기 위해 전략적 제휴를 활발히 전개하고 있다. 특히 약육강식의 논리에 따른 관광기업간의 합병과 인수도 부단히 추진되고 있다. 그러나 제휴관계에 있는 관광기업들 상호간에 자원의 공유와 업무협조 면에서 불협화음을 초래하는 등 많은 문제점을 노출시키고 있다. 그 결과 이용객에게는 불편을 야기시키고, 관광기업의 이미지를 저하시키며, 급기야는 제휴관계가 파기되는 현상까지 초래시키고 있다.

〈표 19-1〉 제휴유형과 유형별 특징

구 분	단일형	복합형	그룹형
파트너	· 단일파트너 · 경우에 따라서 열위 혹은 우위적 입장	· 단일 또는 소수 파트너 · 대등한 입장	· 전세계의 다수 파트너
목적	· 약점의 상호보완 · 외부 경영자원의 이용	· 규모의 경제 추구 · 해외 신규시장에의 접근 · 새로운 가치 창출	· 융합을 통한 새로운 가치 · 새로운 경쟁무대 창출
지시의 흐름	· 주로 일방적	· 한방향 · 쌍방향	· 다방향(多方向)
경쟁	· 개별 관광기업간의 경쟁	· 제휴 내의 협조와 경쟁 · 제휴 관광기업간의 경쟁	· 제휴 내의 협조와 경쟁 · 제휴그룹간의 경쟁
경쟁력	· 상호보완에 의한 경쟁과 지위의 유지	· 상호의존성 및 시너지효과에 의한 통합 경쟁력 추구	· 상호융합을 통한 새로운 경쟁력 기반 창출 및 확보전략의 성격
전략의 성격	· 성장전략의 한 수단	· 성장전략의 한 수단	· 전사적 차원의 성장전략 또는 주요부분으로 인식

이처럼 관광기업의 전략적 제휴는 보상도 크지만 이에 못지않게 위험도 수반된다. 전반적으로 제휴관계는 관광기업간의 이해관계의 결합이며, 인간관계의 확대이므로 갈등요인이 상존하기 마련이다.

제휴관계 또는 형성의 목적이 참여 관광기업의 종사원들에게 널리 홍보되지 못한 결과, 그들의 인식부족에 따른 협조성의 결여 또는 능력의 부족 때문에 제휴관계의 실효를 거두기보다는 오히려 위기에 봉착할 수도 있다.

제휴 관광기업간에 나타날 수 있는 구체적인 갈등요인에는 파트너간에 이루어지는 시장경쟁, 제휴범위의 확대, 제휴운용능력의 부족, 기업문화의 차이, 파트너간의 우열관계 형성, 목표미달에 대한 평가관점의 차이, 그리고 의사결정의 지연 등을 지적할 수 있다. 결국 제휴에 따른 위험을 극복하고 효과적인 전략적 제휴목적을 달성하려면 참여 관광기업들은 자사의 전략적 위치와 제휴의 당위성 분석 → 최적 파트너 선정 → 성공적인 제휴를 위한 협상지침의 준비 → 다각적인 협상전략의 모색 → 협상내용의 구체화 → 법적 구조 및 재무관계의 매듭이란 단계를 거치면서 아래 사항을 철저히 검토하여야 한다.

첫째, 제휴관계를 모색하고 있는 관광기업은 자기업을 중심으로 어떠한 관광기업과 제휴를 맺어야만 시장의 요구에 가장 효과적으로 적합시킬 수 있을 것인가를 분석해야 한다. 이와 함께 파트너간에 비용과 위험을 분산시킬 수 있고, 상대로부터 기술 및 정보와 관련된 전문성을 확보할 수 있는가를 평가하여야 한다.

둘째, 파트너로부터 자기업의 취약 부분과 약점을 최대한 보완받을 수 있는가를 분석하여야 한다.

셋째, 파트너가 현재 경쟁력이 강하며 관광객들로부터 호의적인 평판을 받고 있는가를 확인해야 한다. 만약 그렇지 못할 경우 가까운 장래에 성장가능성이 있는 관광기업인가를 확인해야 한다.

넷째, 제휴관계의 성립은 종사원들간에 미리 충분한 이해가 있어야 하고, 또 그들의 적극적인 협조가 전제되어야 하므로 제휴관계가 종사원들에게 유용한 현장훈련의 기회가 되어야 한다.

다섯째, 제휴관계의 성립 이후 제휴 관광기업의 경영자들은 서로 미래의 발전을 위한 기획 프로그램을 개발할 수 있는 능력이 있어야 하고, 이를 위해 제휴 관광기업들은 제휴관계를 맺기 전에 시장공략 방안을 명확히 설정해두어야 한다.

chapter 20

관광기업과 종사원

- 1. 관광기업에서의 종사원의 위치와 주요성
- 2. 관광기업의 사내고객으로서의 종사원

1 관광기업에서의 종사원의 위치와 중요성

상품 마케팅에서는 시장조사, 제품계획, 시험판매(試驗販賣 : test marketing) 등이 신중히 수행되고 제품의 품질관리(표준화)가 잘 이루어져 고객을 흡수할 수만 있다면 마케팅 전략은 성공할 수 있다.

그것은 광고에 노출된 고객이 제품을 구매하기 전에 제품의 특징과 기능을 어느 정도 이해하고 있으므로 구매력을 가진 고객의 요구를 환기시키면 그들의 소매점에서 해당제품이 광고내용과 상이한 점이 없는가를 확인하고 자신의 기대를 만족시킬 제품이라 확신이 서면 구매하기 때문이다.

그러나 관광서비스는 이처럼 간단하지 않다. 예컨대, 호텔 DM(direct mail)을 수령한 고객은 DM에 수록된 서비스 내용이 사실인지를 호텔에 문의해본 후 호텔객실의 예약을 의뢰한다. 이 시점에서 고객은 서비스 패키지 안에 개입된다. 그래서 만약 호텔예약 담당자의 응대태도나 말씨가 DM에 의해 형성된 고객의 호텔에 대한 이미지와 기대에 부합되지 않으면 예약의뢰를 중단할지도 모른다.

[그림 20-1]은 서비스 패키지 안에 들어간 고객은 서비스를 구매하지 않고 패키지의 저변으로 직행해서 출구(出口)로 나오는 것을 보여주고 있다.

예약 단계를 무사히 통과한 고객은 호텔 방문을 결심한다. 그러나 호텔측은 그것만으로 안심할 수 없다. 호텔이 고객을 투숙시키려면 객실, 라운지, 공공서비스(public service), 주차장, 욕실, 침구, 에어컨 등의 물적 시설과 식사(메뉴) 등의 물품요소가 제공되어야 한다. 그러나 무엇보다도 중요한 것은 종사원과 고객 사이의 관계인 인간성(人間性)의 요소이다.

고객이 호텔 체재중에 접촉하는 호텔의 종사원은 전화 교환원, 주차장 관리요원, 도어 맨(door man), 벨 보이(bell boy), 프런트 맨(front man), 객실 담당자, 청소원, 엘리베이터 요원, 웨이터 등이다.

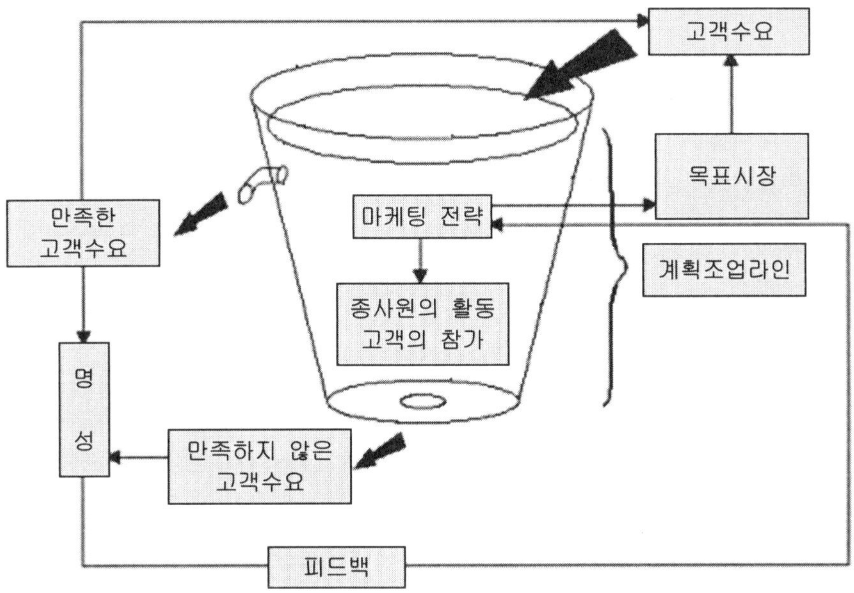

〔그림 20-1〕 관광기업 마케팅 전략의 흐름

이들의 접객태도의 양부에 다라 고객이 갖는 호텔 서비스의 수준과 호텔 이미지에 대한 평가는 달라진다. 만약 그들의 서비스가 고객을 불만족시켰을 때에는 장기체류를 예정했던 고객은 중도에서 숙박예약의 취소를 요구할지도 모른다. 즉, [그림 20-1]의 패키지 저변(底邊)의 출구로 나오게 한다.

불만족의 정도가 경미하거나 마음이 여린 고객은 예정대로 체류하겠지만 어떤 경우든 그들로부터 호텔의 재이용을 기대하기는 어렵다. 불만족을 경험한 고객은 목표시장의 잠재고객들에게 나쁜 구전을 퍼뜨릴 가능성 또한 크다.

한편 아무리 호텔 종사원의 응대태도가 수준급이고, 호텔의 물적 시설과 식사의 질이 고객의 기대에 부합한다 해도 순전히 고객 자신의 문제로 불쾌한 상태에 있었다면 호텔 서비스를 낮게 평가할 가능성이 많다. 매너를 갖추지 못한 고객은 어느 사회에서도 존재하므로 이런 유의 고객 확인은 목표시장의 선정시 전략적으로 고려해야 한다.

이럴 때 호텔은 판촉용 DM, 광고 카피(copy), 또는 서비스 제공현장에서 안내방법을 동원해서라도 고객이 갖추어야 할 매너나 예의를 저항 없이 예비지식으로 습득 내지 수용하게 만들거나 고객들이 그것을 준수하도록 설비를 구비하는 것도 한 대안이 된다. 즉 다이닝 룸(dinning room) 입구에 "출입자는 반드시 넥타이와 코트 착용을 해야 합니다"라고 명기해두는 방식을 채택한다는 것이다.

이처럼 완벽한 서비스는 종사원과 고객 사이의 인간적 커뮤니케이션 위에서 성립 가능해진다[65]. 고객의 협조 없이 종사원의 노력만으로는 훌륭한 서비스의 제공은 불가능하다. 고객과 나누는 대화를 통해서나 고객의 태도를 관찰한 후 그의 필요를 탐색·판단하여 서비스를 조정해나가는 임기응변적인 자세를 종사원이 갖는다면 과히 일급 종사원이라 할 수 있다.

요컨대, 관광마케팅에서는 서비스 제공현장에서 종사원과 고객의 행동이 서비스 성과에 많은 영향을 미친다. 그런 점에서 종사원은 관광마케팅의 실행자이자 관광서비스 상품의 주요 부문을 차지한다.

65) 관광기업에 종사하는 종사원은 창조적인 판매를 유도하고 고객에게 여러 가지 정보를 알리고 도와주며 안내해주는 서비스제공 기능 외에 고객의 반응을 청취해 피드백시키는 기능을 갖고 있기 때문에 이들이 관광기업에서 핵이 된다. 예를 들어 호텔의 주방에서 훌륭한 음식을 준비했다 하더라도 웨이터가 거칠게 음식을 테이블 위에 놓았다면 고객은 자기가 받은 서비스의 질이 매우 나빴다고 생각할 것이다. 따라서 관광기업에서 인적 자원의 관리는 적절한 사람을 뽑아 이들을 잘 훈련·교육시켜 기동화시키는 기업의 인사개념(personnel idea)에 초점을 맞춰야 한다.

2 관광기업의 사내고객으로서의 종사원

관광기업의 종사원은 고객과 일체감을 이루어 관광서비스를 직접 생산하고, 그것의 판매원이자 영업담당자이므로 관광기업에서 종사원은 모두 마케터(marketer)이다. 즉 관광기업에서는 전문적인 영업맨뿐만 아니라 생산부문 요원, 즉 사내고객[66]과 직접적인 관계를 맺는다. 이러한 관계가 [그림 20-2]의 생산과 고객을 연결하는 점선이다.

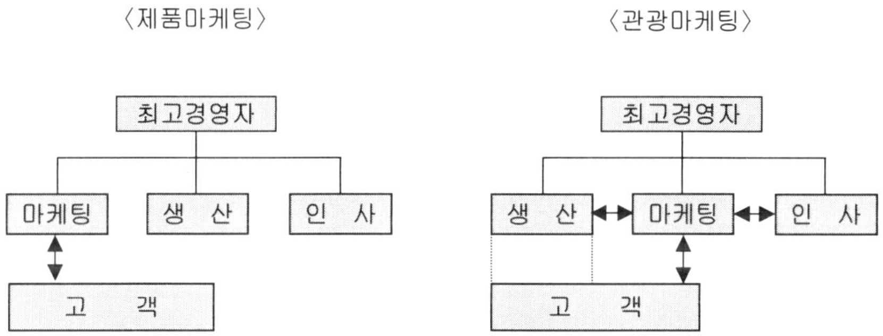

〔그림 20-2〕 제품마케팅과 관광마케팅의 비교

고객이 서비스 현장에 존재하지 않는 한 관광서비스의 생산은 무의미하다. 그것은 투숙객의 내방 없는 휴식서비스의 생산은 호텔 프런트맨만으로는 불가능한 경우와 같다.

종사원은 관광기업 경영자를 대신해서 사외고객에게 서비스를 판매한

66) 서비스업은 두 종류의 고객을 갖는데 하나는 통상적 의미의 고객이고, 다른 하나는 기업 내의 종사원이다(W.R. George, "The Retailing of Service-A Challenging Future", *Journal of Retailing*, Fall, 1977, p.47). 관광기업은 고객에게 서비스 상품을 판매하고 사내고객인 종사원에게는 그 직무를 판매하는 것이다. 최종 고객으로부터 서비스의 좋고 나쁨을 평가받는 것은 그 서비스를 어떤 사람이 제공하는가에 따라 좌우된다. 즉 서비스 생산에 해당되는 종사원의 인격이 상품으로서 서비스의 일부를 형성하게 된다(L.L. Berry, "Service Marketing is Different", *Business Horizons*, vol. 24, No. 4, 1981, p.31). 따라서 종사원이 사내고객이라는 의미는 여기서 생긴 것이다.

다. 그러나 이때 만약 종사원이 경영자가 의도하는 서비스 전략과 세일즈 포인트(sales point)를 잘 이해하지 못하거나 경영자가 추진하는 노력에 협력하지 않으면 고객에게 만족스런 서비스를 제공하기 어렵다.

관광마케터의 초점은 이용객의 만족인 만큼 경영자가 아무리 관광객 지향적인 전략을 수립해놓았더라도 종사원이 이에 동조하지 않으면 그 전략은 무산되고 만다. 예컨대, 호텔 레스토랑에 고객이 좌석에 자리하면 웨이터는 물컵과 메뉴를 식탁 위에 놓는데 이 동작은 웨이터의 기본동작이자 직무이다.

그러나 문제는 동일한 동작을 하더라도 그 제공방법에 있다. 난폭하거나 무표정한 얼굴, 그리고 기능적인 동작을 보는 고객이 느끼는 감정은 다르다. 웨이터의 직무는 물과 메뉴를 건네주는 일이 아니라 고객이 기분좋게 즐거운 마음으로 식사를 하도록 조력하고, 식탁 분위기를 연출하는 데 있다.

따라서 경영자는 종사원이 철저한 고객지향적인 사고를 갖도록 관리해야 하는데 이것이 사내지향 또는 내부마케팅(internal marketing)이다[67].

---

67) 관광기업의 주요 생산요소이자 서비스 배달시스템의 주체인 종사원에게 서비스 개념을 마케팅해야 하는 이것은 곧 "고객에게 팔기 전에 종사원에게 먼저 팔아라. 종사원에게 못 팔면 고객에게도 못 판다"라는 배경에서 나온 것이자 내부마케팅(internal marketing)의 핵심이다. 이 개념은 서비스기업의 첫번째 시장은 종사원이라는 관점에서 고객에게 서비스를 알리고 설득하고 교육시키기 전에 먼저 종사원들에게 서비스가 제공하는 편익을 알리고 설득하고 교육시켜 내부시장의 욕구를 먼저 충족시키려는 활동이다. 외부마케팅에서 고객만족을 강조하는 것처럼 내부마케팅도 실제 모든 조직에 관련되나 특히 노동집약적인 서비스에서는 서비스 질이 종사원의 숙련, 태도 등에 의해 좌우되는 만큼 양질의 서비스를 만들기 위해서는 우수한 종사원을 모집, 선발, 훈련, 동기부여시키는 것이 중요하다. 시장조사, 시장세분화, 제품차별화, 커뮤니케이션, 프로그램 등도 내부마케팅과 관련되어 있다.

chapter 21

관광기업의 내부마케팅

- 1. 관광기업 내부마케팅의 출현
- 2. 성공적인 내부마케팅의 실현을 위한 경영조직
- 3. 내부마케팅으로서의 상품
- 4. 관광서비스와 종사원의 만족
- 5. 고객으로서 종사원의 관리

1 관광기업 내부마케팅의 출현

오늘날 관광기업에서 내부마케팅[68]의 중요성이 강조되고 있는 이유는 관광기업간에 치열한 경쟁이 전개되자 관광기업 종사원의 중요성이 증대되었기 때문이다. 즉 이제는 관광기업의 우위성이 시설 · 설비 · 위치 · 상품 자체가 아니라 잘 훈련된 서비스 지향적인 종사원으로 바뀌어가고 있다는 데 있다. 관광기업이 한 명이 고객에게 서비스를 판매하는 데에는 많은 종사원이 직간접으로 참여하게 되는데 이들의 고객지향적인 사고와 서비스정신이 서비스의 품질을 결정짓는다.

예컨대 항공사의 여객운송부가 최종적으로 여객을 만족시키려면 기내승무원의 지원 없이는 불가능한 경우이다. 그러나 만약 특정 항공사의 경영자들이 항공사 종사원을 중시하지 않는다면 진정한 고객지향적인 항공사로 입지할 수 없다. 이와는 달리 항공사 종사원 개개인이 인격적으로 대우받고, 스스로가 정당한 대우를 받고 있다고 느끼며, 자항공사를 자랑스럽게 느낀다면 고객에게도 만족을 주기 위해 보다 많은 노력을 하게 될 것이다.

그러므로 관광기업이 사외고객에게 양질의 서비스를 제공하려면 기업내부에 양질의 서비스를 제공할 수 있는 체재를 구축해야 하므로 내부마케팅의 전개는 절실히 요구된다.[69]

---

68) 이것은 전통적인 마케팅믹스에다 새로운 관리요인인 현장종사원을 추가하는 것이다. 여기서는 현장요원의 인간성 발휘에 의한 부가가치를 실현하기 위해 소질 있는 인재의 채용과 그들의 인간적 성숙을 촉진하기 위해 계발·교육·훈련 및 동기부여에 적합한 조직구성과 리더십의 발휘라는 조직론적 연구가 마케팅에 필요하게 된다. 내부마케팅은 현장중시, 마케팅의 책임·권한의 현장위양을 수반하고 전략·전술의 분리구상을 특징으로 한다. 그것은 마케팅관리에서 인간적인 요소(human element)의 인식을 확립하는 것이다.

69) 내부마케팅의 중요성은 이미 1970년대부터 미국에서 잘 인식되고 있다(W.E. Sasser and S.P. Arbeit, "Selling Jobs in the Service Sector", *Business Horizon*, June, 1976 ; C. Gronroos, "Interal Marketing an Integral Part of Marketing Theory" in J.H. Donnly and., W.R. Geoge eds, *Marketing of Service, AMA*, 1981 등을 참조할 것).

내부마케팅이 원활히 이루어지려면 관광기업 경영자는 종사원을 고객으로 인식해서 그를 통해 훌륭하고 많은 성과가 이룩될 수 있도록 업무 여건을 조성해야 한다. 그리하여 관광기업은 사외고객에게는 서비스 상품을 판매하지만 내부고객인 종사원에게는 내부상품(內部商品)으로서 업무 또는 직무를 판매한다는 사실을 망각해서는 안 된다.

2 성공적인 내부마케팅의 실현을 위한 경영조직

사 례 21-1 종사원을 중시하는 AVIS의 중역

AVIS사의 판매고 증대와 성장은 1센트(cent)라도 더 벌어들이려고 노력하는 종사원의 손에 달려 있고 그들의 노력에 의존한다. 그리고 그들이 나에게 봉급을 주며 그들이 훌륭하게 업무를 처리해주므로 내 직무가 있다고 생각한다.

* 자료 : D.S. Davidson, "How to Succeed in Service Industry : …turn the Organization Chart upside down", *The Management Review*, vol 67, April, 1987, pp.13～14.

위 사례는 세계적 렌터카사인 AVIS사의 교육훈련 담당자가 술회한 내용이다. 이와 같이 조직화된 관광기업이 성공하는 비결의 하나는 종사원이 조직의 축(軸)이라고 이해하는 데에서 출발한다. 그래서 유능한 관광기업 경영자는 제조기업의 조직과 달리 서비스 조직도에서 종사원을 최상위에 둔다.[70] 즉 경영자는 종사원을 파트너(partner)로서 존중하고 상호 이해를 구하면서 협력관계를 유지한다. 이처럼 종사원이 조직의 상단부

70) 현장종사원이 훌륭하게 직무를 수행하게 하려면 기업경영자가 어떻게 하면 될까? 하는 것이 곧 내부마케팅의 과제이다. 내부마케팅의 목적은 일하려는 의욕이 왕성하고 고객지향적인 종사원의 확보와 양성 및 그 관리에 있다. 종사원이 일할 의욕을 갖게 한다는 과제도 과거 인사관리나 리더십에 대한 이론에서 취급하고 있으나 종래의 동기부여 이론은 오로지 생산관리적 연구하에서만 전개되어 왔다. 관광기업의 입장에서 말하면 서비스 업무관리라 표현된다. 내부마케팅은 이와는 달리 고객지향적이라는 종래의 동기이론에서 결여되었던 연구의 도입을 의미하므로 마케팅과 조직론의 접점에 대한 것이다.

에 위치하여야 한다는 발상은 [그림 21-1]을 보면 잘 이해할 수 있다.

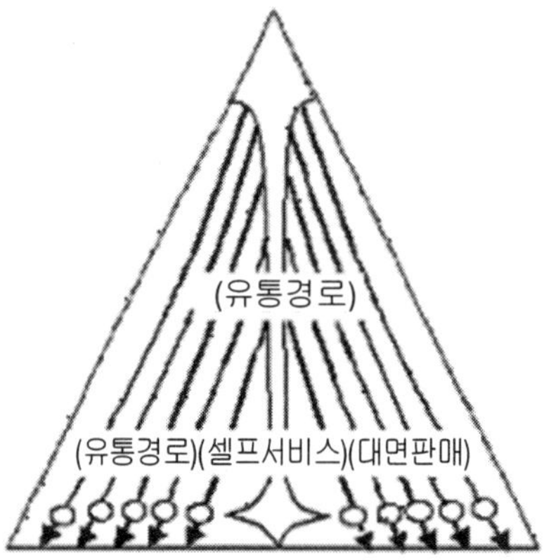

대중시장
(규격상품의 제공)

(A)

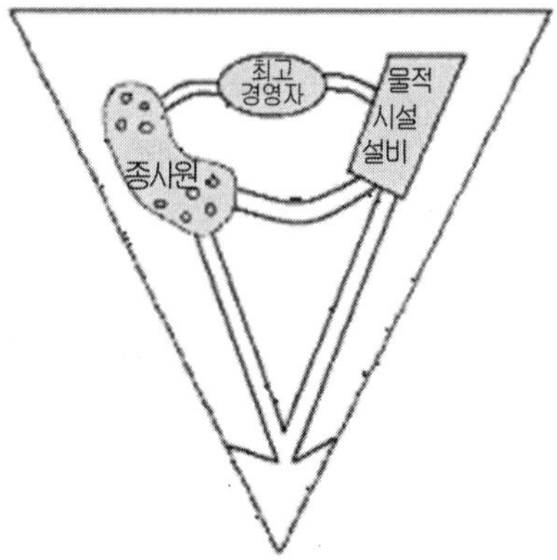

고 객
(복합 서비스의 조합과 집중)

(B)

〔그림 21-1〕 제조기업과 관광기업 사이의 발상 차이

[그림 21-1]의 (A)는 제조업의 것으로 상방향(上方向)을 향하는 삼각형 형태를 띤다. 이 형은 제조업의 생산활동은 가능한 한 한 패턴에 집중되며, 고객은 그러한 집중생산(集中生産)에 순응해서 제품을 구매하고 소비한다는 대중시장의 논리이다. 이에 따라 제조업은 시장세분화와 제품차별화 정책을 중시하고, 소비자의 욕구에 철저히 대응하는 마케팅 전략을 실시한다. 그러나 유형재의 생산에 수반되는 숙명적인 과제는 생산능률과 제품원가의 절감이므로 원가 합리화에 의한 제품판매 가격의 저렴화를 위한 기업의 노력이 집중됨으로써 소비자의 물적 욕구를 어느 정도 충족시켜온 것이 사실이다. 소비자의 입장에서는 대기업의 제품에 다소 불만이 있더라도 가격 및 품질의 안정, 그리고 신뢰할 수 있는 제품이라는 견지에서 그것을 수용한다.

삼각형 (A)에서 소비자는 고도의 품질관리가 이루어진 규격제품을 세일즈맨이나 소매점을 통해 구입한다. 이 경우 소매점에서의 종사원의 존재는 주된 요소가 못하지만 역삼각형 (B)의 경우 관광기업에서는 종사원을 포함한 다양한 경영자원이 협력해서 한 명의 고객에게 집중하는 모습을 보여주고 있다. 예컨대, 골프장은 입지, 코스의 레이아웃(lay out), 조경, 시설, 그리고 경영관계들이 포함된다. 그리고 골프장은 대중 소비자가 아닌 개개 고객에게 기업이 가진 모든 인적·물적 자원을 결집시켜 상품으로서의 서비스를 제공하는 경우이다.

관광기업은 고객 흡인책으로 신상품을 개발할 때 특히 종사원의 창의력이 요구되고, 이러한 새로운 기획은 종사원이 사전에 충분히 이해하여야 하며, 또 물적 시설과 조화를 이루어야 한다. 관광기업 이념으로서 제조업의 삼각형과 역삼각형을 그린 것은 그러한 의미를 도식화하기 위해서이다.

이러한 이념은 조직에 영향을 미친다. 종사원을 최상 위치에 두는 것은 최고경영자, 스태프(staff), 그리고 종사원간에 쌍방향적인 정보, 의견, 아이디어를 교환하여 종사원의 의욕을 자극시키고 참여의식을 고양시키기 위함임을 이해하게 된다.

종사원 자신이 사장과 지배인을 위해 존재하지 않고 고객에게 서비스하기 위해 존재한다고 스스로 판단할 때 훌륭한 관광서비스 상품화가 실현될 수 있다.

3 내부마케팅으로서의 상품

(1) 사내제품으로서의 직무 마케팅

관광기업의 고객에는 사외고객과 사내종사원이 있고, 사외고객에게는 관광서비스 상품을 판매하지만 사내종사원에게는 내부상품으로서 업무 또는 직무를 판매한다는 것은 전술한 바 있다. 그런데 이 직무는 다음과 같은 요건을 갖추었을 때 가능해진다[71].

- 첫째, 직무는 종사원의 욕구를 만족시켜야 한다. 즉 관광기업이 종사원 각각에게 직무를 부여할 경우 그 기본은 종사원 지향적이어야 한다. 이것은 관광기업이 가져야 할 사외고객에 대한 기본이념으로서 고객지향성 또는 소비자 지향성과 동일한 이념이다.
- 둘째, 종사원에게 자사의 기본정책과 추구하려는 전략 및 목표를 구체적으로 설명하고 이해시켜야 한다. 환언하면 관광기업 경영자는 자신의 견해와 기업의 비전(vision)을 최종소비자에게 판매하기 전에 현장에서 일하는 종사원에게 판매하여야 한다.

이상 두 과제가 원활히 처리되지 않는 한 외부마케팅의 성공은 기대하기 어렵다.

여기서 주목해야 할 것은 종사원에게 직무를 판매하는 일은 고객에게 관광서비스 상품을 마케팅하는 것과는 상이하다는 점이다. 즉 사외고객은 관광서비스의 구입대가로 요금을 지불하지만 종사원은 직무(job)란 사내제품을 기업으로부터 제공받으나 대가를 지불하지 않는다는 것이다. 오히려 종사원 지향적인 기업으로부터는 자신에 부합되는 직무를 받음과 동시에 급료(salary)까지 수령한다는 점이다[72].

사외고객이 관광기업으로부터 서비스를 구입하고 대가를 지불하는 것은 자신의 욕구만족과 함께 효용을 획득하기 때문이다. 그런 점에서는 종사원도 기업조직으로부터 서비스를 구입하여 효용을 경험하고 만족한다는 점은 사외고객과 동일하다 할 수 있다.

---

71) C. Gronroos, "Internal Marketing an Intergral Part of Marketing Theory", in *Marketing of Services*, James H. Donnelly. Jrand Willian R. Gerge eds., AMA, 1981, pp.236~239.

72) W.E. Sasser and Stephen P. Albeit, "Selling Jobs in the Service Sector", *Business Horizons*, June 1976. pp.61~65.

그럼에도 종사원이 기업에 대가를 지불하기 않는 이유는 무엇 때문인가? 그것은 상품으로서의 재화와 서비스의 차이점에 근거한다. 소비자는 재화를 기업으로부터 구입하므로 재화의 구입시에는 기업이라는 조직에 대가를 지불한다. 이에 반해 고객이 관광서비스를 구입할 때에는 기업이 아닌 종사원 개개인으로부터 구입한다는 의식을 많든 적든 가지고 있다. 그러하여 사외고객은 서비스 요금을 기업이 아닌 현장 종사원에게 지불한다[73].

이 사실은 종사원의 노동력을 구입하고 대가를 지불하는 것은 종사원의 고용주인 기업이 아니라 사외고객임을 의미한다. 그러나 형식적으로는 기업에 개개 사외고객을 대신하여 종사원이 통합적으로 지불하고 있다.

이런 관계를 보면 종사원은 기업으로부터 직무를 구입하고 그것을 서비스현장에서 사외고객에게 재판매하여 수입을 획득함과 동시에 직무수행을 통해 자신의 욕구를 만족시키고 효용을 득하고 있다 하겠다.

(2) 이익센터로서의 종사원의 역할

제조기업도, 관광기업도 종사원에 대한 급료지불의 원천은 고객이다.

그러나 유형재의 생산에서 생산요원의 피고용자와 사외고객 사이의 관계가 희박하여 그들의 노동력을 구입하는 것을 기업이라 착각하는데, 이것은 제조기업의 고용주의 관점에서 본 것이다.

이에 따라 고용주는 가능한 한 생산요원의 생산능률(노동생산성)을 제고시키는 데 초점을 두므로 노동강화 및 비인간적인 생산관리가 나타나기 쉽다. 이때 기업은 생산요원을 생산요소의 하나인, 즉 원가(cost)를 구성하는 한 요소로 인식한다. 그리하여 생산요원은 원가관리의 대상으로

73) D.S. Davidson, "How to Succeed in a Service Industry : …turn the Organization Chart upside down", *The Management Review*, vol 67, April, 1987, pp.13~17.

취급되어 관리된다. 이러한 상황에서도 종사원 지향적인 내부마케팅의 실천은 기대할 수 없다.

이에 반해 관광기업의 종사원은 여러 현장에서 사외고객과 접촉, 협력하여 판매고를 높이는 원동력이라 인식되고 있다. 그런 점에서 관광기업의 종사원은 실로 자신과 기업의 이익을 창출시키는 기점인 이익센터(profit center)의 역할을 수행한다[74].

이에 따라 관광기업 내부마케팅의 초점은 종사원의 인건비 절약방안이 아닌 종사원의 필요(needs)에 부합되는 직무부여와 종사원을 통한 고객의 만족증대와 그로 인한 수익제고 방안에 모아져야 한다[75]. 정리하면, 관광기업의 마케팅은 비용효율의 추구가 아니라 목표로 설정된 고객의 입장에서 본 효용, 즉 부가가치를 증대시키는 데 원천을 두고 전개되어야 한다. 이럴 때 종사원은 이익센터로서 또는 고부가가치 창조센터로서의 역할을 수행해나갈 수 있게 될 것이다.

4 관광서비스와 종사원의 만족

종사원은 고객을 만족시켜야 함과 동시에 자신도 서비스의 제공을 통해 만족을 느껴야 하는 권리가 있다. 따라서 관광기업 경영자는 자사의 종사원을 만족시킬 특단의 배려가 있어야 한다.

---

74) 관광마케팅에서 중요한 관리기능은 종사원으로 하여금 세일즈맨으로서의 역할을 효과적으로 발휘하게 하고, 그들을 고객지향에 입각한 서비스를 제공하도록 동기부여하는 일이다. 종사원의 생산지향적 관리는 서비스 생산의 능률향상과 코스트 효율의 제고에는 도움이 되나 종사원의 세일즈맨십의 발휘는 서비스의 부가가치 증대에 공헌한다. 즉 공원(工員)으로서 종사원은 코스트 관리의 대상이자 코스트 센터로서 파악되지만 세일즈맨으로서의 종사원은 수입을 가져오는 활동단위인 것이다. 따라서 종사원은 코스트 단위임과 동시에 수익면까지도 포함하는 이익센터(profit center)로서 관리하지 않으면 안 된다.

75) J.A. Czepiel, M.R. Solomon, C.F. Suprenant, E.G. Gutman, "Service Encounters : An Overview", in *Service Encounter*, J.A. Czepiel et al eds., Lexington Press, 1985, pp.3～56.

(1) 고객과 커뮤니케이션

종사원의 제공하는 서비스에 대한 고객의 평가는 피라미드형의 계층구조를 띤다. 그래서 그들의 만족은 피라미드의 상층 부분에서 형성되고 그것은 종사원과 우호적인 마음의 교류를 통해 자신의 자주 및 자존의 욕구가 충족되었다고 감지될 때 최대화된다[76]([그림 21-2] 참조).

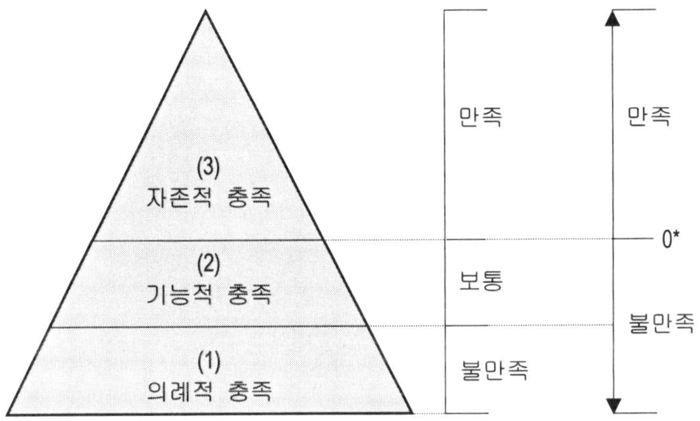

〔그림 21-2〕 관광서비스에 대한 고객의 만족

과거에는 관광서비스의 관리가 부수적인 서비스보다 기본적인 서비스에 중점을 둔 경향이 있다. 그 결과 관광기업으로서는 기본적인 서비스를 고객에게 정확하게 능률적으로 제공할 수 있는 방안의 모색이 주된 과제였다.

기본적인 서비스는 관광기업의 관점에서 보면 고객이 내방하는 주요

76) 내부마케팅의 목표는 종상원의 만족향상에 있다. "종사원의 만족없이 고객만족은 없다"라는 말을 종종 듣는데 종사원의 만족은 ① 일에 대한 만족도, ② 직장에 대한 만족도, ③ 조직인사에 대한 만족도, ④ 근로조건에 대한 만족도, ⑤ 회사에 대한 만족도에서 얻어진다. 따라서 스스로 만족하는 종사원은 고객을 만족시킬 수 있으며 친절도 자연스럽게 고객에게 전달된다. 일방적으로 고객만족을 강요하여 종사원이 불만을 느낄 때 진정한 의미의 고객만족은 불가능하다.

동기와 상정되는 욕구를 만족시키는 문제와 관련된다. 예컨대 과거의 호텔 레스토랑은 고객이 식사하기 위해 내방하는 것으로 인식하여 식사 제공이 그들의 기본적인 서비스라 판단하였으며, 고객 자신들도 식사를 할 목적으로 레스토랑에 들르는 것으로 지각하였다. 그래서 식사 후에 포만감을 느끼면 자신의 목적을 달성했다고 만족하였다.

물론 요리에 대한 고객의 기호 때문에 맛과 가치면에서 그렇게 만족할 수도 있겠지만 이러한 만족 문제는 어디까지나 요리에 관한 것이지 레스토랑에 대한 평가와는 별개이다.

즉, 고객이 서비스를 받기 위해 대기하는 시간, 종사원의 응대태도, 분위기 등 종합적인 만족평가 요소 내에서 요리는 한 부문만을 구성할 뿐이다. 따라서 오늘날까지 만약 레스토랑이 요리 자체만을 서비스의 기본적 실체라 생각하고 있다면 이것은 생산지향적인 발상에서 탈피하지 못한 구시대적인 것이라 하지 않을 수 없다.

기실, 오늘날의 호텔 레스토랑에서는 종사원의 활동인 부수적인 서비스가 더욱 요청되고 있다. 여기에는 부수적인 서비스란 고객의 주된 방문동기에 더해서 레스토랑이 판단하는 서비스를 의미한다. 그래서 고객들은 정갈한 요리에다 종사원의 친절한 응대태도가 결합되면 [그림 21-2]의 피라미드 상층에서 큰 만족을 경험하게 된다.

왜냐하면 식사는 단순히 공복감을 해결해주는 수단에 그치지 않고 커뮤니케이션의 한 수단으로 이용되고 있는 것이 현실이기 때문이다. 그리하여 이제 가정에서의 식사는 가족간에 즐거움을 나누는 자리로 정착하였고, 레스토랑에서의 식사는 사회적인 커뮤니케이션의 상징으로 인식되므로 인간은 식사를 통해 집단에의 귀속의식(歸屬意識)과 자존욕구(自尊慾求)를 충족시키고 있다.

이러한 사회심리적인 현상을 감안할 때 레스토랑은 더이상 단순히 음식물을 제공하는 장소라기보다 일종의 사교장으로서의 성격을 고객에게 마련해주고 있다고 보는 것이 옳다.

고객이 레스토랑을 이렇게 인식할 때 그들은 거기서 일하는 종사원에게 어떤 기대를 하게 될까? 고객은 종사원과 인간적인 의사소통을 통해 자기의 존재를 사회적으로 인식시키려 하거나 종사원의 조력으로 귀속집단과 희구집단(希求集團)에 대한 자기 지위와 역할을 명확히 하기를 원할 것이다.

종사원은 이러한 고객의 기대에 부응하여 그것을 실현시켜주는 보조적 역할을 수행하여야 한다. 이렇게 보면 종사원의 역할은 관광기업 경영자가 인식하는 부수적 서비스의 담당자가 아니라 고객지향의 기본적인 서비스 담당자임을 이해하게 된다.

(2) 종사원의 만족 피라미드

전술한 바와 같이 관광서비스는 고객과 종사원 사이에 교환되는 인간관계이다. 즉 서비스는 결코 종사원에 의해 고객에게 일방적으로 제공되는 프로세스(process)가 아니라 고객과 종사원간에 교류되는 인간관계적인 프로세스이다.77)

교환의 개념을 관광서비스에 적용시켜보면 고객의 만족은 필연적으로 종사원의 만족과 균형을 이루어야 함을 이해하게 된다. 이 관계를 종사원의 만족구도와 관련해서 보면 [그림 21-3]은 앞의 [그림 21-2]와 동일한 피라미드 형태를 띠게 됨을 알게 된다.

먼저, 피라미드 저변에 있는 (1)의 의례적 충족(儀禮的 充足)에서는 종사원은 자신이 고객에게 표명하는 의례적 태도에 부응해서 고객도 자신에게 예의를 표명해주도록 기대한다.

만약 이때 고객이 종사원의 경의(敬意)를 무시하거나 무관심한 태도를 보이면 종업원은 "어쩔 수 없는 상대"라고 생각하여 기분이 상하고 위협감(威脅感)을 감지한다.

---

77) P.G. Klaus, "Quality Epiphenomenon" in the *Service Encounter*, J.A. Czepil et al CDs., 1985, pp.29 ~32.

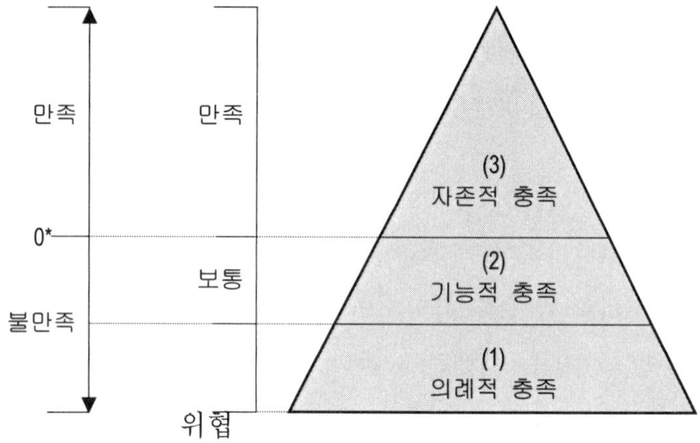

〔그림 21-3〕 서비스 제공과 종사원의 만족

이 경우에는 "고객은 고객일 뿐", 즉 고객의 요금을 지불하는 당사자일뿐 상호간에는 단지 사고파는 사람으로서의 지위와 역할만 존재하게 된다. 이때에는 상호간의 의례적인 행위만 교환되는 일종의 사회적·관습적인 통념이 확립된다.

다음은 종사원의 만족 피라미드 2단계인 기능적 충족(機能的 充足)이다. 여기에서 종사원은 고객이 자신의 기대하는 의례적인 역할에 부응하는 행동을 해오더라도 그것만으로는 만족하지 않는다. 여기서 말하는 기능적 충족이란, 전통적인 의미에서는 기본적 서비스라 일컬어지고 있으나 전술한 레스토랑의 예와 관련지어 생각해보면 서비스란 형(style)에 꼭 맞는 형식이 아니라 프로세스이고, 서비스의 관리란 이러한 프로세스를 연출하는 것을 의미한다.

오늘날 고객들의 레스토랑 방문 목적은 다양하므로 오직 요리만의 제공을 레스토랑의 기본 서비스로 삼는 것은 잘못된 사고라고 설명한 바 있다. 따라서 경영자는 내방동기를 잘 관찰하여 방문목적을 추정해서 부합되는 서비스형을 적용해야 한다. 이것이 바로 마케팅적 접근방법이고 고객지향의 취지에도 부합된다.

물론, 고객 자신이 자신의 필요(needs)를 인식해서 그것을 미리 종사원에게 주지시키는 일은 자신의 만족을 보다 증대시킬 서비스 프로세스를 준비시키는 데 기여함은 재론을 요하지 않는다.

5 고객으로서의 종사원의 관리

관광기업에서 종사원의 존재 필요성과 그 중요성을 살펴본 우리는 이제 관광기업이 어떻게 이들을 관리해야만 서비스 마인드가 고양되어 고객지향적인 서비스를 제공할 수 있게 만들 것인가에 대한 방법문제를 살펴본다. 그런 점에서 종사원의 관리는 전형적인 내부마케팅의 관리일환이 된다.

(1) 체계적인 교육훈련 실시

관광기업에서 훌륭한 종사원이란 한 순간에 저절로 육성되는 것이 아니라 일상적인 업무수행 과정에 보다 새롭고 능률적이며 친절하게 고객에게 봉사하려는 끊임없는 노력을 통해서 다듬어지고 만들어진다. 그러나 관광기업의 종사원은 대체로 자신의 직업에 전적으로 만족하기보다는 항상 어떤 욕구와 번뇌 속에서 갈등을 느끼고 있는 상태에 있다고 보아야 한다. 그리고 그들간에는 자사의 경영전략이나 자신의 중요성에 대한 이해가 부족한 경우도 종종 있다.

이런 상황에서는 관광기업이 종사원에게 전략적 사고를 갖게 만든다거나 완벽한 서비스 노하우의 구비를 요구할 수 없다. 왜냐하면 그들은 자사의 서비스 전략 내용에 대한 지식도 부족할 뿐만 아니라 관광기업에서의 마케팅 역할도 제대로 이해하지 못하기 때문이다.

이렇게 되면 종사원의 자사와 고객에 대한 태도는 무관심 또는 부정적인 것이 되면서 고객만족과 자산의 만족을 추구할 수 없다. 그러므로 관광기업은 조직의 재활성화를 도모하고 조직의 성격을 고객중심으로 전화시키는 데 유효한 방법인 훈련 프로그램을 체계적으로 운영하여야 한다.

이때의 훈련 프로그램에는 다음의 내용이 강조되어야 한다.

- 타부서와 종사원 그리고 고객과의 관계에서 자신의 역할은 무엇인가에 대한 전체적인 이해를 제공한다.
- 서비스 전략과 고객지향적인 성과에 대해 종사원들의 호의적인 태도를 갖도록 만들고, 이를 더욱 계발하고 향상시킨다.
- 종사원간의 커뮤니케이션 원활화와 판매 및 서비스 기술을 향상시킬 수 있는 방법을 터득시킨다.

우리는 이러한 훈련 프로그램의 내용으로 연간 2만 명 이상의 종사원을 주기적으로 훈련시키고 있는 SAS항공을 주목해야 한다. 인적 자원의 계발에 대규모 투자가 요구되는 이 사업에 SAS사가 심혈을 기울이는 근본 이유는, 훈련과정을 통해 종사원의 서비스 정신을 함양시킴과 함께 그들의 기능을 계발하는 일이 항공사로서는 최우선 과제라 인식하기 때문이다.

이 훈련과정을 마치고 동기부여된 SAS항공사 종사원들은 세계각지로 귀한해서 자사의 여객에게 최고의 서비스를 제공함으로써 승객들이 가장 만족하는 항공사로 굳건히 자리하고 있음에 주목해야 한다.

(2) 내부 커뮤니케이션의 원활화와 경영지원의 확대

관광기업 경영자는 교육 프로그램을 이수하고 돌아온 종사원들이 터득한 지식과 아이디어를 어떻게 효과적으로 이용할 수 있을 것인가에 대해 연구해야 한다. 이처럼 종사원들의 아이디어가 실천되도록 적극 권장하고 어떻게 작업환경에서 응용할 수 있는가를 깨닫도록 지원해주는 일은 일종의 내부 커뮤니케이션이자 현장교육의 역할의 중요성을 깨닫게 해주는 데 도움이 된다.

일상적인 업무수행시에 관광기업 경영자들이 조성하는 내부 분위기도 중요하다. 특히 부하직원을 인정해서 공동으로 계획을 수립하고 의사결정 과정에 참여시키는 일은 차후의 활동에 대한 그들의 협조심과 애착심을 미리 확보하는 수단이 된다는 점에서 더욱 그러하다.

사실 종사원들은 고객과 현장에서 접하므로 고객의 욕구에 대한 귀중한 정보 소유자이다. 따라서 그들을 계획과정에 참여시키면 보다 효과적인 의사결정이 가능해진다. 의사결정 과정에 참여한 종사원은 개방적이고 지원적인 내부 분위기에 만족할 것이고, 경영자들의 자신들에 대한 적극적인 격려에 감동함으로써 자사와 고객에 대한 호의적인 태도가 형성되어 고객 지향적인 서비스를 제공할 수 있게 될 것이다.

(3) 외부마케팅과 원활한 조화유지

관광기업은 새로운 서비스의 도입과 서비스믹스를 변경하고자 할 때에는 사외고객에 앞서 사내고객인 종사원에게 먼저 알리고 내용을 터득하도록 해야 한다. 사외고객이 관광기업의 외부마케팅에 대해 갖는 평가와 이미지는 여러 가지가 있을 수 있지만 종사원간에는 자사의 기본적인 이념채택(理念採擇)에 대한 평가는 여러 갈래가 되어서는 안 된다.

또 관광기업 경영자는 기업일체화 운동이나 이에 입각한 포지셔닝 전략의 기본 취지에 대해서도 종사원들에게 널리 알려 그들의 이해와 공감대를 형성하도록 유도해야 한다. 뿐만 아니라 종사원이 필요시에는 크로스 셀링(cross selling)[78]을 할 수 있는 지식을 갖도록 자사의 서비스믹스

78) 서비스를 제공하는 종사원이 고객이 처한 애로점과 욕구에 따라 자신의 서비스 내용과 구성을 임기응변으로 할 수 있는 것을 의미한다. 예컨대, SAS 항공사의 공항 체크인 담당자가 투숙한 호텔 객실에 항공권을 두고 공항에 나온 여객을 위해 호텔에 신속히 전화를 걸어 객실에 항공

에 대해서도 충분히 알려야 한다.

특히 관광기업이 전략적으로 개발하는 새로운 서비스 상품에 대해서는 그것이 제공되기 전에 종사원에게 잘 이해시키고 협력체제를 구축하는 일을 망각해서는 안 된다. 왜냐하면 새로운 서비스의 도입은 가끔 기존 서비스의 폐기 또는 분리를 수반하므로 업무환경의 변화를 초래시켜 종사원의 불만과 그것에의 순응에 시간적 손실을 초래할 여지가 많기 때문이다.

따라서 관광기업 경영자는 필요한 훈련과 교육의 실시는 물론이고 종사원과 부단히 커뮤니케이션을 해야 하는데 이때에는 다양한 종류의 보조물을 개발하여 활용하는 것이 바람직스럽다. 즉 사내보(社內報), 업무관련 소책자, 내부메모, 잡지, 비디오테이프 등의 여러 가지 매스커뮤니케이션 수단이 동원될 수 있을 것이다.

(4) 종사원의 편의세분화에 의한 다양한 근무시간의 활용

관광기업 외부마케팅에서는 여행객을 상대로 시장조사와 시장세분화를 실행하듯 내부고객에게 대해서도 종사원들의 개인적 욕구와 라이프스타일 등을 기준으로 편의세분화(benefits segment) 전략을 활용할 수 있다.

이것은 개개 종사원의 개성과 욕구 혹은 직무수행의 발상(發想) 등에 적응하기 위한 직무환경을 갖추자는 데 목적이 있다. 사실 동일한 성숙도를 가진 종사원이라 하더라도 고객과의 관계나 종사원 개개인의 희망, 그리고 생활환경은 동일할 수 없으므로 이에 적응할 수 있는 직무환경을 구비하는 일은 필요하다. 이럴 때 관광기업은 연동근무 시간제(flexible time)와 카페테리아 후생제(cafeteria benefit)를 채택할 수 있다.

전자는 종사원과 최종 고객간에 접촉상의 편의를 증대시킴과 동시에 종사원의 자주적인 행동계획의 설계를 가능하게 함으로써 직무상의 충실

권이 있음을 확인하고 체크인을 해줌으로써 여객을 만족시킨 경우가 이에 해당한다.

감을 창출하는 효과가 있다. 또한 이 방식은 종사원의 전생활 시간을 확립화하고, 자기계발 의욕을 자극하며, 자신의 생활설계에도 도움이 된다.

후자는 관광기업이 여러 복지후생 계획을 제시하면 각 종사원은 그 몇 개를 취하여 종사원 개인생활의 안정과 충실을 통해 물심양면으로 생활의 여유를 갖게 해주는 시스템이다.

이상 두 제도는 관광기업과 종사원 모두에게 공히 유익하다. 관광기업의 입장에서는 종사원의 만족도와 생산성을 향상시키고 직무시간에 개인적인 용무시간을 축소시키며, 상습적인 결근과 전직(轉職)의 감소효과는 물론 단위당 노동비를 절약시키는 효과가 있다.

한편 종사원으로서는 개인적 욕구의 효율적인 충족, 업무 만족도의 증가, 우선순위에 따른 후생제도(厚生制度)의 선택이 가능한 장점이 발생한다. 요컨대 위 시스템은 종사원들을 동질적인 요구를 가진 집단으로 보지 않고, 다양한 욕구를 지닌 이질적 집단으로 보아 그들의 개인적 욕구에 적합시킨다는 점에서 관광기업은 적극적으로 이 제도를 장려하여야 한다.

(5) 종사원에게 동기부여와 리더십 발휘기회의 제공

이것은 관광기업 경영자가 종사원의 성숙도를 파악하여 그 수준에 맞는 직무편성과 인간적 배려를 함과 동시에 종사원의 성숙도를 제고시키기 위한 구성의 변화를 의미한다.

종사원의 욕구는 그 성숙도에 따라 다양하게 변하므로 종사원의 취향에 맞춘 관리가 요구된다. 예로서 단순히 생활유지와 안정을 추구하는 저차원의 욕구에서부터 직무를 통해 자기능력을 발휘하려는 고차원 욕구를 원하는 등 직무에 대한 종사원의 욕구는 다양하다.

저차원의 욕구를 가진 종사원에 대해서는 직무수행 지침서의 제시와 일상업무의 엄격한 확인이 필요하겠으나 고차원의 욕구를 가진 종사원에게는 업무만족도를 높이는 리더십이 필요할 것이다.[79] 아울러 기업 내에

표창제도(表彰制度)를 도입하는 등 각종의 동기부여책을 도입하면 종사원의 능력을 최대한 활용하는 데 도움이 될 것이다.

또한 종사원에게 동기를 부여하는 환경의 구축도 필요하다. 종사원에게 동기가 부여되면 기업 내에 활력이 넘치고 성취감이나 일에 대한 기대감과 흥분감까지 느낄 수 있어 일하는 데 신바람이 날 것이다. 그렇게 되면 종사원은 고객의 얼굴만 보아도 즐겁고, 그들을 만족시키기 위해 내가 해야 할 일은 무엇인가를 항상 생각하게 될 것이다.

관광기업 종사자가 동기부여된 환경에서 일하고 있는가를 평가할 수 있는 지표는 다음과 같다.

- **종사원이 인식하는 노동생활의 질이다.**
  이는 직무 만족도, 직무의 안전성, 승진기회, 유능한 감독자, 공정한 행동 등이 포함된다. 노동생활의 질이 높다고 인식할수록 종사원의 동기는 강하게 나타날 것이다.
- **전반적인 근로의식이다.**
  근로의식이 낮은 종사원이 강한 의욕을 가지고 일하기를 기대할 수 없다.
- **일반적으로 활력수준은 개인의 건강상태 및 심리적 안정도로 볼 수 있다.**
  피로에 지친 종사원이 의욕적으로 일할 것이라고 기대할 수 없지 않겠는가?

79) R.A. Smith, M.J. Houston, "Scrift Based Evaluation of Santisfaction with Services", in *Service Marketing*, C.H. Lovelock ed., pp.59~62.

찾아보기

【ㄷ】

【ㅁ】

【ㅂ】

【ㅅ】

【ㅇ】

【ㅈ】

【ㅊ】

‖‖ 저자약력 ‖‖

■ **신 도 길**

-미국 캘리포니아 주립대학교 MBA
-영남대학교 대학원 경영학 박사(관광마케팅 전공)
-대구관광통역봉사단 단장
-한·중·일 문화교류센터 원장
-현) 대구대학교 관광학부 교수

■ **박 성 규**

-경기대학교 관광경영학과 졸업
-경기대학교 관광전문대학원 관광경영학과 석사, 관광학 박사
-코오롱고속관광, 코오롱세계일주 상무이사
-KBS TV, MBC TV, 〈즐거운 세계여행〉 등 70여회 출연
-한국관광공사 교육원 강사, 경기대학교 관광경영학과 겸임교수
-현) 백석대학교 관광학부 교수

■ **노 윤 구**

-일본 九州産業大學 방문연구원
-대구대학교 대학원 관광경영학 박사
-대구대학교 관광학부 외래교수
-경상북도 야간관광상품 평가위원
-경상북도 경북나드리 홈페이지 평가위원
-현) 대구경북연구원 관광연구팀 연구원

관광상품론

3판 2쇄 발행 2014년 3월 10일

저 자 신도길·박성규·노윤구
발행인 남 승 우

발행처 남두도서

서울시 동작구 사당로9가길 6(사당동)
TEL : (02)595-1692~4
FAX : (02)595-1394
E-mail : namdoo6@unitel.co.kr
신고 : 5-76호 (1998. 11. 4)

정가 20,000 원

ISBN 978-89-5780-140-6 93980

〈디자인〉 편집 이선경 / 표지 토틀컴